Karl Friedrich Lüdke

Über rhythmische Malerei in Ovids Metamorphosen

Karl Friedrich Lüdke

Über rhythmische Malerei in Ovids Metamorphosen

ISBN/EAN: 9783744603485

Hergestellt in Europa, USA, Kanada, Australien, Japan

Cover: Foto ©Thomas Meinert / pixelio.de

Weitere Bücher finden Sie auf **www.hansebooks.com**

Ueber Lautmalerei in Ovid's Metamorphosen.

Der innige Zusammenhang des menschlichen Geistes und Körpers, die energische Wechselwirkung, welche zwischen beiden stattfindet, bedingen es, dass zwischen der menschlichen Sprache und der durch sie gleichsam verkörperten Vorstellung ein gleich inniges Verhältniss besteht, in der Weise nämlich, dass eine bestimmte Idee sich einen bestimmten lautlichen Ausdruck schafft, dem man auch äusserlich seinen Ursprung anmerken kann. Am stärksten und schärfsten trat diese symbolische Kraft der Sprachlaute ohne Zweifel zur Zeit der Entstehung der Sprache hervor. Damals lebten die Völker noch im Zustande der Kindheit; die Anschauungsweise der einzelnen Individuen war daher im Wesentlichen dieselbe, und da auch der Bau der Sprachorgane bei allen keine wesentlichen Verschiedenheiten bot, so muss man annehmen, dass gleichen Geistesaffectionen im Ganzen gleiche Lautbildungen entsprachen. In späterer Zeit, als der Verstand zu grösserer Herrschaft gelangte, trat diese Uebereinstimmung des sprachlichen Ausdrucks mit der Vorstellung mehr und mehr zurück, erhielt sich jedoch am längsten und am meisten in derjenigen Gattung der Darstellung, in welcher Empfindung und Gefühl vorwiegend ist, und die ursprüngliche naive Anschauungsweise am reinsten zum Ausdruck gelangt, in der Poesie.

Hier finden wir Spuren dieser Uebereinstimmung bei allen Völkern, selbst bei solchen, deren Richtung auf das Gesetz- und Verstandesmässige ihrer ganzen Sprache ein dem entsprechendes Gepräge verlieh, wie dies besonders bei den Römern der Fall war. Wir wollen versuchen, in der Sprache dieses Volkes solchen Spuren nachzugehen und wählen uns als Führer hierbei den Ovid, jenen talentvollen römischen Dichter, der nicht, wie es oft bei Virgil vorkommt, mit dem Ausdrucke zu ringen hatte, sondern ihn gleichsam spielend beherrschte. Bei Ovid dürfen wir darum am leichtesten und deutlichsten zu finden hoffen, was der Sprache nach der lautlichen Seite hin eigenthümlich ist. Er als Meister der Darstellung nahm die ihm gebotenen Eigenthümlichkeiten der Sprache auf und wusste sie, fern von Uebertreibung, dem Zwecke der Schönheit dienstbar zu machen. Besonders wurde er in seinem episch-didaktischen Gedichte, den Metamorphosen, darauf hingelenkt, den Ausdruck der besondern Natur der darzustellenden Begebenheiten adäquat zu gestalten. Denn wie die epische Poesie überhaupt verlangt, dass ein relativ äusserlich gegebener Stoff in kindlicher Unbefangenheit mit möglichst sinnlicher und äusserlicher Klarheit dargestellt wird, so mussten die von Ovid erzählten, den griechischen Mythen entnommenen Verwandlungen den Dichter ganz besonders zu einer malerischen, auch den äussern Sinn befriedigenden Darstellung auffordern, da es sich in ihnen um sinnliche Vorgänge handelt, die zu einer Zeit geglaubt wurden, in welcher der Mensch noch in vollkommener Einheit mit der Natur lebte und durch seine überaus rege Phantasie auch den unbelebten Dingen Leben einhauchte. Es ist ja der Inhalt des ganzen Werkes nichts anderes, als eine Reihe von Ereignissen, die sich bei dem Uebergange einer

§. 1.
Organischer Zusammenhang des Lautes mit der Vorstellung.

Davidsohns in eine andere zutrugen: wie sollte sich ein so formgewandter Dichter, wie Ovid, nicht bestrebt haben, solche Vorgänge auch äusserlich durch die Sprache nachzuahmen und dadurch seinem Ausdrucke und seiner ganzen Darstellung sinnliche Lebendigkeit zu verleihen. Die Mittel solcher die Natur nachahmenden Darstellungsweise bieten die Lautmalerei und die rhythmische Malerei. Wir haben es hier nur mit der ersteren zu thun und wollen im Einzelnen zu zeigen versuchen, in welcher Weise sich Ovid ihrer in den Metamorphosen zur Erhöhung der Schönheit seines Werkes bediente.

§. 2. Wesen der Lautmalerei.

Man versteht unter Lautmalerei die nachahmende Darstellung eines Gegenstandes vermittelst der sprachlichen Laute. Als der erste und einfachste Schritt, den der menschliche Geist bei der Erfindung der Sprache that, erscheint natürlich der, dass er Wahrnehmungen des Gehörs, wie sie sich ihm in der Natur darboten, durch entsprechende Laute oder Lautverbindungen wiederzugeben versuchte. Allein solche onomatopoëtische Wörter, solche blosse Nachahmungen von Naturlauten hat die Sprache im Ganzen nur in geringer Anzahl; auch beschränkte sich ja die bei ihrer Bildung befolgte Methode auf ein verhältnissmässig nur enges Gebiet. Die ersten Erfinder der Sprache gingen daher bald weiter. Ausgestattet mit kräftiger Sinnlichkeit und geleitet von lebhafter Phantasie, wurde es ihnen leicht, auch die durch die übrigen Sinneseinwirkungen erregten Vorstellungen auf eine so anschauliche Weise zu bezeichnen, dass Jeder, der die neuen Benennungen hörte, dieselben, weil sie der Natur der Sache und zugleich der eigenen Vorstellung entsprechend waren, dem Gedächtnisse einprägte. Diese Harmonie der Laute mit der Vorstellung beruht aber in den meisten Fällen auf bestimmten physiologischen Vorgängen beim Sprechen;*) sie ist daher so tief im Wesen der Sache begründet, dass die Sprache auch in den spätern Stadien ihrer Entwicklung noch unverkennbare Spuren derselben aufweist, mag auch die ursprüngliche sinnliche Bedeutung der Laute und Wörter grösstentheils verdunkelt sein, so dass der Verstand die letztern nur noch als blosse Zeichen von Vorstellungen auffasst.

Dies gilt insbesondere von der lateinischen Sprache, da sie von einem Volke gesprochen wurde, in dessen Charakter die Richtung auf das Verstandesmässige überwiegend war, und von dem das proprie dicere, Bestimmtheit der Rede, als Hauptregel festgehalten wurde. Trotzdem haben sich auch im Lateinischen noch vielfache Spuren der ursprünglichen Uebereinstimmung des lautlichen Ausdrucks mit der Vorstellung erhalten, wie wir im Folgenden an Beispielen, die wir Ovid's Metamorphosen entlehnen, nachweisen wollen.

§. 4. Aussprache der latein. Laute.

Betrachten wir zunächst die Aussprache der einzelnen lateinischen Laute, so weit sie für unsern Zweck Berücksichtigung verdienen. Es sind dies nur die folgenden, die wir mit der jetzt gebräuchlichen Cursivschrift bezeichnen wollen: a, e, i, o, u, ae (als Trübung des Diphth. ai); b, c, d, f, g, l, m, n, p, qu, r, s, t, v, x.

Diese Laute wurden von den Römern nach den Angaben der alten Grammatiker im Ganzen ebenso ausgesprochen, wie im Deutschen; nur folgende Abweichungen sind hier hervorzuheben:

ē hatte bisweilen einen ähnlichen Klang wie ī, weshalb Quintilian I, 4, 8. beispielsweise anführt: „in herē neque ē plane neque ī auditur." Man bezeichnete diesen Mittelton zwischen ē und ī in der Zeit vor Augustus durch ei, schon seit Sulla auch häufig durch ein höheres, über die andern Buchstaben emporragendes I, und er wurde in der Blüthezeit der Literatur auch wahrscheinlich in den auf e auslautenden Ablativen von I-stämmen, wie: cive,

---

*) Jeder Laut hat seinen natürlichen, im Organ, das ihn hervorbringt, gegründeten und zur Anwendung kommenden Gehalt. J. Grimm, Ueber den Ursprung der Spr. Kleinere Schr. I. 284.

classe, colle u. a. gehört, bei denen auch die Form auf i vorkommt. Man vgl. W. Corssen, Ueber Aussprache, Vocalismus und Betonung etc. I, 329. 2. Ausg.

Das kurze i klang besonders vor Labialen fast wie ein dumpfes griechisches υ, weshalb neben optimus, existimo, monimentum, libido, aucipium, aurifex u. a. auch die betreffenden Formen auf u vorkommen.*)

Das kurze u hatte, wie sich aus der griechischen Schreibweise lateinischer Wörter, so wie aus den Inschriften ergiebt, namentlich vor auslautendem m und s, in der Aussprache Aehnlichkeit mit ö, so dass also servum fast wie servom, antiquum wie antiquom, captum wie captom lautete.**)

Für ae findet sich in älterer Zeit meistens ai; doch wurden beide Laute nicht ganz wie unser ae und ai gesprochen, sondern so, dass jeder einzelne Vokal mehr gehört wurde.

c wurde bei den Alten durchweg wie unser k gesprochen; im Spätlateinischen lautete es nebst dem t vor kurzem i bei nachfolgendem Vokale wie das deutsche z.

Das f, für welches die lateinische Schrift das Zeichen des äolischen Digamma verwandte, hatte fast denselben Laut wie im Deutschen, nur dass es noch mit stärkerem, vollerem Hauche ertönte. Dadurch unterschied es sich besonders von dem griechischen φ, welches, wie Priscian I, 14. II. sagt, fixis labris gesprochen wurde, während man bei der Aussprache des f den Rand der Unterlippe lose an den Rand der Oberzähne anlegte. cf. Quintil. XII, 10, 29.

m klang am Ende eines Wortes weit dumpfer als zu Anfange, so dass es nur ein matt nachklingender, kraftloser Laut war, der bisweilen ganz schwand. In der Poesie wurde daher den Silben -am, -em, -im, -om, -um vor vokalischem Anlaute des folgenden Wortes die metrische Geltung einer kurzen Silbe nicht mehr beigelegt.

s hatte zu Anfang einer Silbe einen schärfern Laut, als im Deutschen, etwa wie unser ß; ebenso im Inlaut vor und nach andern Consonanten ausser nach n; im Inlaut zwischen zwei Vokalen wurde es weich gesprochen, im Auslaute hatte es einen sehr schwachen Klang.

v entsprach dem äolischen Digamma und hatte im Anlaut, so wie im Inlaut neben Consonanten den Ton unsres deutschen w; im Inlaut zwischen Vokalen dagegen war es weicher, so dass es dem englischen w in der Aussprache näher stand.

§. 4. Entstehung und Bildung der Sprachlaute überhaupt.

Da die Uebereinstimmung zwischen Laut und Vorstellung, wie oben erwähnt worden, meistens auf bestimmten physiologischen Vorgängen beim Sprechen beruht, so müssen wir hier auf die Entstehung und Bildung der einzelnen Laute vermittelst der Sprachorgane näher eingehen. Zu den gründlichsten Untersuchungen auf diesem Gebiete gehören die des Prof. Brücke in Wien, deren Ergebnisse namentlich in seiner kleinen Schrift: „Grundzüge der Physiologie und Systematik der Sprachlaute. 1856" niedergelegt sind. Wir schliessen uns denselben im Wesentlichen an, indem wir dabei zugleich die scharfsinnigen kritischen Bemerkungen beachten, welche Dr. M. Thausing in seinem Werke: „Das natürliche Lautsystem der menschlichen Sprache. Leipz. 1863." über Brücke's Ansichten veröffentlicht hat.

Nach Brücke zerfallen sämmtliche Laute in tönende und tonlose, jenachdem bei ihrer Hervorbringung die Stimmritze zum Tönen verengt ist oder nicht. Zu der erstern Art gehören die Vokale und tönenden Consonanten; zu der letztern die tonlosen Consonanten. Die

---

*) Quintil. I, 4, 8. Medius est quidam inter i et u sonus; non enim sic optimum dicimus ut opimum.
**) Ibid I, 7, 26. Nostri praeceptores cervum servumque V et O literis scripserunt, quia subiecta sibi vocalis in unum sonum coalescere et confundi nequiret; nunc V geminata scribuntur ea ratione quam reddidi: neutro sane modo vox quam sentimus efficitur.

Vokale werden durch verschiedentliche Verengung*) des Ansatzrohres hervorgebracht, welches dem menschlichen Stimmwerke, dem Kehlkopfe, in Gestalt der Rachen- und Mundhöhle beigegeben ist. Die Bedingungen dagegen für die Hervorbringung von Consonanten sind Bildung oder Lösung eines Verschlusses in der Mund- oder Rachenhöhle oder Herstellung einer Enge, wodurch beim Durchströmen der Luft ein Reibungsgeräusch erzeugt oder ein leicht beweglicher Theil, z. B. die Zunge oder das Zäpfchen in Vibration versetzt wird.

§. 5.
Bildung der Vokale.
Was die Bildung der einzelnen Vokale betrifft, so entsteht u, indem der Ton der Stimme durch die stark verengte Mundöffnung hindurch dringt, welche in der Regel durch die rundlich zusammengezogenen und vorgeschobenen Lippen bewirkt wird. Zugleich senkt sich der Kehlkopf und der Zungenrücken abwärts, um die Luft möglichst frei zur verengten Mundöffnung gelangen zu lassen. Der Ton wird dadurch hohl und dumpf. Bei der Aussprache des i dagegen wird der Lauthauch durch eine Enge zwischen Zungenrücken und Gaumen in der rückwärtigen Gegend des Mundcanals hindurchgetrieben; wegen dieser Verengerung hebt sich der Kehlkopf, und damit keine Verdumpfung des Lautes im vordern Theile der Mundhöhle stattfindet, ziehen sich, namentlich bei deutlicher Aussprache, die Lippen und Unterzähne zurück. I ist daher der am weitesten nach innen zu gebildete und am höchsten tönende Vokal. Bei der Aussprache des a hebt sich nur der Kehlkopf etwas; weder Zunge noch Lippen kommen in Thätigkeit; der Mundcanal ist in seiner ganzen Länge offen, so dass der Laut ungehindert, hell und klangvoll aus der Mundhöhle hervorströmt. — Durch Hebung des Kehlkopfes, so wie durch Hebung und Verbreiterung der Zunge wird das a in ae und e getrübt, und zwar hebt und verbreitert sich beim ae der vordere, beim e der mittlere Theil der Zunge, wodurch der mittlere Mundcanal schwach abgegrenzt und verflacht wird. Umgekehrt wird das o, wenn man von der Stellung für a ausgeht, gebildet, indem der Kehlkopf und Zungenrücken sich senkt, die Mundöffnung aber durch Zusammenziehung der Lippen sich verengert. — Die drei Vokale a, i, u sind hiernach die in ihrer Entstehung und ihrem Klange am meisten von einander abweichenden Vokale, während e den Uebergang von a zu i und o von a zu u bildet. a ist gleichsam der Urvokal zu nennen, der, weil er auf die einfachste Weise hervorgebracht wird, bei aller ursprünglichen Lautbildung, im Einzelnen sowohl wie im Ganzen, zunächst erscheint. Ihn findet das lallende Kind zuerst; er tritt im Sanskrit und dann auch im Gothischen bei Weitem am häufigsten auf. Nach dem a ertönt das i und das u, mit denen dann die Bildung der Grundvokale erschöpft ist. e und o waren als Zwischenstufen der erwähnten Laute schwieriger zu bilden und deshalb der Ursprache fremd.

§. 6.
Gruppirung der Consonanten.
Die Consonanten theilt Brücke nach dem Articulationsgebiete ein, d. h. nach der Stelle in der Mittelebene des Mundes, an der eine Enge oder ein Verschluss gebildet wird — und nach den physikalischen Bedingungen ihrer Erzeugung. Nach der Articulationsstelle zerfallen die Consonanten in drei Abtheilungen: Entweder bildet die Unterlippe mit der Oberlippe oder den obern Schneidezähnen Verschluss und Enge; oder der vordere Theil der Zunge mit den Zähnen oder dem Gaumen; oder endlich Mitte oder hinterer Theil der Zunge mit dem Gaumen.

Die Bedingungen für die Entstehung von Consonanten sind folgende:
1) Der Weg durch die Nase ist der Luft abgeschnitten, und auch der Mundcanal ist irgendwo gesperrt. Dies sind die sogenannten Mutae (Tenues und Mediae); auch werden sie Explosivae genannt, weil die im Mundcanal abgesperrte Luft nach Oeffnung des Verschlusses

---

*) So Thausing a. a. O. S. 14, während Brücke als die Hauptsache bei der Vokalbildung die Verlängerung und Verkürzung des Mundcanals ansieht, der Ersterer mit Recht nur secundäre Bedeutung beilegt.

mit mehr oder minder Geräusch hervordringt. Brücke nennt sie nach Chladni **Verschlusslaute**.

2) Der Luft ist der Weg durch die Nasenhöhle versperrt, und der Mundcanal ist an irgend einer Stelle so verengt, dass die ausströmende Luft an den der Enge benachbarten Theilen ein **Reibungsgeräusch** hervorbringt. Die so entstehenden Laute pflegt man theils als Aspiraten, theils als Sibilanten, theils als Halbvokale zu bezeichnen. Br. rechnet zu diesen Reibungsgeräuschen auch die **L-laute**, weil sie ebenfalls durch Herstellung einer Enge im Mundcanale gebildet werden, doch liegt dieselbe nicht in der Mittelebene, sondern zu beiden Seiten, zwischen dem Zungenrande und den Backzähnen.

3) Der Luft ist der Weg durch die Nase verschlossen, und im Verlauf oder am Ende des Mundcanals ist irgend ein Theil so gestellt, dass er durch den Luftstrom in Vibration versetzt wird, wodurch ein Geräusch entsteht. So werden die **R-laute** oder, nach Chladni benannt, die **Zitterlaute** gebildet.

4) Der Weg durch den Mundcanal ist der Luft versperrt, aber der durch die Nase steht ihr offen. Die so entstehenden Laute heissen gewöhnlich Nasales, auch Semivocales. Sie gehören insofern zu den Consonanten, als bei ihrer Bildung der Weg durch den Mundcanal verschlossen ist, doch haben sie kein von der Stimme unabhängiges, eigenes Geräusch, sondern beruhen auf Resonanz, weshalb Br. sie **Resonanten** nennt.

Hiernach gruppiren sich die Consonanten in folgender Weise:

	I. Verschluss u. Enge zw. Unter- u. Oberlippe od. d. obern Schneidez.	II. Verschl. u. Enge zw. d. Zungenspitze n. d. Zähnen od. d. Gaumen.	III. Verschluss u. Enge zw. Mitte u. hint. Thl d. Z. mit d. Gaumen.
1) Verschlusslaute.	p b	t d	c (k) g
2) Reibungsgeräusche.	f v	hartes s weiches s l	(ch) (j)
3) Zitterlaute.	—	r	(r uvulare)
4) Resonanten.	m	n	(n nasale) *)

Nach dieser Anordnung geben wir die Bildung derjenigen Consonanten im Einzelnen an, über deren symbolische Kraft wir im Folgenden zu sprechen haben werden.

§. 7. Bildung der einzelnen Consonanten.

Zu der ersten Abtheilung gehören die Consonanten: p, b; f, v; m.

Das p wird gebildet, indem man die verhärteten Lippen fest schliesst, den Nasencanal durch das Gaumensegel absperrt, die Luft durch die Exspirationsmuskeln in der Mundhöhle comprimirt und sie dann durch Oeffnen der Lippen frei lässt. In gewissen Fällen wird das p nicht durch Lösung, sondern durch Bildung dieses Verschlusses hervorgebracht. Da das Lautgeräusch dieses Consonanten eine stärkere Luftströmung erfordert, als die tönende Stimme zulässt, so wird es gewöhnlich, weil am leichtesten, tonlos gesprochen. Dasselbe gilt von den übrigen sogenannten harten Consonanten. Erweicht man die verschlossenen Lippen und lässt die übrigen Bedingungen für die Aussprache des p unverändert, so erhält man das b. Der geringere Luftbedarf desselben ermöglicht ein unterbrochenes Forttönen der Stimme, welches auch bei den übrigen weichen Consonanten Statt findet.**) — Das f entsteht, indem sich bei

---

*) Die in der Tabelle in Klammern gesetzten Lautzeichen kommen für unsern Zweck nicht weiter in Betracht.
**) Nach Brücke's Ansicht unterscheiden sich die weichen Consonanten von den harten (b von p, w von f etc.) nicht durch die Art der Articulation, sondern lediglich dadurch, dass die erstern mit tönender Stimme, die

abgesperrtem Nasencanal die verhärtete Unterlippe an die obern Schneidezähne legt, so dass eine Enge gebildet wird, durch welche die im Mundraume verdichtete Luft mit starker Reibung hindurchstreicht. (Man vergleiche, was oben über die Aussprache des lateinischen f bemerkt worden ist.) Erweicht man die Lippen, so ertönt unter denselben Bedingungen bei verminderter Stärke des Luftstromes das v (deutsch w). — Werden die Lippen geschlossen, und die Luft bei tönender Stimme durch die Nase getrieben, so entsteht das m.

Die zweite Abtheilung bilden die Consonanten: t, d; s, l; r; n.

t entsteht unter denselben Bedingungen wie p, nur dass man den Mundcanal an einer andern Stelle verschliesst, nämlich durch Bildung oder Lösung des festen Verschlusses, welchen die verhärtete Vorderzunge mit dem hintern Zahnfleisch der obern Schneidezähne herstellt. Durch Erweichung des vorderen Theils der Zunge und Verkleinerung der Berührungs-fläche erhält man unter Anwendung eines schwächern Luftstromes das d. — Biegt man die verhärtete Zungenspitze nach abwärts, so dass zwischen ihr und den Oberzähnen eine kleine Oeffnung bleibt, und treibt die Luft mit Gewalt durch diese Enge hindurch, so erhält man das scharfe, harte s, welches wir im Deutschen, wenn auch nicht immer, mit ß bezeichnen. Wird die Zungenspitze erweicht, und die Enge etwas erweitert, so erhält man vermittelst eines geringeren Lufthauches das weiche s. — Macht man den Verschluss wie beim t vollständig, lässt aber zwischen den Seitenrändern der Zunge und den Backzähnen zu beiden Seiten des Mundes eine Oeffnung, durch welche der auf der Zunge sich theilende Luftstrom hindurchfliesst und zugleich die weichen Zungenränder in leise Schwingungen versetzt, so hört man das l. — Bildet die aufwärts gebogene Zungenspitze mit den Alveolen der Oberzähne eine Enge und wird erstere durch die aus den Lungen hervorgeblasene Luft in Vibration versetzt, so entsteht das gewöhnliche oder Zungen - r.*) — Bei demselben Verschlusse wie beim d vernimmt man, indem die Luft bei tönender Stimme durch die Nase getrieben wird, den Laut des n, der sich also von dem des m nur durch die Art des Verschlusses unterscheidet und sich zum d ebenso verhält, wie das m zum b.

In der dritten Abtheilung haben wir hier nur die Consonanten c und g zu betrachten. Der Laut des c, welcher, wie oben bemerkt worden, im Lateinischen unserm K-Laute gleich war, wird in gleicher Weise wie das t hervorgebracht, nur ist die Art des Verschlusses verschieden. Während nämlich beim t mit dem vorderen Theile der Zunge und des Gaumens

---

letztern ohne dieselbe gesprochen werden, weshalb er jene tönend, diese tonlos nennt. Dass diese Ansicht unrichtig ist, geht schon daraus hervor, dass man die harten Cons. wenn auch schwieriger, ebenfalls mit tönender Stimme hervorbringen kann. Nicht das Mittönen der Stimme bewirkt hier den Haupunterschied, sondern die Articulationsweise. Das charakteristische Reibungsgeräusch dieser Laute hängt, wie Thausing, a. a. O. p. 23, mit Recht bemerkt, von dem eigenthümlichen Mitschwingen der verdumpfenden Organe ab. Bei der Hervorbringung der harten Verschluss- und Reibelaute ist die Dichtigkeit und Consistenz der Verschluss und Enge bildenden Organe eine grössere, als bei der Aussprache der weichen Laute; es bedarf daher bei jenen eines stärkeren Luftstroms, um den festen Verschluss zu durchbrechen oder die verhärteten Mundtheile in Schwingung zu versetzen. Da nun die zum Tönen verengte Stimmritze die Stärke des aus den Lungen in die Mundhöhle dringenden Luftstromes vermindert, so ist es schwieriger, die harten Laute mit dem Stimmtone hervorzubringen, als die weichen, für welche die Stärke jener Luftströmung vollkommen ausreicht. Durch ihr stärkeres Articulationsgeräusch treten die harten Consonanten zu den übrigen tönenden Elementen der Sprache gleichsam in einen Gegensatz; durch ebendasselbe erklärt es sich auch, dass sie, wie wir in der Folge sehen werden, hinsichtlich ihrer malerischen Kraft weit mehr charakteristische Eigenthümlichkeiten bieten, als die weichen Laute.

*) Die Römischen Grammatiker sagen Nichts über einen zwiefachen Klang des r im Lateinischen; doch ergiebt sich aus der Betrachtung der Lautwechsel desselben, dass die Römer nur das linguale r gesprochen haben. Vgl. Corssen, I, 247.

der Verschluss gebildet wird, geschieht es hier mit der Zungenwurzel und dem Hintergaumen. Bildet man den Verschluss loser, so dass er von einem minder kräftigen Luftstrome durchbrochen werden kann, so entsteht das g.

Es erübrigt noch, von zwei im Lateinischen vorkommenden Lautzeichen, nämlich Q und X, zu sprechen.

Ersteres ist das Koppa ϙ des Dorischen Alphabets von Cumae, aus dem bekanntlich das Lateinische Alphabet entstanden ist. Auf das Q folgt gewöhnlich das Schriftzeichen V, von dem ältere und neuere Grammatiker behauptet haben, dass es in dieser Verbindung weder einen Vokal noch einen Consonanten bezeichne. (Prisc. I, 37. I, 12. II, 1. II.) Bei nachfolgendem V (u vocalis), also in der Verbindung QVV fällt entweder das V nach dem Q ganz weg, oder es tritt dafür die Schreibweise CV ein; so findet sich namentlich in den ältesten Handschriften des Vergil: secuntur, locutus etc. Das Umbrische und Oskische, dem das Zeichen ϙ oder Q im Alphabete fehlte, drückte, wie Corssen anführt, das Lateinische QV durch die Buchstaben KV aus. Corssen selbst spricht sich über QV folgendermassen aus:*)

„Der Laut QV ist etymologisch aus der gutturalen Tenuis K, C, in seltenen Fällen aus der Lautverbindung KV hervorgegangen. Das Schriftzeichen V hinter Q bezeichnet weder einen vollen Vokal noch einen Consonanten, sondern einen halbvokalischen labialen Nachklang, der vor a und o einem irrationalen oder stummen u, vor ae, e, i einem irrationalen oder stummen v gleichklang, mit folgendem u aber zu einem einfachen u zerfloss, so dass besonders in älterer Zeit für QVV bloss QV, in späterer Zeit CV gesprochen und geschrieben wurde. QV ist also etymologisch und phonetisch der Durchgangs- oder Uebergangslaut von der gutturalen Tenuis k in die labiale Tenuis p."

Dies ist nach den oben aufgestellten Bedingungen für die Bildung der Vokale und Consonanten mindestens unverständlich zu nennen. Dass das Schriftzeichen Q in dieser Verbindung den Laut des C (K) bezeichnete, erleidet nach dem Gesagten wohl keinen Zweifel; es kommt nur darauf an, zu bestimmen, welchen Laut das mit dem Q verbundene V gehabt habe. Dass er mehr consonantischer als vokalischer Natur war, geht schon aus der altoskischen und altumbrischen Bezeichnungsweise hervor, wo man ihn, da der Consonant v und der Vokal u besonders bezeichnet wurden, durch ein auf das K folgendes V ausdrückte. Die griechische Schreibweise ΚΟΥ, ΚΟ, ΚΥ kann hiergegen nicht in Betracht kommen; schon die dreifache Bezeichnungsweise zeigt, dass man sich, weil es in der griechischen Sprache für den betreffenden Laut kein besonderes Zeichen gab, so gut half, wie man konnte. — Es lässt sich aber der in Frage stehende Laut in die oben für die Consonanten aufgestellte Tabelle sehr wohl einreihen. Wie man nämlich ausser dem oben angeführten dentalen f auch ein labiales f hervorbringen kann, indem man das Reibungsgeräusch ohne Mitwirkung der Zähne nur durch Annäherung der Lippen erzeugt, so giebt es auch ein labiales v (w), welches entsteht, wenn wir dem Munde die Stellung für das labiale f geben und bei weniger verhärteten Lippen die Luft sanft ausströmen lassen. Dieser Consonant steht dem u durch die Art seiner Bildung so nahe, dass er mit Leichtigkeit in dasselbe übergehen kann. — QV bezeichnet also nicht einen Laut, nicht einen Durchgangs- oder Uebergangslaut, sondern zwei verschiedene Laute, nämlich den des C (K) und des labialen v (w), wie auch nach der gutturalen Media, z. B. in lingua, sanguis ertönt. Da dieser Laut im lateinischen Alphabete nicht als besonderer Consonant vorkam, so bewirkte er zusammen mit dem Q auch nicht Positionslänge der vorangehenden Silbe

---

*) I. 76.

x war bei den Römern, wie bei uns das z und bei den Griechen das ξ, das der Abkürzung wegen gebrauchte Zeichen für den Doppellaut cs.

Nach diesen Bemerkungen über die Entstehung und Aussprache der lateinischen Laute wollen wir zur Betrachtung ihrer malerischen Bedeutung übergehen, wie sie unserer Auffassung nach in den Metamorphosen des Ovid hervortritt.

a.

§. 8.
alerische Bedeutung des Vokales a.

Dieser Laut strömt bei ruhiger, natürlicher Lage der Sprechorgane aus dem weit geöffneten Munde (patulo maxime ore. Quintil.) hervor und hat, weil ihm kein Hemmniss irgend welcher Art entgegentritt, einen hellen, vollen Klang. Gemäss diesem Ursprunge verwendet ihn auch Ovid zunächst, um das gleichmässig Ausgedehnte, Unbegrenzte, durch Nichts Gehemmte zu bezeichnen, namentlich die ebene Fläche des Wassers und des Landes:

I, 315. *Pars maris et latus subitarum campus aquarum.* XI, 357. *Latarumque iacens campos spectabat aquarum.* cf. IV, 344. XI, 209. III, 505. IV, 124. V, 428. 429. 588. 589. 636. — V, 462. *Quas dea per terras et quas erraverit undas Dicere longa mora est.* XV, 297. — *Arduus arboribus, quondam planissima campi Area.* cf. I, 599. X, 86. XII, 239.

Dann aber auch, um das hell Klingende, laut Schallende zu malen, z. B. Festfreude, Gesang, Gebell u. dgl.

XII, 150. *Festa* dies *aderat, qua* Cygni victor *Achilles Pallada mactatae placabat sanguine vaccae.* VI, 436. — diemque, *Quaque data est claro Pandione nata tyranno, Quaque erat ortus Itys, festum iussere vocari.* cf. II, 713. — III, 702. *Vadit ubi electus facienda ad sacra* Cithaeron *Cantibus et clara bacchantum voce sonabat.* II, 252. Et quae *Maeoniae celebrarant carmine ripas* — cf. XI, 598. — XIII, 568. rictuque in *verba parato Latravit conatu* loqui. cf. VII, 791.

und endlich in Bezug auf den Gesichtssinn das Glänzende, Klare, Blonde u. s. w. zu schildern:

VII, 325. et *quarta radiantia* nocte *mirabant Sidera.* cf. IV, 479. 480. IV, 355. V, 392. VIII, 373. — III, 410. quem (scil. fontem.) nulla volucris Nec *fera turbarat* nec *lapsus ab arbore ramus.* — IX, 306. *Una ministrarum media* de plebe *Galanthis Flava comas aderat.* cf. IX, 715. I, 112.

ae, e.

§. 9.
Maler. Bedeutung des ae und e.

Durch die Hebung und Verbreiterung der Zunge bei der Aussprache dieser Laute wird die hintere Mundhöhle mehr abgeschlossen und verflacht, der helle Klang des a wird merklich getrübt. Ovid verwendet daher jene Laute vorzugsweise bei der Schilderung einer gehemmten, trüben Stimmung und der Aeusserungen derselben, z. B. der Trauer, Klage, des sehnsüchtigen Verlangens, Unwillens, der Ungewissheit, Ueberraschung, Spannung und Furcht:

VIII, 526. *lugent ircuusque senesque, Vulgusque proceresque gemunt, scissaeque* capillos *Planguntur matres Calydonides Eveninae.* IV, 546. — *Deplanxere* domum scissae cum *reste* capillos. II, 676 *Flebat, opemque* tuam frustra *Philyreius heros, Delphice, poscebat.* XI, 44. *Te maestae volucres,* Orpheu, *te* turba *ferarum, Te* rigidi silices, *tua* carmina *saepe secutae Fleverunt silvae.* X, 75. 82. XI, 52. 53. — I, 707. motos in arundine *rentos Effecisse* sonum *tenuem similemque querenti.* III, 551. *sorsque querenda, Non celanda foret, lacrimaeque pudore carerent.* I, 361. 362. II, 664. 665. — I, 504. Nympha, *precor, Penëi, mane!* — Nympha, *mane!* III, 477. — „remane, nec me, crudelis, amantem *Desere*" clamavit. III, 353. Multi illum invenes, multae cupiere puellae. I, 597. II, 503. IV, 142. 143. III, 247. — II, 512. *Quaeritis aetheriis quare regina deorum Sedibus* huc adsim? Pro *me tenet altera caelum.* II, 527. At vos si *laesae contemptus* tangit *alumnae, Gurgite caeruleo septem prohibete triones,* Sideraque in caelo, stupri *mercede, recepta Pellite, ne* puro tinguatur in *aequore pelex.* IV, 467. IX, 207—210. — IV, 132. — *haeret,* an *haec* sit. IV, 184. In *mediis* ambo *deprensi amplexibus haerent.* — II, 69. *Ne ferar* in *praeceps, Tethys solet* ipsa *revereri.*

Dann aber auch zur Schilderung alles dessen, was eine solche gedrückte, unangenehme Stimmung hervorzubringen bezweckt, wie Geringschätzung, Verschmähen, Verachtung, Tadel und Hohn;

IV, 204. — *nec te Clymeneque Rhodosque, Nec tenet Aeaeae genetrix pulcherrima Circes, Quaeque* tuos *Clytie* quamvis *despecta petebat* e. — I, 67. 633. 595. VI, 10. III, 583. XIII, 135. — XIV, 35. — *Spernentem sperne; sequenti Redde vices.* XIV. 377. — *precesque repellit, Et, quaecunque es,* ait, non sum tuus. VIII, 116. — III, 532. — *aeraene* tantum *Aere repulsa valent? — Et magicae fraudes?* III, 538. *Vosne, senes,* mirer, qui longa *per aequora vecti* — IV, 547. Utque parum *iustae* nimiumque in *pelice saevae* Invidiam *fecere deae.* — XIII, 511. *Penelopae* munus, *quae me* data *pensa trahentem* Matribus *ostendens* Ithacis '*Haec Hectoris* illa est Clara *parens, haec est*,' *dicet,* '*Priameia* coniux.'

oder dessen, was vermöge der ihm inne wohnenden Natur einen unangenehmen, widerlichen, grässlichen Eindruck auf das Gefühl hervorbringt, z. B. des Starren, Unbeweglichen, Langsamen, Unthätigen, widerlich Trägen, Eklen, Giftigen, Unheilbringenden, so wie auch dessen, was durch sein geheimnissvolles, wunderbares oder erhabenes Wesen den Sinn gefangen nimmt, wie etwa die Unterwelt mit ihrem Schweigen, ihren schattenhaften Erscheinungen; die Wunderzeichen auf Erden oder am Himmel, der Anblick des Meeres, der erhabene Wohnsitz der Götter u. dgl.

III, 106. *Inde, (fide* maius) *glaebae coepere moveri.* cf. V, 477. IV. 729. — *maduere graves adspergine pennae* (Persei.) III, 592. Mox ego, *ne* scopulis *haererem semper* in isdem — XI, 604. — II, 771. at illa Surgit humo *pigre, semesarumque relinquit* Corpora *serpentum* passuque *incedit inerti.* IV, 456. X, 43. — II, 775. Pallor in *ore sedet,* macies in *corpore* toto, Nusquam *recta* acies, livent rubigine *dentes,* Pectora *felle* virent, lingua est suffusa *veneno.* Risus abest, nisi *quem* visi *fecere dolores.* IV, 487. IX, 171. X, 10. XIV, 365. — XI, 37. Quae postquam *rapuere ferae,* cornuque *minaces Divellere boves* — VI, 429. Non *Hymenaeus adest* — *Eumenides tenuere faces de funere raptas, Eumenides stravere* torum. — IV, 434. *umbraeque recentes Descendunt* illac — *Pallor hiemsque tenent late* loca *senta.* IV, 477. *Facta* puta, *quaecunque iubes;* inamabile *regnum Desere teque refer* cacli *melioris* ad auras. X, 40. Talia *dicentem nervosque* ad *verba moventem Exsangues flebant animae.* IV, 443. X, 15. 29. 30. XIV, 411. — IV, 393. Tinnulaque *aera* sonant; *redolent murraeque* crocique; *resque fide maior, coepere virescere telae,* Inque hederae *faciem pendens frondescere vestis.* XV, 787. *Saepe faces visae* mediis ardere sub astris, *Saepe inter* nimbos *guttae ceciderae cruentae.* — XI, 556 — in *apertum everteret aequor.* I, 309. *immensa licentia* ponti. (So gebraucht auch Schiller im Taucher den dunkleren Laut des e, um das aufgeregte Meer zu malen: „Und Fluth auf Fluth sich ohn' *Ende* drängt, Und will sich nimmer erschöpfen und *leeren,* Als wollte das *Meer* noch ein *Meer* gebären.") — XV, 448. quo — *fruentur Aetheriae sedes, caelumque erit exitus* illi.

1.

Dieser Laut wird von allen Vokalen am weitesten nach innen zu gebildet; es ist dabei der hintere Theil des Mundcanals am stärksten verengt, indem sich die Zunge zu beiden Seiten an den Gaumen legt, und nur in der Mitte eine Rinne für die durchströmende Luft

§ 10. Maler. Bedeutung des L

übrig bleibt. — Durch diese Verengung wird zugleich die stärkere Resonanz der Kopfknochen bei der Aussprache des i bedingt.*) — Das i erhält so von allen Vokalen den höchsten und intensivsten Ton, steht den übrigen aber, weil durch die starke Verengerung der hintern Mundhöhle den Schallwellen weniger Spielraum gelassen wird, an Rundung und Fülle nach. Wie es daher einerseits das hell und fein Tönende, das Durchdringende, Intensive, Concentrirte zu bezeichnen geeignet ist, so dient es auch andrerseits am besten dazu, das Feine, Liebliche, Zarte, Leichte, Winzige auszudrücken.

Demgemäss verwendet es Ovid zur Schilderung des hell und fein Klingenden: .
V, 204 — Ense ferit: sonuit tinnitibus ensis acutis. II, 669. *Edidit hinnitus* — XI, 598. Non *vigil ales ibi cristati cantibus oris* —

Was aber der helle Klang für das Ohr, das ist der helle Glanz für das Auge, wie dies auch bei dem symbolischen Gebrauche des a hervortrat; daher kommen in den hierher gehörigen Stellen auch meistens diese beiden Vokale zugleich vor. Das i malt hier also das Glänzende, Schöne, Herrliche.

I, 768. 'Per iubar hoc,' inquit, '*radiis insigne coruscis*, Nate, *tibi* iuro.' I, 771. *si ficta* loquor, neget *ipse videndum* Se *mihi, sitque oculis* lux *ista novissima nostris.* IV, 348 — quam cum puro *nitidissimus* orbe Opposita *speculi refertur imagine* Phoebus. III, 407. Fons erat *inlimis, nitidis* argenteus *undis.* IV, 354. *In liquidis* translucet *aquis*, ut eburnea si quis Signa tegat claro vel *candida lilia vitro.* VIII, 33. Purpureusque *albi stratis insignia pictis* Terga premebat *equi* II, 844. *ubi magni filia regis* Ludere *virginibus Tyriis comitata* solebat. II, 634. Ecce *venit rutilis* humeros protecta *capillis Filia Centauri.* cf. IV, 479. I, 74.

Ferner malt Ovid vermittelst des i das Tiefeindringende, Innerliche, das Intensive sowohl der Kraft als dem Gefühle nach (Angst, Begierde, Wollust).

IV, 171. *Primus adulterium* — putatur *Hic vidisse deus; videt hic deus omnia primus.* V, 121. — repagula *posti Ossibus inlisit mediae cervicis.* IV, 438. — *Ignorant, ubi sit nigri* fera *regia Ditis.* IV, 357. — *mediis inmittitur undis.* II, 655. Restabat *fatis aliquid. Suspirat* ab *imis* Pectoribus. IX, 200. Sed nova pestis adest, *cui nec virtute resisti* Nec *telis armisque* potest. Pulmonibus errat *ignis edax imis.* cf. VII, 532. — II, 493. Saepe *feris latuit visis, oblita* quid esset (scil. ursa.) IX, 283. — vocabis Praepositam *timidis parientibus Ilithyiam.* Vgl. hierzu IX, 302. 303. 315, wo überall die innere Angst gemalt wird. — X, 666. *Obstupuit virgo, nitidique cupidine pomi Declinat cursus.* — IV, 186—188. 327. IX, 483—485.

Hierher gehört auch das Concentrirte, Spitze, Eilende, Fliehende.

VIII, 398. *Institerat digitis.* V, 592. *Accessi, primumque pedis vestigia tinxi.* cf. IV, 343. XIV, 552. — *mediisque carina Subdita navigiis spinae* mutatur in usum. VIII, 390. Turba nocet *iactis* (scil. telis) et, quos *petit, impedit ictus.* cf. VIII, 382. XII, 594. — II, 716. Ut *volucris visis rapidissima miluus extis* — cf. I, 308. IV, 789. Et quae *iactalis letigisset sidera pennis.* III, 562. *Ite citi (famulis hoc imperat), ite* — II, 464. *I procul hinc, dixit.* II, 860. Sed *quamvis mitem metuit contingere primo.*

Auf der andern Seite wird aber auch durch das i das Feine (Kunstvolle, Hinterlistige), Zarte, Schwache (Furchtsame), Liebliche, Schmeichelnde geschildert. So herrscht z. B. da, wo die leichte, feine Materie des Feuers bezeichnet werden soll, fast immer das i vor.

VIII, 501. *O utinam primis arsisses ignibus infans!* VI, 696. *Exsiliantque cavis elisi nubibus ignes.* VIII, 515. Meleagrus *in illa Uritur*, et *caecis torreri viscera sentit Ignibus.* cf. I, 778. II, 809. VI, 456. VIII, 339. XIV, 795. XV, 348. IV, 178 — *Elimat* (non *illud opus*

---

*) cf. Brücke, a. a. O. p. 18.

tenuissima vincant Stamina —) cf. IV, 183. II, 699. *Rustice, vidisti si* quas hoc *limite, dixit, ire* boves — V, 431. *Primaque de tota tenuissima* quaeque *liquescunt Caerulei crines digitique.* XV, 221. *Editus in* lucem *iacuit sine viribus infans.* I, 358. *Quid tibi, si sine* me *fatis erepta fuisses,* nunc *animi, miseranda,* foret? XIII, 115. Et fuga, qua sola cunctos, *timidissime, vincis* — I, 485. *Inque patris blandis* haerens *cervice lacertis* Da *mihi* perpetua, *genitor carissime, dixit, Virginitate frui.* II, 691—693.

u.

Bei der Hervorbringung des u sowohl wie des o werden die Lippen nach vorn rundlich zusammengezogen, während der vordere Theil der Zunge nach unten zurückweicht. Durch diese im Wesentlichen gleiche Mundstellung erhalten beide Laute einen dumpfen Klang; da noch überdies im Lateinischen in manchen Fällen in der Aussprache ein Schwanken zwischen ihnen Statt fand, so hat sie auch Ovid da, wo sie eine malerische Bedeutung haben sollen, vielfach neben einander angewandt. Wir wollen auf diese Fälle näher eingehen, nachdem wir zuvor den symbolischen Gebrauch jedes der beiden Laute im Einzelnen betrachtet haben.

§. 11. Maler. Bedeutung des Vokales u.

Das u erhält durch die engere Zusammenziehung der Lippen, wobei sie gewöhnlich zugleich etwas weiter vorgeschoben werden als beim o, einen entschiedner dumpfen Klang, als dieses und bildet den directen Gegensatz zu dem i, nach welchem wir es daher hier zuerst behandeln. Es ist derjenige Vokal, welcher mit der Aussenwelt gleichsam in der nächsten, unmittelbarsten Berührung steht und der deshalb, so wie wegen seiner Kraft zunächst zur Ankündigung und Abwehr alles feindlich von aussen her Nahenden berufen ist. Wir werden aus den folgenden Beispielen ersehen, dass Ovid das u auch in diesem Sinne verwendet. Zunächst bezeichnet es bei ihm alles Dumpfklingende: Summen, Gemurmel, Brüllen, Toben der Wogen des Meeres und der Ströme, der Winde, der aufgeregten Menge.

IV, 709. *quantum* Balearica torto *Funda* potest *plumbo* medii transmittere caeli. XIV, 825. — VIII, 26, *seu sumpserat* aere *Fulgentem clipeum, clipeum sumpsisse* decebat. — IV, 83. Ad *solitum* coiere *locum. Tum murmure* parvo *Multa prius* questi *statuunt* — III, 646. Increpor a *cunctis, totumque immurmurat* agmen. XIII, 123. V, 587. 597. XIII, 567. XV, 35. — XI, 376. *demugitaeque paludes.* — XI, 504. Et *nunc sublimis* — Despicere in valles *imumque**) Acheronta videtur, *Nunc, ubi* demissam *currum circumstetit* aequor, *Suspicere* inferno *summum* de *gurgite* caelum. XIII, 779. *utrumque latus circumfluit* aequoris *unda.* cf. XI, 498. 517. — I, 278. — *Nunc,* ait, *utrudum* Vires *effundite vostras.* (Anrede an die Flüsse.) VIII, 583. — XI, 435. Nil illis *vetitum est* — (scil ventis). — III, 715. *Ruit* omnis in *unum Turba* furens; *cunctae coeunt, trepidumque sequuntur,* iam *trepidum* —.

Dann Alles, was ein tiefdunkles, düsteres Aussehen hat, wie Rost- und Purpurfarbe, Blut, Rauch, dunkles Gewölk, Gewitterwolken u. A.

XV, 789. *Caerulus* et *vultum ferrugine Lucifer* atra Sparsus erat. III, 484. aut ut variis solet *uva racemis Ducere purpureum nondum matura* colorem. cf. VII, 103. — XI, 368. Oblitus et *spumis* et crasso sanguine *rictus Fulmineos, rubra suffusus lumina* flamma. — XIV, 791. *Lurida supponunt fecundo sulfura* fonti, *Incenduntque* cavas *fumante bitumine* venas. XIII, 601. XV, 351. — IV, 622. *Nunc huc, nunc illuc* exemplo *nubis* aquosae Fertur. XIV, 367. XIV, 816. et *nubibus* aëra caecis *Occuluit tonitruque* et *fulgure terruit* orbem. —

---

*) Vermittelst der Ausgänge um, umque, um est, ant malt Ovid an vielen Stellen gewaltsame Vorgänge überhaupt. M. vgl. II, 167. IV. 11. 12. XII, 233. 341. XV, 85.

2*

Endlich Alles, was auf das Gemüth einen düstern, traurigen, furchtbaren, abschreckenden Eindruck macht, z. B. Verwundung, Tod, Ungeheuer u. dgl.

XII, 567. *Nec grave vulnus* erat, sed *rupti vulnere* nervi *Deficiunt motumque* negant. III, 727. VII, 141. XIII, 543. — II, 627. Et dedit *amplexus iniustaque iusta* peregit. — VII, 110. *Gutturaque usta* sonant. — *Pulvereumque solum* pede *pulsavere bisulco, Fumificisque locum mugitibus impleverunt* (scil. acripedes tauri.) — X, 621. *Coniugium crudele meum est.* Tibi *nubere nulla* Nolet.

o.

§. 12.
Maler. Bedeutung des Vokales o.

Der Klang des o ist nicht so dumpf, wie der des u, dafür aber voller, weil es mehr mit gerundeten Lippen, cavo ore, wie Quintilion IX, 4, 34 sagt, das u dagegen mehr mit nach vorn zugespitztem Munde gesprochen wird. Der Vokal o steht dem a näher in seinem Klange als das u und nähert sich dem ersteren daher auch mehr in seiner sinnlichen Bedeutung. Während das u vermöge seiner entschieden dunklen Klangfarbe besonders geeignet ist zur Darstellung heftiger, energischer Einwirkungen und der ihnen entsprechenden Empfindungen, wie Furcht, Grausen, Entsetzen, nimmt das o mehr an der Ruhe und Klarheit des A-Lautes Theil. Durch seinen kräftigen, vollen Klang bezeichnet es weniger ein Zurückweichen, eine Abwehr gegen die von aussen her auf das Individuum anstürmenden Eindrücke, als vielmehr ein Staunen vor dem Grossen, Mächtigen, Gewaltigen. — Geht man umgekehrt bei der Betrachtung des O-Lautes von dem a aus und sieht ihn als Uebergangslaut zu u an, so fragt sich, in welchem Verhältniss das o zu dem e steht, welches ja ebenfalls einen Uebergang von a bildet, nämlich zum i. Es lässt sich von vornherein erwarten, dass beide Laute, o und e, wegen ihrer gleichen Stellung zu dem a in der malerischen Bezeichnung mancher Empfindungen und Wahrnehmungen übereinstimmen werden. Und dies ist in der That der Fall; denn beide dienen zum Ausdruck der Trauer, Klage, Furcht, des Geheimnissvollen und Wunderbaren. Wie aber diese Laute nach ihren Artikulationsgebieten verschieden sind, so bezeichnen sie die erwähnten Empfindungen und Eindrücke auch in ganz verschiedenem Sinne. Während nämlich durch das e die Aufmerksamkeit auf die gehemmte Stimmung selbst, also auf den innern Vorgang gerichtet wird, weist das o mehr auf den äusseren Gegenstand hin, der die Empfindung erregt, so wie auf die äusserlichen Wirkungen, welche er hervorbringt.

In Uebereinstimmung hiermit bezeichnet das o in den Metamorphosen vor Allem das Volle, Starke, Kräftige und zugleich Schöne, Muthige, Feste, Schwere, Grosse, Geewaltig Schreckliche und Erstarrung Verursachende.

XV, 228. *Subruit haec (senecta) aevi demoliturque prioris Robora*, fletque Milon senior, cum spectat inanes *Illos*, qui fuerant *solidorum mole tororum* Herculeis similes, *fluidos* pendere *lacertos*. VII, 428. feriunt secures *Colla torosa boum vinctorum cornua* vittis. cf. XIII, 126. I. 612. *Bos quoque formosa est.* V. 581. *Quamvis fortis* eram, *formosae nomen* habebam. IV, 310. — XIII, 550. Sic Hecube — *Non oblita animorum, annorum oblita suorum.* I. 393. lapides in *corpore* terrae *Ossa reor* dici. XII, 339. Decidit in praeceps et *pondere corporis* ornum lugentem fregit. IX, 54. — *Protinus* avertit, *tergoque onerosus* inhaesit. XII, 349. — V, 353. flammamque fero vomit ore *Typhoeus* Saepe *removeri* luctatur *pondera* terrae, *Oppiduque et magnos devolvere corpore montes.* II, 225. VI, 176. XII, 507. — V, 202. *Gorgone conspecta saxo concrevit oborto.*

Dann dient es gleich dem e zur Schilderung einer gedrückten, trüben Stimmung, zum Ausdruck des Schmerzes, der sich entweder in Erstarrung oder in Klagen äussert, der Furcht, so wie äusserer Vorgänge, die durch ihr unbekanntes, geheimnissvolles, wunderbares Wesen die innere Ruhe aufheben.

XIII, 539. *Et pariter vocem* lacrimasque *introrsus obortas Devorat* ipse *dolor, duroque* simillima *saxo Torpet.* I, 661. *Nec finire licet tantos mihi morte dolores.* cf. III, 471. I, 351. 486. — I, 359. *quo sola timorem* Ferre *modo posses? quo consolante dolores.* II, 494. Ursaque *conspectos in montibus horruit ursos.* XIV, 366. *Ignotosque deos ignoto* carmine adorat. XIV, 404. Et *noctem noctisque deos Ereboque Chaoque Convocat.* IX, 344. vidi guttas e *flore* cruentas Decidere et *tremulo ramos horrore moveri.*

In vielen Fällen tritt aber auch das o wegen seines dumpfen Klanges dem u so nahe, dass der Dichter beide Vokale neben einander zur Bezeichnung derselben Sache gebraucht. Dies geschieht z. B. bei der Nachahmung der dumpfen Stimme von Menschen oder Thieren, bei der Erwähnung des Schlafens, so wie solcher Handlungen, welche im Stillen und Verborgenen vor sich gehen.

§. 13. Gleiche malerische Bed. des u und o.

XIV, 57. et *obscurum verborum* ambage *nocorum* Ter novies carmen *magico demurmurat ore.* cf. I, 205. V, 549. Foedaque fit *volucris, vesturi nuntia luctus, Ignavus* bubo, *dirum mortalibus omen.* VI, 431. X, 453. XV, 791. — I, 713. Talia *dicturus* vidit Cyllenius *omnes Succubuisse oculos adopertaque lumina somno. Supprimit extemplo vocem,* firmatque *soporem.* XIV, 778. Inde sati *Curibus tacitorum more luporum Ore premunt voces,* et *corpora* victa sopore *Incedunt portasque petunt.*

Dann bei Bezeichnung der dunklen Farbe, entweder jeder beliebigen bleibenden, oder der auf dem Antlitze oder an einer andern Stelle des Körpers durch äussere oder innere Erregung (Verlegenheit, Scham, Aufregung) vorübergehend und unwillkürlich erzeugten.

II, 235. Sanguine *tum credunt in corpora summa vocato Aethiopum populos nigrum* traxisse *colorem.* V, 360. *curruque atrorum vectus equorum.* V, 83. *rutilum* vomit ille *cruorem.* IV, 728. *Belua punicco mixtos cum* sanguine *fluctus Ore vomit.* II, 606. XII, 238. 382. XIV, 238. XV, 98. IX, 173. — III. 482. *Pectora traxerunt tenuem percussa ruborem.* V, 583. *ego rustica dote Corporis erubui.* I, 484. *Pulchra verecundo suffunditur ora rubore.* VII, 78. XIV, 198.

Ferner bezeichnen u und o im Gegensatz zu den helltönenden Vokalen das Harte und Rauhe.

I, 401. Saxa — *Ponere duritiem coepere suumque rigorem.* V, 233. *saxoque oculorum induruit humor.* I, 414. Inde *genus durum sumus experiensque laborum.* cf. XIV, 391. 549.

so wie auch das, was einen überwältigenden, Entsetzen erregenden Eindruck auf das Gemüth hervorbringt.

I, 460. *Stravimus innumeris tumidum Pythona* sagittis. II, 272. Alma tamen *Tellus, ut* erat *circumdata ponto — Sustulit oppressos collo tenus* arida *vultus, Opposuitque manum fronti, magnoque tremore Omnia concutiens paullum subsedit.* XV, 796. Inque *foro circumque domos* et templa *deorum Nocturnos ululasse* canes *umbrasque silentum* Errasvisse *ferunt motumque tremoribus urbem.* IV, 373. V, 241. XIV, 817. —

Da ein Vokal um so heller tönt, je freier und ungehinderter die Luft bei seiner Bildung aus der Mundhöhle hervorströmen kann, dagegen um so dumpfer, dunkler, je mehr der Mundraum an irgend einer Stelle verengt wird, so ist das a von allen der am hellsten klingende Vokal, die in dieser Beziehung zu den übrigen ein Gegensatz bildet. Aber auch diese stehen sich, wie nach ihrem Articulationsgebiete, so auch hinsichtlich der Helligkeit oder Dumpfheit ihres Klanges einander gegenüber. Während nämlich bei der Aussprache des e und i die Luft sich zwar durch die Enge zwischen Gaumen und Zunge hindurch drängen muss, dann aber frei zum Munde ausströmen kann, wird sie beim o und u bis zuletzt von den rundlich gewölbten Lippen eingeschlossen, so dass also hier die Verengerung der Mundhöhle im Ganzen

§. 14. Wechsel und Gegenüberstellung heller und dunkler Vokale eine vollkommnere zu nennen ist. Die letztern Vokale haben daher auch einen dunkleren Klang, während noch e und i dem a als helle Vokale angereihet werden können. Ein angemessener Wechsel so wie Gegenüberstellung dieser beiden Arten von Vokalen ist ebenfalls ein Mittel symbolischer Darstellungsweise und von Ovid in den Metamorphosen in wirksamer Weise angewendet worden, wie die folgenden Beispiele zeigen mögen. Die meisten derselben sind auch zugleich durch die Gegenüberstellung solcher Consonanten charakterisirt, die durch ihren eigenthümlichen und hervortretenden Laut einen gewissen Gegensatz bilden. Man sehe das Nähere darüber unten §. 26. Der Anschaulichkeit wegen werde ich im Folgenden die helleren Vokale, wenn sie den dunklern gegenübergestellt sind, namentlich in den Arsen, mit dem Zeichen des Acutus ('), die dunklern mit dem des Gravis (`) versehen.

    I, 299. Et, modo quá gracilés gramén carpsére capéllae,
       Nùnc ibi defòrmes ponùnt sua còrpora phòcae.

Die Behendigkeit und Flinkheit der Ziegen wird durch die hellen Vokale a, e, i bezeichnet. — Aehnliches findet sich in Schiller's Alpenjäger: „Vor *ihm her mit Windesschnelle Flieht die zitternde Gazelle*" — die Unbeholfenheit der Robben durch die dunklern ausgedrückt. Dieselben herrschen auch in den nachfolgenden Versen (304—306) vor, in denen von den vierfüssigen Thieren die Rede ist, während darauf in den Versen 307. 308:

      Quaesitísque diu terris ubi sistere détur,
      In mare lássatís volucris vaga décidit ális

die leichten Bewohner der Lüfte durch die hellen Vokale geschildert werden.

    I, 343. Flùmina sùbsidùnt collésque exíre vidéntur.

Hier malt das dumpfe u in prächtiger Weise das Sinken der verheerenden Fluthen, das hochtönende e und i das Hervortreten der Hügelspitzen. Man vergleiche hiermit

      II, 166. Sùccutitùrque alté similísque est cùrrus inani.

wo das helle e und i zwischen dem wiederholten dumpfen u das Emporschleudern des Sonnenwagens schildert, den der unglückliche Phaeton lenkt. Eine ähnliche Tonsteigerung findet sich auch II, 150. Occupat ille levém iuvenili còrpore cùrrum — und I, 572. summísque adspergine silvis Inpluit. —

    I, 456. Quídque tibí, lascíve puér, cum fòrtibus àrmis?
      Dixerat: ista decent humerós gestàmina nòstros,
      Quí dare cérta feráe, dare vùlnera pòssumus hòsti.

Während in den Worten, mit welchen Apoll den muthwilligen Liebesgott bezeichnet, das i und e vorherrscht, erscheinen vorzugsweise a und o (als die kräftigern Vokale) in denjenigen Worten, welche sich auf die starke Waffe beziehen und sie als dem Apoll zukommend schildern. Auch im letzten Hexameter sind die hellen Vokale den dunklern gegenübergestellt, um den Unterschied zwischen der Jagd und dem Kampfe mit dem Feinde bemerklich zu machen.

    II, 145. Còrripe lòra manù; vel, sí mutábile péctus
      Est tibi, consiliís, non cùrribus ùtere nòstris.

In den ersten drei Arsen stehen dumpfe Vokale, weil Phaeton in den betreffenden Worten zu einem schwierigen und zugleich gefährlichen Werke aufgefordert wird; in den folgenden Worten dagegen bis zur Cäsur des zweiten Verses, in denen die Möglichkeit angedeutet wird, dass Phaeton noch von seinem Vorhaben abstehen könnte, herrschen die hellen Vokale vor, endlich bei der Bezeichnung des Sonnenwagens treten wieder u und o auf.

    III, 179.   subitísque ululatibus omne
    Inplevere nemus.

Durch das lange helle i in subitis, welches durch die vorangehenden und nachfolgenden dumpfen Vokale noch mehr hervorgehoben wird, schildert der Dichter auf's Anschaulichste den ängstlichen Aufschrei der Nymphen, als sie beim Baden den Actaeon erblicken. Zu vergleichen ist
     III, 725.   visis ululavit Agave,
wo durch das dem u voraufgehende helle i das wilde Aufjauchzen der wahnsinnigen Agave ausgedrückt wird. In ähnlicher Weise wird
     III, 722.   dextramque precantis
     Abstulit. Inöö lacerata est altera raptu
durch das den beiden o voraufgehende helle i (so wie durch die drei Längen) der Schmerz des Actaeon trefflich bezeichnet. cf. XIV, 179. Volui inclamare.
     III, 357. Vocalis Nymphe, — resonabilis Echo,
beachte man den Wechsel der Vokale in den Epithetis der Echo.
     III, 375. O quotiés voluit blandís accédere dictis
     Et mollés adhibére precés! Natùra repùgnat.

Die hellen Vokale i und e in den Arsen bezeichnen Sehnsucht und Verlangen, das dumpfe u dagegen Hemmung und Widerstreit.
     IV, 443. Errant exsangues sine corpore et ossibus umbrae.

In diesem Verse tritt in den Arsen das e, zur Bezeichnung des Schattenhaften, nur neben den dunklen Vokalen u und o auf. Ebenso erscheint in den Worten
     IV, 492.   motae sonuere colubrae,
e und ao nur neben o und u, um den schauerlichen Eindruck des Schlangenhauptes der Tisiphone zu schildern.
     IV, 498.   — nec vùlnera membris
     Ulla ferùnt; méns ést quáe diros séntiat ictus.

Das u wird hier zur Bezeichnung der körperlichen, die hellen Vokale dagegen werden zum Ausdruck der geistigen Verletzung gebraucht. Verwandt mit dieser Stelle ist die folgende
     XIV, 276. — Accipimus sacrá data pocula déxtra.
     Quáe simul árenti sitiéntes hausimus ore,
     Et tetigit summos virgá dea díra capíllos.
     Et pudet, et referam, setis horrescere coepi
     Néc iam posse loquí; pro vérbis édere raùcum
     Mùrmur et in terram totò procùmbere vùltu.

So weit hier in der Erzählung der Verwandlung an die menschliche Gestalt erinnert wird, herrschen die hellen Vocale vor; die dunklen dagegen treten auf bei der Darstellung des Ueberganges in die Thiergestalt.

In den Worten „Ixionis orbis" (X, 42.) ist vielleicht die wiederholte Vokalfolge i o symbolisch, ebenso wie vielleicht in den Worten XI, 601. non moti flamine rami durch die Folge der Vokale der wiederholt entstehende Windhauch und die gleichmässige Bewegung der Zweige malerisch angedeutet wird. In ähnlicher Weise scheint der Dichter
     XIII, 251. Atque ita captívò victòr votisque potitus
     Ingredìòr curru láetòs imitante triumphos
durch die mehrmalige Aufeinanderfolge der Vokale i und o (ae und o) an das Triumphgeschrei „Io triumphe" erinnern zu wollen.
     XIII, 126.   exspectatoque resolvit
     Ora sono, neque abest facundis gratia dictis.

Während in den ersten Worten durch das o die rednerische Kraft und Fülle des Ulysses bezeichnet ist, deutet in den folgenden der schöne Wechsel der Vokale auf die Anmuth und Lieblichkeit seiner Rede hin.

XIV, 794. — et Alpino modo quae certare rigori
Audebatis aquae, non ceditis ignibus ipsis.

Hier tritt das die Rauhheit und Kälte der Alpen bezeichnende o in Gegensatz zu dem i, welches, wie bereits oben bemerkt ist, von dem Dichter absichtlich gehäuft wird, um die Feinheit und Leichtigkeit des Feuers zu schildern.

Mögen diese Beispiele genügen, um zu zeigen, welche malerische Wirkungen Ovid durch den Wechsel und die Gegenüberstellung der hellen und dunklen Vokale hervorzubringen wusste. Es würde nun noch von dem Gebrauche langer und kurzer Vokale zu malerischen Zwecken zu handeln sein; da derselbe aber zu enge mit der rhythmischen Malerei zusammenhängt, deren Darstellung hier nicht Raum finden kann, so müssen wir auf diesen Gegenstand verzichten.

§. 15.
Malerische Verwendung der Consonanten.

Ebenso wie die Vokale sind auch die Consonanten in vielen Fällen im Verlaufe der Sprachentwicklung zu blossen Zeichen herabgesunken; in andern jedoch ist den letzteren wegen ihrer durch bestimmte leibliche Organe bedingten Entstehung ein so eigenthümlicher Charakter aufgeprägt, und demgemäss zwischen ihrem Laute und der darzustellenden Idee eine so entschiedene Uebereinstimmung vorhanden, dass sich dieselbe nicht verwischt. Dem begabten Dichter gelingt es, solche lautliche Eigenthümlichkeiten mit sicherem Griffe zur Erhöhung der Schönheit seines Werkes zu verwerthen, und Ovid hat, ebenso wie wir es vorhin bei den einzelnen Vokalen sahen, auch in der effectvollen Verwendung der Consonanten seine Meisterschaft bewährt. — Da die Consonanten im Lateinischen im Anlaute durchweg mit stärkerem Hauche gesprochen wurden, als im In- und Auslaute, so werden wir den Fall, wo sie im Anlaute vorkommen, hauptsächlich im Auge behalten, weil alsdann eben ihre charakteristischen Eigenthümlichkeiten am deutlichsten hervortreten; in manchen Fällen bringen sie jedoch auch im In- und Auslaute eine malerische Wirkung hervor. Wir wollen in dieser Beziehung die Consonanten nach der oben S. 5 aufgestellten Reihenfolge durchgehen und die Uebereinstimmung ihres Lautes mit der Vorstellung durch Beispiele aus den Metamorphosen zu beweisen suchen.

p. b.

§. 16.
Malerische Bedeutung von p und b.

Wie bei dem Vokal u werden auch bei der Bildung des p und b die Lippen rundlich vorgeschoben, doch schliessen sie sich hier gänzlich, und die aus den Lungen in die Mundhöhle gleichsam nach einem Punkt hin zusammengepresste Luft muss sich durch Oeffnung dieses Verschlusses gewaltsam einen Ausweg bahnen. Nach dieser Entstehung der Laute bezeichnet auch Ovid durch dieselben einmal jede vordringende, auf ein Ziel losstrebende Bewegung, dann aber auch die Hemmung derselben.

Da die Explosion bei der Aussprache des b weniger kräftig ist, so tritt die charakteristische Verwendung dieses Consonanten bei Ovid gegen die des p sehr zurück; nur in einigen wenigen Fällen finden wir ihn in malerischer Weise gebraucht.

Durch das p (b) wird also eine auf ein Ziel gerichtete Bewegung, ein Streben, das ein bloss äusseres oder ein inneres sein kann, wie es sich in Bitten, Forderungen und Wünschen offenbart, ein Treiben und Antreiben bezeichnet.

I, 534. — hic *praedam pedibus petit*. XV, 506. *Pitthcam profugo* curru Troezena *petebam*; Iamque Corinthiaci *carpebam* litora *ponti*. XV, 637. Quod *petis* hinc, propiore loco, Romane, *petisses*, Et *pete* nunc propiore loco. III, 151. *Propositum repetemus opus*. V, 653. *Triptolemus* nomen: veni nec *puppe per* undas, Nec *pede per* terras; *patuit* mihi *pervius* aether. VIII, 332. Vincula *pars* adimunt canibus, *pars pressa* secuntur Signa *pedum*, *cupiuntque* suum *reperire periclum*. X, 658. *Hippomene, propera!* cf. II, 104. 158. 872. III, 6. V, 278. VI, 721. 372. VIII, 92. XI, 231. XIII, 735. XV, 598. — VI, 342. *Uberaque ebiberant* avidi lactantia nati. XV, 281. Ante *bibebatur*. (Hier wird durch das wiederholte b gleichsam das Streben der Lippen gemalt, das Wasser einzuschlürfen.) V, 215. *Obliquaque bracchia* tendens. X, 58. *Bracchiaque* intendens, *prendique* et *prendere captans*. — III, 458. Cumque ego porrexi tibi bracchia, *porrigis* ultro. —

VIII, 271. Sollicita *supplex petiit prece*. V, 493. Nec sum *pro patria supplex*; huc *hospita* veni, II, 125. III, 340. X, 321. XIII, 669. XIV, 18, 692. — II, 99. *poenam*, Phaeton, pro munere *poscis*. XI, 202. nec *opes exposcere parvas*. V, 213. — I, 363. O utinam possem populos *reparare paternis* Artibus! — V, 218. non nos odium regnique *cupido Compulit ad bellum*.

Ferner eine das Ziel erreichende Bewegung oder Thätigkeit, ein Berühren, Stossen, Schlagen.

II, 871. Falsa *pedum primis* vestigia *ponit* in undis. II, 754. Ut *pariter pectus* positamque in *pectore* forti Aegida concuteret. III, 114. — II, 155. — hinnitibus auras Flammiferis inplent pedibusque repagula pulsant. II, 767. et *postes* extrema *cuspide pulsat*. V, 473. Et *repetita* suis *percussit pectora* palmis. II, 584. 866. III. 481. VII, 113. X, 723. XII, 235. — I, 454. Delius hunc *nuper*, victo *serpente superbus* Viderat — (Hier malt das p das abstossende Wesen des auf seinen Sieg stolzen Gottes.)

Dann aber auch die Hemmung einer Bewegung, ein Vertreiben und Zurücktreiben, ein Hindern, Ueberraschen, ein Drängen, Beschweren, Kämpfen, so wie die durch solche Hemmung bewirkten Seelenzustände, z. B. Furcht, Scham u. dgl.

II, 528. — septem *prohibete* triones, Sideraque in caelo, *stupri* mercede, *recepta Pellite*, ne *puro* tinguatur in aequore *pelex*. XIV, 377. Ille ferox *ipsamque precesque repellit*. XV, 610. Et *dempta capiti populo prohibente* corona — XV, 526. *Membra rapi partim, partim reprensa* relinqui — VI. 667. *Corpora Cecropidum* pennis *pendere putares*. VIII, 808. *Pendere putares Pectus* (Schweben und Hangen — gehemmtes Fallen.) III, 6. quis enim *deprendere possit* Furta Iovis? — VIII, 425. *Ipse pede imposito caput* exitiabile *pressit*. XV, 698. *Impositaque premens puppim* cervice recurva. XI, 557. *Praecipitata* cadit, pariterque et *pondere* et ictu — cf. II, 283. III. 104. XII, 509. XIV, 660. XV, 77. 727. — IX, 33. *Bracchiaque opposui — et pugnae membra parari*. Ille cavis hausto *spargit* me *pulvere palmis*. X, 706. sed praebent *pectora pugnae*. XII, 242. Vina *dabant* animos et prima *pocula pugna* Missa volant — XIII, 93. Nempe ego mille meo *protexi pectore puppes*. II, 436. XIII, 364. — II, 92. Et *patrio pater* esse metu probor. III, 99. Ille diu *pavidus pariter* cum mente colorem *Perdiderat*. cf. III, 651. V, 605. — VII, 617. Nec te, magne *pater*, nostri *pudet* esse *parentem*. XI, 181. Ille quidem celare *cupit*, *turpique pudore Tempora purpureis* temptat velare tiaris.

f. v.*)

Während bei dem p und b die Luft gleichsam nach einem Punkte der Mundhöhle gedrängt wird, wo sie einen Verschluss durchbrechen muss, strömt sie bei der Aussprache

---

*) Auch der durch u bezeichnete Lippenlaut in der Consonantenverbindung qu ist hier zu beachten.

des f und v durch die von den obern Schneidezähnen und der Unterlippe gebildete Enge ohne Unterbrechung hervor; dieses Aus- und Fortströmen des Lufthauches ist für die beiden Reibungsgeräusche f und v das Charakteristische. Daher verwendet sie Ovid auch z. B., um an das Fauchen des Uhus zu erinnern: V, 549. *Foedaque fit volucris, venturi* nuntia luctus; um das Ausströmen von heisser Luft, oder das Wehen des Windes zu schildern:

II, 229. *Ferventesque* auras *velut e fornace profunda* Ore trahit. V, 353. — XV, 299. *Vis fera ventorum*, caecis inclusa *cavernis*. I, 56. Et cum *fulminibus facientes frigora ventos*. I, 527. Nudabant corpora *venti, Obvinque adversas vibrabant flamina vestes* VIII, 134. an inania *venti Verba ferunt?* VII, 664. XIII, 807.

Auch das Ausströmen anderer Stoffe als der Luft wird durch f und v bezeichnet. z. B. das des Rauches:

II, 282. *Vix equidem fauces* haec ipsa in *verba resolvo* (Presserat ora *vapor): tostos* en adspice crines *Inque* oculis *fumum, volitant* super ora *favillae*. Hosne mihi *fructus,* hunc *fertilitatis* honorem *Officiique refers —?* (Durch die gehäuften Reibelaute soll das Fortblasen des Rauches von Seiten der „Alma Tellus" geschildert werden.) —

Das Ausströmen von Schwefel- und Erdpechdämpfen: XIV, 791. Lurida supponunt *fecundo sulphura fonti,* Incenduntque caras fumante bitumine *venas. Viribus* his aliisque *vapor penetravit* ad ima *Fontis.* III, 374.

Von Wasser: XIV, 788. *renasque* et *flumina fontis* Elicuere sui.

Ueberhaupt malt Ovid durch f und v alles das, was auf schnelle und heftige Weise vor- und fortdringt. So gebraucht er diese Reibungsgeräusche vom Schleudern des Blitzes: II, 308. Unde *movet* tonitrus *vibrataque fulmina* iactat. II, 325. *trifida fumantia flamma* Corpora. — Vom Schiessen der Pfeile: I, 468. *Eque sagittifera* prompsit duo tela *pharetra Diversorum* operum: *fugat* hoc, *facit* illud amorem. I, 463. 472. — Vom Vordringen eines Schiffes: IV, 706. Ecce *velut navis praefixo* concita rostro Sulcat *aquas* — In übertragener Bedeutung vom Fortdringen des Gerüchts: V, 256. *Fama novi fontis* vostras *pervenit* ad aures. XII, 197. 200. —

Dann von Allem, was fortbewegt, entfernt, fortgerissen wird, sich abwendet und flieht. VII, 256. Et monet arcanis oculos *removere profanos. Diffugiunt* iussi. XII, 231. *Submovet* instantes raptamque *furcibus aufert*. XV, 525. *Viscera viva* trahi, *nervos* in stirpe teneri. V, 179. *Vultus avertite vestros*. VII, 341. *oculosque reflectunt* Caecaque dant *sacris aversae vulnera* dextris. IX, 633. Mox ubi *finis* abest, patriam *fugit* ille *nefusque.* IX, 640. et *profugi sequitur vestigia fratris.* cf. V, 389. 216. XIV, 756. I, 526. 530. 739. IV, 724. V, 601. 618, VII, 859. IX, 544. 580. X, 79. 80. XIII, 807. XV, 178. —

Mit dem Begriffe des Fliehens hängt der des Verachtens, Geringschätzens eng zusammen, der durch den vollen und kräftigen Hauch des f in treffender Weise gemalt wird.

IX, 678. Edita forte tuo *fuerit* si *femina* partu — necetur. XIII, 497. Tu *quoque vulnus* habes. At te, *quia femina,* rebar A *ferro* tutam: cecidisti et *femina ferro.* IX, 794. Dona puer *solvit, quae femina voverat, Iphis.*

Ebenso bezeichnet dieser starke Hauch in angemessener Weise das erhöhte Bewusstsein des eigenen Werthes, ein Sichrühmen, Prahlen, Aufgeblasenheit.

V, 580. Sed *quamvis formae numquam* mihi *fama* petita est, Quamvis *fortis* eram, *formosae* nomen habebam. IV, 687. *Quantaque* maternae *fuerit fiducia formae.* III, 269. et mater, *quod vix* mihi contigit, uno De *Iove vult fieri: tanta* est *fiducia formae.*

Ausser dem blossen Aus- und Fortströmen bezeichnen f und v bei Ovid auch die Richtung desselben auf ein Ziel. Der Dichter schildert deshalb durch jene Reibungsgeräusche

1) Ein Anhauchen. III, 49. Hos necat *adflati funesta tabe veneni*. VIII, 289. *Fulmen ab ore renit, frondes adflatibus* ardent.

2) Ein Siehhinwenden z. B. im Gebete an die Götter: V, 279. *Nostraque fallaci veneratus* numina *vultu*. VII, 652. *Vota Iovi solvo*. XIII, 128. Si mea cum *vestris valuissent vota*, Pelasgi. — Ein Herbeirufen: III, 382. *Voce 'veni' magna* clamat: *vocat* illa *vocantem*. VII, 605. *utroque vocant venientia fata*. — Ein Hinblicken, Sehen: III, 384. *Fatidicus vates* 'si se non *viderit*' inquit. *Vana diu visa est cor* auguris. IV, 713. *Umbra viri visa est, visam fera saevit* in umbram. *Utque Iovis* praepes, *vacuo* cum *vidit* in *arvo* — V, 253. *Quaque* super pontum *via visa brevissima* — VII, 650. *Visus* eram *vidisse viros*. cf. III, 200. VII, 86. 565. 782. IX, 603. XII, 204. 220. XIII, 495.

3) Ein Entgegentreten in feindlichem Sinne; daher Abwehr, Kampf, Wuth, Rache, Leidenschaftlichkeit.

VII, 111. illis Aesone natus *Obrius* it. *Vertere* truces *venientis* ad ora Terribiles *vultus praefixaque* cornua *ferro*. VII, 765. Rurigenae *parere feram*. *Vicina iuventus Venimus*. XII, 232. neque enim *defendere verbis* Talia *facta* potest; sed *vindicis* ora *protervis Insequitur* manibus. XIV, 300. Percutimurque caput *conversae verbere virgae*. XII, 492. demisit in armos Ensem *fatiferum*, caecamque in *viscera* movit *Versavitque* manum; *vulnusque* in *vulnere fecit*. III, 83. *furit* ille, et inania duro *Vulnera* dat *ferro, figitque* in acumine dentes. (Wüthendes Beissen des Drachen.) IV, 717. VIII, 441. pariterque *volentem Ulcisci fratrem fraterna fata* timentem Haud patitur dubitare diu. II, 472. 474. XIII, 541. ff. VI, 585. *Verbaque quaerenti — Defuerunt*; nec *flere vacat*, sed *fasque nefasque Confusura* ruit (Procne).

m.

§. 18. Maler. Bedeutung des m.

Da dieser Resonant hervorgebracht wird, indem man die gewölbten Lippen eng verschliesst und die in die Mundhöhle gepresste Luft bei tönender Stimme durch die Nase ausströmen lässt, so erhält er einen sehr hohlen und dumpfen Ton. Ovid gebraucht ihn daher in mehreren Fällen, die bereits oben beim u angeführt sind, z. B. zur Bezeichnung eines summenden, dumpfen Klanges:

IV, 709. quantum Balearica torto Funda potest *plumbo medii transmittere* caeli. VIII, 26. seu *sumpserat* acre *Fulgentem clipeum, clipeum sumpsisse* decebat. —

eines dumpfen Gemurmels: III, 646. *totumque inmurmurat agmen*. V, 597. Nescio quod *medio* sensi sub gurgite *murmur*. IV, 83. V, 587. IX, 40. (s. oben p. 11,); sowie auch zur Bezeichnung des Untertauchens, weil die Stimme dadurch zurück gedrängt wird: VI, 371. Et *modo* tota cava *submergere membra* palude — XI, 796. Aequor *amat, nomenque* tenet, quia *mergitur* illo IV, 357. XI, 558, XIV, 548.

Dann auch um Murren und Unwillen auszudrücken: V, 374. *Spernimur*, ac *mecum* vires *minuuntur Amoris*.

Wegen der Stärke und Fülle dieses dumpfen Klanges malt aber Ovid vermittelst des m auch alles Grosse, Gewaltige, Verwunderung und Staunen Erregende, so wie das, was sich als etwas Grosses hinstellen will, also das Prahlerische.

III, 60. dextraque *molarem Sustulit* et *magnum magno conamine misit*. — *Moenia mota* forent: serpens sine *vulnere mansit*. XIV, 181. Vidi, *cum monte revulsum Inmanem scopulum medias permisit* in undas. VII, 627. *Dum numerum miror*. VIII, 422. *Inmanemque feram multa* tellure *iacentem Mirantes* spectant. V, 199. *Inmotusque silex armataque mansit imago*. — VIII, 396. Talia *magniloquo tumidus memoraverat* ore. — cf. VII, 553. XI, 200. XII, 356. V, 206. VII, 790. —

Ferner in Verbindung mit den dunklen Vokalen das Wilde, Ungestüme, Drohende und Schlimme, Tod und Jammer Bringende.

XV, 85. At quibus *ingenium* est *inmansuetumque ferumque* — (cf. Anmerk. p. 11.) VIII, 583. *Intumui*, quantusque feror, *cum plurimus, unquam*, Tantus *eram* (Achelous). XV, 24. *multa* ac *metuenda minatur*. VII, 604. Pars *animam* laqueo claudunt, *mortisque timorem Morte* fugant XI, 783. Ni tibi *morte mea mortis* solatia *mittam*. IV, 155. O *multum miseri mens* illiusque parentes! cf. VII, 525. VIII, 509. X, 45. —

Endlich fasst Ovid den Laut des m, da er auf Resonanz in der verschlossenen Mundhöhle beruht, ebenso wie den Laut des n, wie wir später sehen werden, den übrigen Lauten gegenüber als einen mehr innerlichen auf und bezeichnet daher durch denselben das eigene Ich, den Geist des Menschen und geistige Thätigkeit.

III. 463. Iste ego *sum*: sensi, nec *me mea* fallit *imago*. Uror *amore mei, flammas moveoque* feroque, V, 365. *Arma manusque meae, mea*, nate, potentia dixit. II, 485. *Mens* antiqua *tamen* facta quoque *mansit* in ursa. XV, 514. *mihi mens* interrita *mansit*. XIV, 813. *Nam memoro memorique animo* pia verba notavi. XIV, 204. 356. 357.

t. d.

§. 19. Malerische Bedeutung des t und d.

Da die Hervorbringung dieser Laute unter denselben Bedingungen wie beim p und b geschieht, nur dass die Articulationsstelle eine andere ist, so wird auch ihre symbolische Verwendung der des p und b in manchen Fällen analog sein. t sowohl als d bezeichnen eine vorwärts oder rückwärts gerichtete Bewegung oder Thätigkeit, doch behauptet das d dem t gegenüber einen mehr eigenthümlichen Charakter, als das b im Vergleich zum p. Beim d nämlich ist der Zungenkörper weicher, und der Verschluss sanfter als beim t; daher verwendet Ovid es zur Bezeichnung einer ruhigern, langsamer einem Ziele zustrebenden Thätigkeit. Er gebraucht es besonders zur Schilderung des Gebens, Hinzuthuns, Hinbringens, Hinkommens; aber auch des Nehmens.

II, 101. Ne *dubita dabitur*. V, 450. lymphamque roganti *Dulce dedit*. — *Dum bibit illa datum*, duri puer oris et audax Constitit ante *deam*, risitque, aridamque vocavit. XIII, 589. *Diva tamen veni*, non *ut delubra diesque Des* mihi sacrificos. cf. I, 220. 617. II, 77. — VII. 787. *Ad iaculi vertebar* opem. *Quod dextra librat Dum* mea, dum digitos amentis *indere templo*, Lumina *deflexi*. III, 597. *Forte petens Delon Ciae telluris ad oras Adplicor, et dextris adducor litora remis, Doque leves saltus udaeque immittor* arenae. XIII. 82. *Hector adest*, secumque *deos* in proelia *ducit*. III, 380. *Dixerat* 'ecquis *adest*?' *et* 'adest' responderat Echo. III, 375. O *quotiens voluit blandis accedere dictis*! V, 449. at inde Prodit anus, *divamque ridet*. — V, 542. *Vidit, et indicio reditum crudelis admit*. — cf. III, 602. 113. V, 614.

Bei der Aussprache des t dagegen ist die Explosion stärker; der Zungenkörper ist wegen des festen Verschlusses härter und angespannter und kann daher mit dem vordern Theile schneller und leichter schwingen, als beim d. Deshalb wird auch bei Ovid durch das t namentlich eine heftige, unruhige, wiederholte (vorwärts oder rückwärts gerichtete) Thätigkeit gemalt. So wird es angewandt zur Versinnlichung des Zürnens, Drohens, Schiessens, Speerwerfens, des stossweisen Ziehens und Hemmens;

II, 390. Ipse *agat* (scil. currus); *ut saltem, dum nostras temptat* habenas, Orbatura *patres aliquando* fulmina *ponat*. II, 400. *Saevit* enim *natumque obiectat et inputat* illis V, 420. — *Obstitit*. Haud ultra *tenuit* Saturnius iram, *terribilesque* hortatus equos in gurgitis ima *Contortum valido sceptrum* regale *lacerto Condidit*. V, 602. *Tanto magis instat et ardet*. VI, 115. *Te quoque mutatum torro, Neptune*, iuvenco — posuit. — II, 604. arcum *Tendit, et illa* suo *totiens* cum *pectore iuncta Inevitato traiecit pectora telo.* VIII, 351. *Da mihi, quod petitur, certo contingere telo.* XII, 85. *Utque hebeti pectus tantummodo contudit ictu.* VIII, 341. *protentaque forti Tela tenent dextra, lato vibrantia ferro.* — VI, 257. *Dumque* manu *templat trahere exitiabile telum.* I, 488. *sed te decor iste quod optas Esse vetat, votoque tuo tua forma repugnat* V, 198. *tenuit vestigia tellus.* cf. V, 67. VI, 258. XII, 79.

zur Schilderung der Unruhe — der Erregtheit, des Widerstrebens, des Schwankens, Umherirrens, Wirbelns —, der Eile, des Zitterns, der Bestürzung, Furcht, Angst, des Schreckens und Schreckenerregenden.

V, 443. *Perque pruinosas tulit inrequieta tenebras* — XIV, 62. *refugitque abigitque timetque* Ora *proterva* canum. I, 599. Cum *deus inducta latas* caligine *terras Occuluit, tenuitque* fugam, *rapuitque* pudorem. (Hier sind die Ausgänge it, itque charakteristisch als Ausdruck der Erregung und des eiligen Handelns.) — IV, 358. *Pugnantemque tenet, luctantiaque* oscula carpit. *Subiectatque* manus, *invitaque pectora tangit.* cf. IV, 361, — I, 615. *Iuppiter e terra genitam mentitur, ut auctor* Desinat inquiri. III, 108. *Tegmina* mox *capitum picto nutantia* cono. V, 34. *Ut stetit* illa *toro.* VIII, 415. Hasta prior *terra, medio stetit altera tergo.* (Schwanken des Speers.) XI, 619. *tardaque deus gravitate iacentes* Vix oculos *tollens, iterumque iterumque* relabens Summaque *percutiens nutanti pectora mento Excussit tandem* sibi se, *cubitoque levatus, Quid teniat* — *cognovit* enim — *scitatur.* (Nicken des Schlafgottes.) — II, 138. Neu *te dexterior tortum declinet ad* anguem, Neve *sinisterior* pressam *rota ducat ad* aram, *Inter utrumque tene.* III, 447. Non *tamen* invenio: *tantus tenet* error amantem. VI, 190. *Hospita tu terris* erras, ego *dixit* in undis. XI, 549. Verum, ubi *sit, nescit: tanta vertigine pontus Fervet.* — III, 562. *Ite citi* — famulis hoc imperat —, *ite, ducemque Attrahite* huc *vinctum.* IV, 405. *Fumida* iam dudum *latitant per tecta sorores.* IV, 623. — *Fertur, et ex alto seductas aethere* longe Despectat *terras totumque supervolat* orbem. (Eiliges Fliegen des Perseus). — V, 356. *Inde tremit tellus, et rex pavet ipse silentum* Ne *pateat latoque* solum *relegatur* hiatu Inmissusque dies *trepidantes terreat* umbras. XV, 683. Admuit his, *motisque deus rata* pignora cristis Et *repetita dedit vibrata* sibila lingua. Auch in dem Folgenden wird das Züngeln der Schlange auf das Trefflichste durch t und d gemalt: *Tum gradibus nitidis delabitur* oraque *retro Flectit et antiquas abiturus respicit* aras, *Adsuetasque domos habitataque templa salutat.* I, 170. *ad magni tecta Tonantis.* II, 308. *Unde movet tonitrus vibrataque* fulmina *iactat.* (Wo das Zackige des Blitzes und die Erschütterung des Donners gemalt wird.) — cf. I, 284. X, 424. XIII, 945. IV, 402. XI, 320. XII, 52. — III. 40. *et attonitos subitus tremor occupat artus.* — XIII, 73. *Adsum videoque trementem Pallentemque metu et trepidantem morte futura.* XIV, 739. *Icta pedum motu trepidantum et multa timentum* — cf. II, 180. III, 281. IV, 115. 128. — XIII, 83. Quaque ruit, non *tu tantum terreris,* Ulixe, *Sed fortes etiam: tantum trahit* ille *timoris.* XV, 675. *Territa turba pavet.* I, 202, IV, 488. V, 616. 418. V, 273 — 275. — I, 179. *Terrificam capitis concussit terque quaterque* Caesariem, I, 440. — *Terror* eras; *tantum de monte tenebas.* I, 218. 265. 276. 727. III, 561. IV, 802.

Aber auch in den Fällen, wo gewöhnlich das d gebraucht wird, also zur Bezeichnung des Berührens, Hinzuthuns, Gebens, tritt das t allein oder vereint mit dem d auf.

IV, 342. *et in adludentibus undis* Summa *pedum taloque tenus vestigia tingit.* IV, 164. *Vota tamen tetigere deos, tetigere parentes.* V, 592, XI, 309. XIV, 387. — III, 133. huc *adde* genus *de coniuge tanta Tot natos natasque et* pignora cara *nepotes.* VI, 182. III, 236. XII, 53. — IV, 117. *Utque dedit notae* lacrimas, *dedit* oscula vesti — XIV, 128. *Templa* tibi statuam, *tribuam* tibi *turis* honorem (Eifriges Geben). VII, 619.

sowie hinwiederum das d auch zugleich mit dem t zur Schilderung einer eiligen, heftigen äussern oder innern Bewegung verwandt wird:
VI, 296. illam *trepidare videres*. IV, 357. *Veste procul iacta mediis inmittitur undis*. VI, 310. *Et tamen, et validi circumdata turbine venti* In *patriam rapta est*. XII, 119. *Extrahit illud idem calido de* vulnere *telum*. II, 66. *Et timor et pavida trepidat formidine pectus*. III, 206. IV, 133. —

§. 20.
Maler. Bedeutung des s.

s.*)

Dieser Sause- oder Zischlaut, dessen Bildung oben näher angegeben worden, ist wegen seines charakteristischen Reibungsgeräusches für die malerische Darstellung von grosser Wichtigkeit. Ovid hat ihn hauptsächlich in folgenden Fällen malerisch angewandt:

Zur Bezeichnung des Schäumens und Zischens der Wogen: I, 570. *per quae Peneus* ab imo *Effusus* Pindo *spumosis* volvitur *undis — summisque adspergine silvis* Inpluit. XI, 481. *Cum mare sub* noctem *tumidis albescere* coepit *Fluctibus et praeceps spirare valentius Eurus*. cf. XI, 567. 568. —

des in Wasser getauchten glühenden Eisens: XII, 279. at illud *Stridet* et in trepida *submersum sibilat* unda; —

des Zischens und Züngelns des Feuers: II, 809. non *lenius* uritur — Quam cum *spinosis ignis supponitur herbis*; —

des Schäumens und Geiferns wilder Thiere, z. B. des Ebers: VIII, 416. dum *saevit*, dum *corpora versal* in *orbem Stridentemque* novo *spumam cum sanguine* fundit. cf. VIII, 400; des Wolfes: XI, 367. — Belua *vasta, lupus, silvisque palustribus* exit, *Oblitus et* spumis et *crasso sanguine rictus Fulmineos* —; so wie des Zischens der Schlange: II, 652. *Sanguine serpentis per saucia membra recepto*. VII, 149. *Pervigilem* superest *herbis sopire* draconem Qui *crista linguisque tribus praesignis et uncis Dentibus horrendus custos* erat *arietis* aurei. XV, 669. cum *cristis aureis altis* In *serpente deus* praenuntia *sibila* misit. cf. III, 32. 38. 42 — 44. 56. 57. 62. 74 — 77. 86. 98. IV, 494. 587. XV, 738.

ferner des Zischens beim zornigen Sprechen: III, 271. Fallat eam *faxo*; (hier tritt noch der scharfe Reibelaut f hinzu, cf. p. 19.) nec *sum Saturnia, si non* Ab *Iove mersa suo Stygias* penetrabit ad *undas*.

Ausserdem malt Ovid vermittelst des s das Sausen des Windes: VII, 74. Ibat ad *antiquas Hecates Perseidos* aras, *Quas nemus umbrosum secretaque silva tegebat*. VI, 695. 703; — das Sausen abgeschossener Pfeile: VI, 235. — *Consequitur; summaque tremens cervice sagitta* Haesit; — das Schwingen und Sausen der Flügel: I, 466. Dixit, et *eliso percussis* aere *pennis* Inpiger *umbrosa Parnasi constitit* arce. IV, 789. Et quae *iactatis tetigisset sidera pennis*. V, 558. Posse super fluctus alarum insistere remis Optastis, facilesque deos habuistis, et artus Vidistis vestros subitis flavescere pennis. VII, 4. Virgineas volucres miseri senis ore fugarunt (wo zugleich, um den Begriff des „Verscheuchens" in die Flucht Treibens" zu bezeichnen, die Reibelaute v und f hinzukommen); — das Rascheln der Ameisen auf der unebenen Rinde: VII, 626. *Rugosoque* suum *servantes* cortice callem; — das Knirschen des Sandes am Meeresufer, wenn man über ihn hinweggeht. II, 573. nam cum *per litora lentis Passibus, ut soleo*, summa *spatiarer* arena —.

Wegen der Verwandtschaft des s mit dem hellen Laute des i, welche auf der ähnlichen Zungenstellung bei der Aussprache beider Laute beruht, bezeichnet s, ebenso wie i, auch das Hellglänzende, z. B. den Glanz der Sonne: I, 778. *Aethiopasque suos positosque sub*

---

*) Hier ist auch das s in der durch x bezeichneten Consonantenverbindung zu berücksichtigen.

ignibus Indos Sidereis transit, patriosque adit inpiger *ortus.* II, 23. *Purpurea velatus veste sedebat* *in solio Phoebus claris* lucente *smaragdis.* — Man vergleiche auch II, 24 — 30., wo das s vorherrschend ist, um den auf die Umgebung ausgestrahlten Glanz des Phoebus zu bezeichnen: — den Lichtglanz des Blitzes: III, 286. Det tibi *complexus, suaque* ante *insignia sumat;* — Das Glitzern der Sterne: II, 18. *Signaque sex foribus dextris* totidemque *sinistris;* — endlich den Lichtreflex des Wassers oder Eises: III, 407. Fons erat *inlimis, nitidis argenteus undis.* — II, 807. ut *glacies* incerto *saucia sole.* VIII, 791. *Est locus extremis Scythiae glacialis* in *oris, Triste solum, sterilis, sine* fruge, *sine* arbore *tellus; Frigus iners* illic —.

1.

Da dieser Fricativlaut gebildet wird, indem die Zungenspitze sich an die Alveolen der obern Schneidezähne fest anlegt, und nun die Luft zwischen den Zungenrändern und Backen zu beiden Seiten ungehindert zum Munde hinausströmen kann, so sind es hauptsächlich die Begriffe des Fliessenden, des Leichten und Weichen, welche durch das l veranschaulicht werden.

§. 21. Malerische Bedeutung des L

Das Fliessen malt Ovid z. B. in folgenden Stellen: I. 111. *Flumina* iam *lactis,* iam *flumina* nectaris ibant, *Flavaque* de viridi *stillabant ilice mella.* II, 379. *Stagna petit patulosque lacus,* ignemque perosus Quae *colat elegit* contraria *flumina flammis.* VI. 374. saepe In *gelidos resilire lacus* — XI. 117. Ille etiam *liquidis palmas* ubi *laverat* undis Unda *fluens palmis* Danaën *eludere possit.* XI, 471. *Vela* tamen spectat summo *fluitantia malo.* cf. III, 173. VIII, 401. 558. XI. 54. XV, 739. —

Das Fliessen von Thränen wird geschildert: IV, 426. *Nil* poterit Iuno nisi *inultos flere dolores?* XI, 52. *Flebile* nescio quid queritur lyra, flebile lingua Murmurat exanimis, respondent flebile ripae. XI, 473. *Renovat lectusque locusque Halcyones lacrimas.* cf. VIII, 44. IX, 142. 144. XI. 445. XV, 549. XIII, 132. — Das Zerfliessen: XIV, 824. *Abstulit Iliaden. Corpus mortale per auras Dilapsum* tenues, ut *luto plumbea* funda Missa *solet* medio *glans* intabescere *caelo.* XV, 231.

Damit verwandt ist das leichte Hingleiten, z. B. einer Schlange: XV, 720. *deus explicat* orbes Perque — magna *volumina labens Templa* parentis init *flavum* tangentia *litus.* cf. XV, 737. — das Umwinden und Umschlingen: III, 48. hos morsu, *longis complexibus illos* — necat. IV, 361. *dubique volentem* Implicat, ut serpens — II, 249. ut *gelidos complexibus adbret* artus. cf. III, 41. II, 499. —

Mit dem Begriffe des Fliessens hängt ferner der des Fliehens, der Schnelligkeit zusammen: II, 838. *Pelle* moram, *solitoque celer delabere* cursu. IV, 352. *Ille* cavis velox *adplauso* corpore *palmis* Desilit in *latices, alternaque* bracchia ducens In *liquidis translucet* aquis. VIII, 767. *Illa levi velox* superabat retia *saltu.* 769. — quas illa sequentes Effugit, et celeri non segnior *alite ludit.* cf. I, 525. IV, 319, 841. VIII, 213. —

Der Begriff des Leichten wird durch das l in folgenden Stellen hervorgehoben: XIV, 597. *Perque* leves auras iunctis invecta *columbis Litus* adit *Laurens.* X, 14. Perque *leves populos simulacraque* functa *sepulcro* — VII, 113. *Pulcrecumque solum* pede *pulsavere bisulco.* cf. III, 487. VI, 22. 334. I, 529; —

ferner des Weichen (Elastischen), wo die Rede ist vom Haare: II, 413. — *fibula* vestem, Vitta coercuerat *neglectos alba capillos.* III, 169. nam doctior *illis Ismenis Crocale* sparsos per *colla capillos Colligit* in nodum. V, 338. XV, 213. 316; — von Federn: X, 268. *adclinataque colla Mollibus* in *plumis* tamquam sensura reponit; — von Gras, Kräutern, Schilf u. dgl.: IV, 314. *Mollibus* aut *foliis* aut *mollibus* incubat *herbis;* Saepe *legit flores.* VII, 284. *floresque* et *mollia pabula* surgunt. VIII, 335. Tenet ima *lacunae Lenta* salix, *ulvaeque leves,* iuncique *palustres*. cf. VIII, 657. XIV, 103; — von weichem Schlamme: VI, 364. Turbavere *lacus*, imoque e gurgite *mollem* Huc illuc *limum saltu* movere *maligno*. II, 577; — von einer weichen Umhüllung: IV, 101, tergo *velamina lanas* Praebetis. XV, 357. Qui *soleant levibus velari* corpora *plumis*. V, 546. *Ille* sibi *ablatus fulvis* amicitur ab *alis*. (Weiches Gefieder des Uhus.) IV, 345. V, 594.

Daran reihet sich der Begriff des Erweichens: VI, 20. repetitaque *longo Vellera mollibat nebulas* aequantia tractu. X, 284. ut Hymettia *sole* Cera *remollescit* tractataque *pollice multus Flectitur* in facies. IX, 662; — des Weichlichen: III, 547. *Ille* dedit *Ito* fortes: vos *pellite molles*. IV, 381. —

Endlich der des Lieblichen, Linden, Anmuthigen, des Schmeichelns, der Liebeserweisung und Tröstung.

XI, 171. Tum stamina docto *Pollice sollicitat*, quorum *dulcedine* captus —. I, 107. *placidique* tepentibus auris *Mulcebant* Zephyri natos sine semine *flores*. — V, 391. Quo dum Proserpina *luco Ludit* et aut *violas* aut candida *lilia* carpit, Dumque *puellari* studio *calathosque* sinumque *Implet* et *aequales* certat superare *legendo* — X, 259. Et modo *blanditias* adhibet, modo grata *puellis* Munera fert illi conchas teretesque *lapillos*, Et parvas *volucres*, et *flores mille colorum Liliaque* pictasque *pilas* et ab arbore *lapsus Heliadum lucrimas*. cf. I, 646. VI, 249. 707. X, 118. VII, 117. XIII, 555. — XI, 450. Addidit *illis* Hoc quoque *lenimen* quo solo *flexit* amantem.

r.

§. 22.
Maler. Bedeutung des r.

Das r steht hinsichtlich seiner malerischen Bedeutung zu dem l in directem Gegensatze, was seinen Grund in der verschiedenen Bildungsweise der beiden Consonanten hat. Während nämlich beim l die Zunge, nachdem sie die oben angegebene Lage eingenommen, in Ruhe verharrt, und die Luft gelinde ausfliesst, wird beim r die Vorderzunge in Schwingung versetzt, und der Luftstrom erleidet eine fortgesetzt unterbrochene Hemmung. Daher bezeichnet dieser Laut bei Ovid eine gehemmte, eine zitternde Bewegung, dann auch überhaupt alles Harte, Rauhe und Gewaltsame.

Zunächst Hemmung: II, 283. *Presserat ora vapor*. III, 564. hunc *cetera turba suorum Corripiunt* dictis, *frustraque inhibere laborant*. III, 664. Inpediunt *hederae ramos*, nexuque *recurvo Serpunt* et *gravidis* distinguunt vela *corymbis*.

Dann ein Zittern, Vibriren, Rollen. XV, 635. *pharetrae Intremuere* simul cortinaque *reddidit* imo Hanc adyto vocem —. cf. III, 276. XV, 632. — III, 34. *Tresque vibrant* linguae, *Triplici* stant *ordine* dentes. — IV, 630. dum *Lucifer* ignes Evocet Aurorae, currus *Aurora diurnos*. XV, 522. III, 569. — Ein Krachen: I, 269. Fit *fragor*: hinc densi *funduntur* ab *aethere* nimbi (hier ist noch der Reibelaut f zur Verstärkung hinzugenommen). IV, 449. Quo simul *intravit*, *sacroque* a *corpore* pressum Ingemuit limen —. XI, 485. inpediunt *adversae* iussa *procellae*, Nec sinit *audiri* vocem *fragor aequoris* ullam. (Neben dem Getose des Elementes wird zugleich die Hemmung bezeichnet.) XII, 51. qualemve sonum, cum *Iuppiter atras Increpuit* nubes, *extrema tonitrua reddunt*.

Ferner malt das r jede innere Erregung und Erschütterung, die sich äusserlich durch Erröthen, Erblassen, Zittern u. dgl. kundgiebt, — wie Furcht und Schrecken, Zorn, Wuth und Raserei.

VI, 47. notavit *Ora rubor*, *rursusque* evanuit, ut solet *aër Purpureus fieri* cum primum *aurora movetur*. I, 755. IV, 329. 332, — III, 100. *pariter* cum mente *colorem Perdiderat*, gelidoque *comae terrore rigebant*. XIV, 515. cum colla *feroces* Ad *freta convertunt arrectisque auribus*

horrent Quadrupedes monstrique metu *turbantur.* IV, 488. IX, 345. XV, 471. I, 65. — XII, 36. Et *pariter* Phoebes *pariter maris* ira *recessit.* III, 692 — 695. IX, 28. — III, 566. *Acrior* admonitu est *inritaturque retenta* Et *crescit* rabies, *remoraminaque* ipsa nocebant. XV, 521. Nec *vires* tamen has *rabies superasset equorum.*
Daher alles Gewaltsame, Ungestüme, Wilde, Kräftige, Herbe und Rauhe.
XV, 524. *Excutior curru, lorisque* tenentibus *artus Viscera* viva *trahi, nervos* in *stirpe teneri, Membra rapi partim, partim reprensa relinqui, Ossa gravem dare fracta* sonum — *videres.* II, 234. et *arbitrio volucrum raptatur equorum.* cf. V, 120. VIII, 557. — I, 475. *Silvarum tenebris captivarumque ferarum* Exuviis gaudens. V, 164. *Tigris* ut anditis *diversa* valle *duorum* Exstimulata fame mugitibus *armentorum* Nescit *utro potius ruat* et *ruere ardet utroque.* I, 216. 593. II, 194. IV, 625. X, 127. III, 143. 148. III, 668. IV, 404. 450. XI, 366. — III, 32. ubi conditus *antro Martius* unguis *erat, cristis praesignis* et *auro.* (Hier malt r das Wilde und Kräftige, s das Zischen und Glitzern.) VI, 225. dum *certum* flectit in *orbem Quadrupedis cursus* spumantiaque *ora* coërcet. III, 657. 662. VI. 223. — I, 105. *Cornuque* et in *duris haerentia mora rubetis.* I, 125. aënea *proles, Saevior* ingeniis et ad *horrida promptior arma.* II, 484. vox *iracunda* minaxque Plenaque *terroris rauco* de *gutture fertur.* cf. I. 414. II, 287. IV, 745. VII, 622. X, 139. XIII, 846. 850. XIV, 100. 391. —

n.

§. 23. Maler. Bedeutung des n.

Der Resonant n hat mit dem m gemein, dass die in der Mundhöhle in Schwingung versetzte Luft bei tönender Stimme durch die Nase ausströmt; weil aber der Mundkanal bei der Aussprache des n weniger erweitert ist, und der Verschluss weiter nach innen durch den vordern Theil der Zunge gebildet wird, so ist der Klang des n weniger dumpf und kräftig als der des m. Es dient daher bei Ovid zur Veranschaulichung eines hellen Klanges, z. B. der Waffen: I, 143. prodit bellum, quod *pugnat* utroque, *Sanguineaque manu crepitantia concutit* arma; — des Gebisses der Pferde; II, 121. — Quadrupedes *ducunt, adduntque sonantia frena;* — des Herabtröpfelns in Höhlen: III. 177. Qui simul intravit *rorantia fontibus antra* —; der musikalischen Instrumente: I, 333. *Caeruleum* Tritona vocat, *conchaeque sonanti* Inspirare iubet, L. 683. *iunctisque canendo* Vincere *arundinibus serventia lumina* temptat; — des Vogelgeschreies: XII, 527. *Hanc* ubi *lustrantem leni* sua castra volatu Mopsus et *ingenti* circum clamore *sonantem* Aspexit. —

In andern Fällen findet es aber bei Ovid dieselbe Verwendung wie m und kommt daher mit diesem zugleich vor, z. B. zur Schilderung des Gewaltigen: XII, 357. revellere — *Annosam pinum magno molimine temptat;* — des Grossprahlerischen: XIII, 222. *Non* erat hoc *nimium numquam nisi magna loquenti;* — zur Bezeichnung geistiger Thätigkeiten, wie des Wissens, Sicherinnerns u. dgl.: II, 192. nec *nomina novit equorum.* XII, 461. *Vulnera* non *memini; numerum nomenque noto*vi.

c. g. (q.) (x.)

§. 24. Malerische Bedeutung des c u. g.

Die Verschlusslaute c und g, von denen der erstere auch in den Lautverbindungen qu und x ertönt, werden durch Bildung oder Lösung des ersten und innersten Verschlusses hervorgebracht, welchen der aus der Brust hervordringende Luftstrom passiren kann. Dem entsprechend verwendet Ovid sie auch zur Schilderung von etwas Tiefinnerlichem: so drückt c und namentlich qu die aus der Tiefe der Seele entspringende Frage aus (hierher gehörige Beispiele sehe man unten S. 28.); so bezeichnen diese Laute nebst dem g auch die innerste Tiefe des Meeres: IV, 561. *quae nunc quoque gurgite* in illo *Aequora destringunt* —; XI, 557.

pariterque et pondere et *ictu Mergit* in ima ratem, *cum qua pars magna* virorum *Gurgite* pressa *gravi* —.

Da aber dem Luftstrome sofort bei seinem Eindringen in die Mundhöhle ein Hinderniss entgegentritt, so malt Ovid durch c und g auch eine Hemmung, einen Widerstand (in der That oder in Worten), ein Absperren, Einschliessen, Verbergen; Umgeben, Umgürten, Umstricken, — Vereinigen; Anbinden, Zusammenziehen, Krümmen, Kreisen.

V, 201. pro *quo* dum *pugnat, Acontens, Gorgone conspecta saxo concrevit* oborto. — II, 87. ubi *acres Incaluere* animi, *cervixque repugnat* habenis. V, 664. *convicia victae Cum iacerent* — XII, 474. *columque*, I, *cape cum calathis* et stamina *pollice torque*. (Höhnische Worte des Centauren Latreus.) cf. V, 676. XIV, 522. — XV, 299. Vis fera ventorum, *caecis inclusa cavernis*. VI, 572. — VI, 466. *nec capiunt inclusas pectora* flammas. cf. II, 554. V, 410. — II, 255. *Occuluitque caput, quod adhuc* latet. VIII, 25. V, 623. XII, 482. XIV, 122. 523. — IV, 313. *Nunc perlucenti circumdata corpus amictu* — IV, 181. et *laeta circumdata collocat* apte. cf. I, 631. IV, 58. — I, 699. *pinuque caput praevinctus acuta*. IV, 666. *teloque accingitur unco*. cf. XI, 159. — XI, 253. *Ignaram laqueis vincloque innecte tenaci*. cf. VII, 300. — IV, 374. nam *mixta* duorum *Corpora iunguntur, faciesque inducitur* illis Una, velut si *quis conducat cortice* ramos, *Crescendo iungi pariterque adolescere cernit*. Sic ubi *complexu coierunt* membra *tenaci, nec* duo sunt — II, 670. III, 236. 716. XIV, 668. — IV, 672. *Quam* simul ad duras *religatam bracchia cautes* Vidit — IV, 681. Et *cur vincla geras*. — XI, 753. *Hic quoque, dixit*, Quem mare *carpentem substrictaque crura gerentem Aspicis* — cf. V, 432. 455. XII, 403. XIV, 95. — II, 82. — Saevaque *circuitu currantem bracchia longo Scorpion*, atque aliter *curvantem bracchia cancrum*. V, 547. *Inque caput crescit, longosque reflectitur ungues*. VIII, 671. Sistitur *argilla crater, fabricataque fago pocula, qua cava* sunt — cf. II, 195. 199. 479. III. 276. IV, 504. 625. 303. V, 53. 383. VI, 64. VII, 313. 316. VIII, 194. X, 94. 127. 538. XI, 230, 325, 506. 591. 776. XIII, 613. XV, 369. 467. 644. 698. — II, 720. Sic super *Arctuas agilis Cyllenius arces Inclinat cursus* et easdem *circinat* auras. XII, 466. *Qui clipeo gladioque Macedoniaque* sarissa *Conspicuus faciemque* obversus in *agmen utrumque Armaque concussit certumque equitavit* in orbem. (Herumtraben des Centauren.) cf. II, 715. 718. VI, 225. VII, 782. — XV, 674. IV, 318. —

Ferner wird durch den scharfen Anprall der Luft gegen den Gaumen beim Durchbrechen des von der Hinterzunge und dem Gaumen gebildeten Verschlusses in treffender Weise durch diese Laute ein Abspringen, Aufspringen, Anprallen, daher Stoss, Hieb, Schlag, Verwundung, sowie alles Spitzige bezeichnet.

XII, 480. Non *serus haec* (sarissa) resilit, *quam tecti a culmine grando*. Aut si *quis parvo feriat cava* tympana *saxo*. I, 299. *qua graciles gramen carpsere capellae*. II, 662. II, 165. Sic onere adsueto *vacuus* dat in aëra saltus *Succutiturque* alte similisque est *currus* inani (wo c und q das In die Höhe Springen des Sonnenwagens malen). cf. II, 170. IV, 618. *Gorgonei capitis guttae ecidere cruentae*. cf. IV, 229. V, 633. XIV, 543. —

XI, 508. Saepe dat *ingentem fluctu latus icta fragorem*. cf. XI, 510. II, 375. XII, 374. 450. XII. 487. *Plaga facit gemitus*, ut corpore marmoris *icti*. XII. 288. *Torque quaterque gravi involvas verticis ictu* Rupit. II. 625. — Tempora *discussit claro cava* malleus *ictu*. X, 272. XII, 249. XV, 126. —

IV, 299. *nec acuta cuspide ianci*. VI, 78. At sibi dat *clipeum*, dat *acutae cuspidis* hastam, Dat *galeam capiti*. III, 194. Dat sparso *capiti vivacis cornua cervi*, Dat *spatium collo*, summasque *cacuminat aures* IV, 706. *Ecce velut navis praefixo concita rostro Sulcat aquas*. cf. I, 470. 718. IV, 659. V, 547. VIII, 245. IX, 389. X, 130. 140. XI, 795. XIV, 628.

Was die Verbindung von Consonanten betrifft, so hat man in Bezug auf ihre Verwendung zum malerischen Ausdrucke darauf zu achten, ob die einzelnen Consonanten dieselbe sinnbildliche Bedeutung haben oder eine verschiedene. Im ersten Falle dient ihre Verbindung dazu, die gemeinsame Bedeutung zu verstärken; im letzteren ist die Bedeutung desjenigen Consonanten die massgebende, welcher bei der Aussprache am meisten hervortritt. Dies gilt namentlich von den Reibe- und Zitterlauten, dem Resonanten der zweiten Reihe und dem harten Schlusslaute der dritten, also von s, l, r, n und c, mögen dieselben einem andern Laute voraufgehen oder nachfolgen.

§. 23.
Consonanten-Verbindungen.

Consonantenverbindungen der ersten Art sind: ct, tqu, pt, fl, tr; der andern Art: bl, br, bs; cl, cr, x = cs, qu; dr; fr; gl, gr; ns, nt; pl, pr, ps; rs, rt; sc, sp, spl, spr; st, str; tr.

Durch ct und tqu malt Ovid, der beiden Consonanten gemeinsamen Bedeutung, wie sie oben angegeben ist, gemäss, eine stossweise, ruckweise Bewegung.

VIII, 777. *labefactaque* tandem *Ictibus* innumeris *adductaque* funibus arbor Corruit. XV, 523. Ni rota — Stipitis occursu *fracta* ac *disiecta* fuisset. XII, 255. *disiecto* in *pectora* mento. VIII, 772. *Detruncatque* caput. III, 726. Collaque *iactavit, moritque* per aëra crinem. VIII, 439. *hausitque* nefando *Pectora* Plexippi — ferro. cf. X, 271. 272. XI, 508. XII, 375 —. 77. 487. 488. XV, 636.

Da in dieser Verbindung der Laut des c der kräftigere ist, so treten neben ct und tqu namentlich die Schlusslaute der dritten Reihe mit symbolischer Bedeutung auf; manche der hierher gehörigen Beispiele sind daher bereits oben, wo von jenen Lauten die Rede war, angeführt.

Eine ähnliche Bedeutung wie ct hat pt; es dient besonders zur Bezeichnung einer plötzlichen, gewaltsamen Bewegung.

XII, 223. *Raptatarque* comis per vim nova *nupta* prehensis. 225. *captaeque* erat urbis imago. cf. 231. XIII, 99. Priamidenque Helenum *rapta* cum Pallade *captum*. XIII, 560. Atque ita *correptum captivarum* agmine matrum Involat. V, 395. *dilectaque raptaque* Diti.

Die Verbindung fl, mit der pl in der Bedeutung verwandt ist, bezeichnet das Ausströmen, Fliessen, Hingleiten, wie dies aus den bei der Betrachtung jedes der beiden Consonanten angeführten Beispielen hervorgeht. Man vergleiche nur folgendes (S. 23.): XV, 720. deus (Aesculapius) *explicat* orbes Perque — magna voluminia labens *Templa* parentis init *flavum* tangentia litus. Aequore *placato* —.

tr bezeichnet ein Zittern, eine Erschütterung, gemäss der beiden Lauten gemeinsamen malerischen Bedeutung.

I, 283. Ipse *tridente* suo terram percussit: at illa *Intremuit*. IV, 449. Quo simul *intravit* — *Intremuit* limen, tria Cerberus extulit ora Et tres *latratus* simul edidit. III, 34. *Tresque* vibrant linguae, *triplici* stant ordine dentes. — Ist mit der Erschütterung zugleich ein Zischen verbunden, so erscheint die Consonantenverbindung str, z. B. XII, 276. Terribilem *stridore* sonum dedit — at illud (ferrum) *Stridet* et in *trepida* submersum sibilat unda. cf. VIII, 417. —

Bei den übrigen Consonantenverbindungen richtet sich, wie bereits bemerkt worden, die Gesammtbedeutung in der Regel nach der Bedeutung desjenigen Consonanten, welcher in der Aussprache am meisten hervortritt; was daher über ihren symbolischen Gebrauch zu sagen ist, ist bereits bei den einzelnen Consonanten angeführt worden. Wir wollen hier nur die Lautverbindungen qu und x besonders erwähnen.

Da in der erstern der harte Verschlusslaut der dritten Reihe den weichen Reibelaut in der Aussprache an Kraft bei Weitem übertrifft, so finden wir diese Verbindung durchgängig in solchen Versen angewandt, in welchen das c eine hervorragende Rolle spielt. Man vergleiche darüber die Beispiele S. 26. Besonders häufig erscheint qu, wie S. 25 bemerkt worden ist, in der Frage:

I, 480. Nec *quid* Hymen, *quid* Amor, *quid* sint conubia curat. III, 8. *Phoebique* oracula supplex Consulit et *quae* sit tellus habitanda *requirit*. III, 322. Placuit *quae* sit sententia docti *Quaerere* Tiresiae. XI. 716. in *liquida* spatio distante tuetur Nescio *quid* quasi corpus *aqua*, *primoque*, *quid* illud Esset, erat dubium. *Postquam* paullum adpulit unda, Et *quamvis* aberat, corpus tamen esse *liquebat*. *Qui* foret ignorans, *quia* naufragus etc. cf. 722. IV, 794. XIV, 384.

x ist das Zeichen für die Lautverbindung cs. Obgleich von diesen beiden mit scharfem und kräftigem Hauche gesprochenen Lauten das s stärker ertönte, weshalb auch x in der Sprachentwicklung mit der Zeit ganz zum Zischlaut entartete, so behauptet doch das c als der beginnende Laut bei Ovid in der malerischen Verwendung meistens den Vorrang vor s. x tritt daher sehr häufig in Begleitung von c, g. qu als charakteristische Consonantenverbindung auf und bezeichnet eine gewaltsame, aufregende äussere oder innere Bewegung.

II, 483. *vox* iracunda *minaxque* — III, 92. et *fixa* est pariter cum robore *cervix*. V, 124. temptanti *dextera fixa* est Cuspide Marmaridae Corythi lignoque cohaesit. IX, 52. *Excutit amplexus*, adductaque bracchia solvit. IX, 57. *Vix* tamen *exserui* sudore fluentia multo Bracchia; *vix* solvi duros a corpore *nexus*. VIII. 81. Talia dicenti curarum *maxima nutrix Nox* intervenit, tenebrisque audacia crevit. IX, 275. ul*iumque — Exercebat atrox*. At longis *anxia* curis Argolis Alcmene. —

In der umgekehrten Verbindung dagegen sc (squ) gewinnt das beginnende s mehr Kraft, weshalb diese Verbindung vorzugsweise in Begleitung von s auftritt.

II, 230. *Ferventesque* auras — Ore trahit, *currusque* suos *candescere* sentit. X, 524. Iam placet et Veneri *matrisque ulciscitur* ignes. XI, 571. Lucifer *obscurus*, nec quem *cognoscere* posses, Illa nocte fuit. XI, 567. Dum natat, absentem, quoties *sinit hiscere* fluctus, Nominat Halcyonen, *ipsisque* immurmurat undis. (Zischen der Wogen.) In Begleitung von Gaumenlauten kommt sc vor: XV, 88. Heu quantum *scelus* est, in *viscere viscera* condi, Congestoque avidum *pinguescere* corpore corpus.

Im Allgemeinen dienen solche Häufungen von Consonanten zur Bezeichnung einer kräftigen, gewaltsamen Bewegung oder Thätigkeit. Man vergl. XI, 481. Cum mare sub *noctem* tumidis *albescere* coepit *Fluctibus*, et *praeceps spirare valentius* Eurus. III, 721. Illa, quis *Actaeon*, *nescit*, dextramque precantis *Abstulit*. XIV, 377. Ille *ferox ipsumque precesque* repellit.

§. 26.
Gegenüberstellung von Consonanten.

Auch durch die Gegenüberstellung solcher Consonanten, die wegen ihres abweichenden Klanges verschiedene Bedeutung haben, sucht Ovid den Ausdruck malerisch zu gestalten. Es würde zu weit führen, wollten wir alle Einzelheiten dieser Art berücksichtigen; daher erwähnen wir nur einige Fälle. So malt Ovid

I, 299, 300. Et, modo qua *graciles gramen carpsere capellae*,
Nunc ibi *deformes ponunt sua corpora phocae*

in dem ersten Hexameter durch die Gaumenlaute in Verbindung mit den hellen Vokalen die Leichtigkeit und Behendigkeit der Ziegen, während in dem zweiten Hexameter durch die Lippenlaute im Verein mit den dumpfen Vokalen die Schwerfälligkeit und Unbeholfenheit der Robben geschildert wird. In den Versen

VI, 370—374.   iuvat esse sub undis,
Et modo tota cava submergere membra palude,
Nunc proferre caput, summo modo gurgite nare,
Saepe super ripam stagni consistere, saepe
In gelidos resilire lacus.

tritt der dumpf tönende Resonant m nebst den Gaumenlauten c und g in Gegensatz zu p und t. Durch erstere wird das Untertauchen der Frösche, durch letztere das Hervorkommen derselben aus dem Wasser veranschaulicht. Man vergleiche

V, 413. Gurgite quae medio summa truns exstitit alvo,

wo die Gaumenlaute und m einen ähnlichen Gegensatz zu dem t allein bilden.

Auch der Zitterlaut r wird seines charakteristischen Klanges wegen häufig andern Lauten gegenübergestellt, namentlich dem l, von dem er, wie schon oben bemerkt worden, in malerischer Beziehung am meisten verschieden ist, dann auch dem s. In der Stelle

XII, 39. 40. Orbe locus medio est inter terrasque fretumque
Caelestesque plagas, triplicis confinia mundi

herrscht in der Bezeichnung der Erde und des Meeres, wie dies auch im Deutschen geschieht, das r, in der Bezeichnung der himmlischen Regionen dagegen das l vor.

I, 266. Barba gravis nimbis, canis fluit unda capillis,

wo von dem Regen bringenden Südwinde die Rede ist, malt das r den noch drohenden, bevorstehenden Sturm, während das l das Herabströmen des Regens schildert.

VI, 219. 20.   ubi turba rotarum
Duraque mollierat subiectas ungula glaebas

wird die durch das r geschilderte Reibung der Räder und die Härte des Hufes in Gegensatz zu dem durch das l gemalten weichen Erdboden gebracht. In ganz ähnlicher Weise schildert das r in der Stelle

IV, 741. 742. Anguiferumque caput dura ne laedat arena
Mollit humum foliis,

die Härte und Rauhheit des Sandes am Meeresufer, während l die Weichheit der Unterlage für das Medusenhaupt veranschaulicht. Man vergleiche auch

XI, 35.   vacuosque iacent dispersa per agros
Sarculaque rastrique graves longique ligones

wo das r das kratzende und scharrende Geräusch des Harkens im Gegensatz zu dem minder lauten Geräusche des Hackens andeutet. Endlich tritt in den Versen

VIII, 554. 555.   nec fortibus illic
Profuit armentis, nec equis velocibus esse

das r sowohl zu s, als auch zu den Gaumenlauten c und q in Gegensatz, indem es die Stärke der Rinder schildert, während die zuletzt genannten drei Laute die Schnelligkeit der Pferde versinnlichen.

Nachdem wir im Vorangehenden das Wichtigste über den symbolischen Gebrauch der Vokale und Consonanten angeführt haben, bleibt noch übrig, Einiges über das Vorkommen von Schallnachahmungen, Onomatopöie, in den Metamorphosen hinzuzufügen. Ovid besitzt in dieser Beziehung eine meisterhafte Geschicklichkeit, hat sich aber dennoch, und obgleich der behandelte Gegenstand ihn ganz besonders zu solchen onomatopöetischen Nachahmungen aufzufordern schien, im Ganzen nur einen mässigen Gebrauch derselben gestattet. Es war ihm mehr daran gelegen und es erschien ihm als eine würdigere dichterische Aufgabe, den Gedanken durch vorwiegende Anwendung bestimmter Laute als ein zusammengehöriges

Ganzes hinzustellen und nach bestimmten Seiten hin zu charakterisiren, als die Natur gleichsam nur abzuschreiben und so durch blosse Schallnachahmungen zu wirken. Wo aber Ovid dieselben anwendet, geschieht es mit feinem Tacte und Geschmack und mit einer Kunst, die seine bewundernswürdige Herrschaft über die Sprache in ein helles Licht stellt. Dass diese onomatopöetischen Stellen nur durch lautes Sprechen zu voller Anschauung gelangen, wobei viel auf richtige Betonung und deutliche und scharfe Aussprache ankommt, liegt in der Natur der Sache. Wir wollen hier die wichtigsten derselben anführen.

I, 470. 471. Quod facit, *auratum est* et cuspide fulget acuta;
Quod fugat, *obtusum est* et habet sub arundine plumbum.

Hier wird durch die sich entsprechenden Silben tum'st und sum'st das Summen der abgeschossenen Pfeile nachgeahmt, welches durch das Vorwiegen des dumpfen u noch mehr hervorgehoben wird. Man vgl. V, 132. Huius in obliquo miss*um* stetit inguine ferrum und II, 727. 728. *cum* Balearica *plumbum* funda iacit: volat illud et incandescit *eundo*, in welchem letzteren Beispiele deutlich das summende Geräusch der Schleuder nachgeahmt wird. In dem Verse

I, 732. Et gemitu et lacrimis et *luctisono mugitu*

veranschaulichen die Worte „luctisono mugitu" namentlich durch die unmittelbare Aufeinanderfolge von dunklen und hellen Vokalen treffend das Brüllen der Kuh. Man vergl. II. 851. VII, 114. *Fumificisque* locum *mugitibus* impleverunt.

II, 138. Neu *te dexterior tortum declinet ad* anguem.
Neve sinisterior pressam *rota ducat ad* aram,
Inter utrumque tene. Fortunae cetera mando —

Hier ist durch die häufige Wiederholung des t und d mit den darauf folgenden Vokalen, namentlich e und a, deutlich das Geräusch nachgeahmt, welches beim Fahren die Räder durch die um die Achse sich drehende Nabe verursachen.

II, 483. vox iracunda minaxque
Plenaque *terroris rauco de gutture fertur*.

In den Worten „terroris rauco de gutture fertur" wird die rauhe Stimme der in eine Bärin verwandelten Callisto durch das vorherrschende r, durch den wiederholten Gaumenlaut und die dumpfen Vocale trefflich nachgeahmt. Man vergleiche hiermit

XIII, 567. — At haec missum *rauco cum murmure* saxum
Morsibus insequitur, rictuque *in verba* parato
Latravit —

wo das Knurren angedeutet wird, welches die in einen Hund verwandelte Hecabe hören lässt.

III, 38. — Caeruleus serpens, horrendaque *sibila misit*.

Das wiederholte s und i malt das Zischen der Schlange. Bei den Worten

III, 75. *Terraque rasa sonat* squamis

glaubt man deutlich das Rasseln und Scharren der Drachenschuppen auf dem harten Erdboden zu vernehmen. In der Stelle

IV, 449. Quo simul intravit, *sacroque a corpore pressum*
Ingemuit limen, tria Cerberus extulit ora
Et tres *latratus* simul edidit

veranschaulicht das r in Verbindung mit o und dem Gaumenlaute das Krachen der von der Juno betretenen Thürschwelle. Die drei aufeinanderfolgenden langen Vokale in dem Worte „lātrātūs" bezeichnen das dreifache Gebell des Cerberus, welches gleichzeitig die drei Köpfe erschallen lassen, wobei das auf das helle a folgende dumpfe u charakteristisch ist. Man vgl.

XIII, 610. Terque rogum lustrant, et consonus exit in auras
Ter clangor. —

Das sich gleichbleibende Gebell ist nachgeahmt: III, 231. Resonat latratibus aether, durch das dreimal sich wiederholende a mit darauf folgendem t.

V, 298. *Institerant ramis* imitantes omnia picae.

Hier ahmen die ersten Worte deutlich das eigenthümliche Geschrei der Elstern nach.

V, 465. *Venit et ad Cyanen. Ea ni mutata fuisset,*
Omnia *narrasset: sed et os et* lingua volenti
Dicere non aderant.

Die vielen gleichlautenden auf t oder d ausgehenden Silben malen gleichsam ein Stammeln, den Versuch zum Sprechen.

VI, 57. atque inter stamina ductum (sc. subtemen)
Percusso feriunt *insecti pectine* dentes.

Bei den Worten „insecti pectine" glaubt man gleichsam das wiederholte gleichmässige Anschlagen des Kammes an das Gewebe zu hören.

XI, 376. Quamvis sint sub aqua, sub aqua maledicere temptant

ist die bekannte Stelle, in der Ovid so treffend das Geschrei der Frösche nachahmt.

VII, 113. *Pulvereumque solum pede pulsavere bisulco.*

Hier malt die dreimal wiederholte Verbindung von u und l den staubigen, weichen Boden.

VII, 265. Seminaque floresque et sucos incoquit aeres.

In dieser Stelle ahmen die Gaumenlaute nebst den dunklen Vokalen das Kochen nach. Man vergleiche

IX, 170. Ipse cruor, gelido ceu quondam lamina candens
Tincta *lacu, stridit coquiturque ardente veneno;*

wo das r noch mehr hervortritt, und XIV, 712. Durior et ferro quod Noricus excoquit ignis. Auf ähnliche Weise wird durch die Gaumenlaute nebst den dumpfen Vokalen das Verschlucken nachgeahmt:

XIII, 944. Vix bene combiberant *ignotos guttura sucos.*

Man vergleiche hierzu XII, 17. Corripuit serpens, *avidaque abscondidit* alvo. XIV, 200. — XV. 89 *Congestoque avidum* pinguescere corpore corpus. —

VII, 283. — et in terram *guttae cecidere calentes.*

Hier malen die wiederkehrenden Gaumenlaute das tropfenweise Herabfallen. cf. IV, 618. Gorgonei capitis guttae cecidere cruentae. XV, 788. —

VIII, 237. Hunc — *Garrula ramosa* prospexit ab ilice perdix.

An dieser Stelle ahmen die Worte „garrula ramosa" das eigenthümliche schwirrende Geräusch nach, welches man beim Auffliegen des Rebhuhnes vernimmt. So wird auch

VIII, 245. ferroque incidit acuto
Perpetuos dentes et *serrae repperit* usum

im letzten Hexameter durch das vorherrschende r (in Begleitung von e) das Geräusch des Sägens nachgeahmt.

VIII, 644. et ignes
Suscitat hesternos foliisque et cortice sicco
Nutrit.

In diesen Worten wird in anschaulicher Weise das Knistern und Prasseln des Feuers in den Blättern und der dürren Rinde geschildert.

IX, 216.   genibusque manus adhibere parantem
                Corripit Alcides, et *terque quaterque rotatum*
           Mittit —

Durch die letzten Worte wird das mehrmalige gleichmässige Herumschwingen veranschaulicht; das in den drei aufeinanderfolgenden Arsen wiederholte anlautende t macht gleichsam den wiederkehrenden Umschwung hörbar.

           IX, 271. Quem pater omnipotens inter cava nubila raptum
                Quadriiugo curru radiantibus intulit astris.

Der zweite Hexameter malt das Rollen des Wagens, auf dem der Alcide zu den Gestirnen auffährt. Der folgende Vers

           XI, 364. Iuncta palus huic est, *densis obsessa salictis*

veranschaulicht vermittelst des vorherrschenden s das Säuseln der Weidengebüsche. Im folgenden

           XI, 600. Sollicitive canes canibusve *sagacior anser*

wird durch die beiden letzten Worte das Geschnatter der Gänse nachgeahmt.

           XI, 629.   *simulacraque naufraga* fingant.

Diese Worte sind eine Nachahmung des Gekraches beim Schiffbruch.

           XII, 252. Exsiluere oculi, *disiectisque ossibus oris* —

Hier bezeichnen die Gaumenlaute in Verbindung mit s das völlige Zerschmettern cf. V, 121. — Ossibus inlisit mediae cervicis. XIV, 208. —

           XII, 278.   at illud (ferrum)
                Stridet *et in trepida submersum sibilat unda*.

An dieser Stelle wird das Zischen des in Wasser getauchten glühenden Eisens durch s, das Brausen des Wassers durch tr gemalt, wobei besonders die Consonantenverbindung str, die schon einmal v. 276 angewandt ist, hervortritt, indem sie das Zischen und Brausen zugleich bezeichnet.

           XII, 487. Plaga facit gemitus ceu corpore *marmoris icti*.

In den letzten beiden Worten ahmt das i in Verbindung mit s und ct das schrille Getön des von einem spitzen und harten Gegenstande geritzten Marmors nach.

           XIV, 390. Seque novam subito Latiis accedere silvis
                Indignatus avem *duro fera robora rostro*
                Figit et *iratus* longis dat *vulnera ramis*.

Durch die oftmalige Wiederholung der Silben ro und ra scheint Ovid an dieser Stelle, wo von der Verwandlung des Picus in einen Specht die Rede ist, das eintönige Hämmern dieses Vogels an die Waldbäume nachahmen zu wollen.

Druckfehler-Verbesserung.

S. 5 Z. 5. v. u. lies ununterbrochenes st. unterbrochenes.
S. 12. Z. 9. v. o. lies Quintilian st. Quintilion.
S. 12. Z. 14. v. u. lies Gewaltige st. Geewaltig.
S. 18. Z. 3. v. o. lies Charakteristische st. Charakterische.
S. 19. Z. 3. v. o. lies Sichhinwenden st. Siehhinwenden.
S. 24. Z. 1. v. u. lies XV, 515 st. XIV, 515.

Programm

der

Realschule erster Ordnung zu Stralsund
Ostern 1878.

Im Namen des Lehrer-Collegiums

herausgegeben

von dem Director

Dr. Ernst Brandt,

Ritter des Königlichen Hohenzollernschen Hausordens.

Inhalt:

1. Ueber rhythmische Malerei in Ovid's Metamorphosen, Abhandlung des Oberlehrers Dr. Lüdte.
2. Schulnachrichten vom Director.

Stralsund, 1878.

Druck der Königl. Regierungs-Buchdruckerei.

Schüler-Verzeichniß.

Winter-Semester 1877/78.

Prima.
1. Otto Abshagen aus Ronnwitz.
2. Wilhelm Arnsberg aus Stralsund.
*3. Max Anderleß   "   "
4. Ernst Brankenburg   "   "
5. Eduard Düwahl   "   "
6. Otto Biermann   "   "
7. Hans Engel   "   "
8. Franz Fehlhaber aus Wolgast.
9. Albert Gützow   " Bohlendorf.
10. Wilhelm Heß aus Kalswieck.
11. Ernst Hübner aus Stralsund.
12. Paul Jörß
13. Heinrich Joseph aus Barth.
14. Wilhelm Koch aus Behrenwalde.
15. Hermann v. Köhler aus Franzburg.
16. Hermann Ladewig aus Barth.
17. Siegmund Löwenthal aus Sülz.
18. Kurd Martens aus Berlin.
19. Carl Mecklenburg aus Stralsund.
20. Carl Mützebeck aus Tonnerow.
21. Max Neumann   " Lapiß.
22. Rudolph Ochsen   " Rostock.
23. Walter Paul   " Stralsund.
24. Max Rudeloff   " Waren i/M.
25. Robert Spieker aus Stralsund.
26. Adolph Stone
27. Adolph Tamß   " Barth.
28. Ewald Tessnow   " Wolgast.
29. Fritz Thurow
30. Wilhelm Warnke aus Semlow.
31. Richardt Wendt   " Stralsund.
32. Paul Züge aus Mecklingshausen.

Ober-Secunda.
*1. Gustav Bösel aus Stralsund.
2. Max Engel
3. Wilhelm Hauser aus Barth.
4. Wilhelm Hanow   "   "
5. Erich Hartenack   " Ludowice.
6. August Haß aus Barth.
7. Hugo Hochstädt aus Stralsund.
8. Albert Jbarth
9. Hermann Klein
10. Gustav Krekule
11. Leopold Krüger
12. Otto Lange aus Treptow a/T.
13. Paul Lange   " Wolgast.
*14. Carl Lombard aus Stralsund.
15. Max v. Normann aus
16. Heinrich Barow aus Zingst.
17. Hermann Peters   " Stralsund.
18. Robert Pierig aus Truinnenhagen.
19. Fritz v. Reich aus Arnsberg.
*20. Max Rickmann   " Stralsund.
21. Carl Ritterbusch
22. Johannes Schmidt aus Grimmen.
23. Otto Schröder aus Stralsund.
24. Eduard Strammig aus Bobstedt.
25. Wilhelm Thämlitz   " Rotgeßwitz.
26. August Wagner aus Zingst.
27. Friedrich Westphal aus Stralsund.

Unter-Secunda.
1. Otto Abel aus Stralsund.
2. Hermann Appel aus Grimmenhof.
3. Alfred Bahlkuhe aus Barth.
4. Gustav Dähn aus Barbelvitz.

5. Emil Engelbrecht aus Stralsund.
6. Emil Gerlach aus Zülitz.
7. Emil Gischkow aus Stralsund.
8. Eberhard Gischkow aus
9. Erich Grüder aus Bergen.
10. Eduard Grünwald aus Stralsund.
11. Felix Heinzelmann
12. Carl Heß aus Kalswieck.
13. Franz Holzerland aus Barth.
14. Wilhelm Hopp aus Stralsund.
15. Heinrich Horn   "   "
16. Wilhelm Maaß   "   "
17. Georg Mie   "   "
18. Fritz Möller aus Bergen.
19. Adolph v. Mühlenfels aus Stralsund.
20. Hermann Mütrer   "   "
21. Otto Nell   "   "
22. Ferdinand Ritarby aus Tribsees.
23. Ehrenfried Oesterreich aus Gobbin.
24. Wilhelm Odrich aus Stralsund.
25. Theodor Prützmann aus Gerdeswalde.
26. Otto Säger aus Stralsund.
27. Gustav Salomon aus Regenwalde.
28. Richard Sauerbier aus Wolgast.
29. Wilhelm Schierer aus Bergen.
30. Wilhelm Schmod aus Stralsund.
31. Max Scholz
32. Malte Stabnke aus Reez.
33. Richard Voß aus Annenhof.
34. Albert Webergang aus Stralsund.
35. Otto Wilhans
36. Hans Wolter

Ober-Tertia.
1. Franz Ahrens aus Stralsund.
2. Ernst Anders aus Ratom.
3. Wilhelm Arndt aus Stralsund.
4. Friedrich Ascher aus Nielig.
5. Carl Bartens aus Stralsund.
6. Max Bathke aus Prerow.
7. Emil Benefendorff aus Stralsund.
8. Carl Boldt
9. Wilhelm Brüdgam
10. Franz Busse
11. Hermann Dalm
12. Erich Dankwart
13. Richard Darschlag   " Altefähre.
14. Albert Dettmann aus Stralsund.
15. Robert Dibbelt aus Lüssow.
16. Paul Eckert aus Stralsund.
17. Adalbert Engel   "   "
18. Richard Falkenthal aus Luckenwalde.
19. Carl Gold aus Stralsund.
20. Heinrich Grabl a.   "
21. Gustav Grönlund aus Drosedow.
22. August Haase aus Stralsund.
23. Karl Henning
24. Hans Holsten   " Langenhanshagen.
25. Max Holsten
26. Albert v. Homeyer aus Stralsund.
27. Otto Kase   "   "
28. Otto Knaal aus Altefähre.
29. Franz v. Köhler aus Debelitz.
30. Walter Krosbahn   " Stralsund.
31. Max Kreplin aus Altefähre.
32. Eduard Krüger aus Stralsund.
33. Johannes Krüger
34. Otto Lobed

35. Paul Löseviß aus Stralsund.
36. Johannes Lubbe aus   "
37. Nicolaus Maurer   "
38. Hermann Melms aus Loblewiß.
39. Adolf Neumann aus Stralsund.
40. Max Pahnke aus Tressow.
41. Max Peterssen aus Stralsund.
42. Alwin Plötz aus Gülzow.
43. Otto Pohle aus Karlshof.
44. Paul Raaß aus Stralsund.
45. Reinhold Schmidt a.   "
46. Wilhelm Schnurr
47. Hermann Schümann aus Stralsund.
48. August Schliß   "
49. August Schwerin   " Ummanz.
50. Hermann Schröder   " Stralsund.
51. Gustav Spalding   " Ganschwiß.
52. Otto Stoll aus Bergen.
53. Ernst Struth aus Alten Pleen.
54. Hermann Thomes   " Stralsund.
55. Karl Wahl
56. Franz Wertheim
57. Gustav Wied

Unter-Tertia.
1. Alfred Baier aus Bierrege.
2. Paul Blandow   " Stralsund.
3. Wilhelm Danzig a.
4. Heinrich Tirds aus Zingst.
5. Ernst Dörfer aus Stralsund.
6. Hugo Ebert aus Stralsund.
7. Eduard Ewert a.   "
8. Carl Frand aus
9. Richard Gabbed a.
10. Friedrich Geß aus Prerow.
11. Otto Grünewald aus Bergen.
12. Hermann Grünwald aus Stralsund.
13. Albert Hödge
14. Erich Hanemann
15. Hellmuth Heinzelmann a.
16. Moriß Heinzelmann
17. Philipp Hill aus Surabaya a/Java.
18. Carl Hindrichs aus Stralsund.
19. Werner Holsten   " Steinhagen.
20. Paul Holsterr   " Stralsund.
21. Max Hoth aus Carmin.
22. Gustav Kahl   " Loudon.
23. Max Kindt   " Stralsund.
24. Paul Klemt
25. Max Krüger aus Siebenbollentin.
26. Magnus Kunß aus Stralsund.
27. Ulrich Kurth
28. Adolf Lävermann aus Metlniß.
29. Gottlieb Mahnke   " Gr. Zanßebuhr.
30. Fritz Martens aus Falkenhagen.
31. Georg Mie aus Zingst.
32. Otto Maurer aus Stralsund.
33. Axel Miebrodt   " Nidmiß.
34. Paul Moll aus Stralsund.
35. Friedrich v. Normann aus Stralsund.
36. Hermann Pauels   "   "
37. Hans Pietsch   "   "
38. Ulrich Pogge aus Semlow.
39. Hermann Raßow aus Stralsund.
40. Karl Röbl aus Zingst.
41. Paul Rosenkranz aus Grimmen.
42. Karl Ruberth aus Stralsund.
43. Otto Rüting aus Solkendorf.

44. Wilhelm v. Schroen aus Stralsund.
45. Albert Schmidt aus Niepars.
46. Franz Schoof   „   Stralsund.
47. Friedrich Schorler a.   „
48. Otto Schröder aus   „
49. Hans Schülmann a.   „
50. Otto Stiegler aus Nehringen.
51. Robert Stiegler aus Stralsund.
52. Max Tebrow   „   „
53. Ernst Vieth   „   „
54. Paul Wied   „   „
55. Albert Wilde aus Schutenhagen.
56. Paul Witt aus Stralsund.
57. Georg Witt   „   „
58. Hugo Wiebans a.   „
59. Wilhelm Wolter   „   „

Quarta A.

1. Robert Albrecht aus Stralsund.
2. Franz Borchart   „   „
3. Gustav Braun   „   „
4. Ferdinand Broockmann aus Saatel.
5. Gustav Demzien aus Seegebadensau.
6. Erich Diedelmann a. Crummenhagen.
7. August Fraul aus Stralsund.
8. Reinhold Graf   „   Rubit.
9. Carl Hagemann aus Stralsund.
10. Malte Hahn   „   „
11. Otto Henning   „   „
12. Paul Holsten aus Steinhagen.
13. Hans v. Homeyer aus Stralsund.
14. Otto Kirber   „   „
15. Ulrich Knoch   „   „
16. Max Köppner   „   „
17. Alfred Krüger aus Lampe.
18. Wilhelm Lange aus Stoltenhagen.
19. Carl Martens aus Stralsund.
20. Albert Mau   „   „
21. Max Mehrle   „   „
22. Ludwig Mösler   „   Seedorf.
23. Malte Müggenburg aus Stralsund.
24. Wilhelm Müller   „   „
25. Otto Murswiek aus Kieshow.
26. Gustav Oppermann aus Stralsund.
27. Max Peuß   „   „
28. Alfred Radwitz   „   „
29. Ernst Reimer   „   „
30. Gustav Röbl aus Franzburg.
31. Wilhelm Roloff aus Stralsund.
32. Paul Schmutt   „   „
33. Gustav Schütt   „   „
34. Hans Spieker   „   „
35. Carl Stahl   „   „
36. Richard Steinbring   „   „
37. Friedrich Strud   „   „
38. Ludwig Weber   „   „
39. Max Wilhelm   „   „
40. Otto Wolter   „   „

Quarta B.

1. Felix v. Beringe aus Stralsund.
2. Ernst Borgwardt aus Sagard.
3. Ernst Ley aus Scharpitz.
4. Gustav Brandt aus Grimmen.
5. Johannes Evers   „   Stralsund.
6. Albert Faust   „   „
7. Hugo Fink   „   „
8. Heinrich Frank   „   „
9. Friedrich Henning aus   „
10. Siegfried Henussen aus Träpeln.
11. Alexander Hindrichs   „   Stralsund.
12. Reinhard Hübner aus Wittow.

13. August Knorre aus Belzen.
14. Joachim Kröft   „   Barth.
15. Otto Kufahl   „   Stralsund.
16. Gustav Lewerenz   „   „
17. Hermann Lömmies aus Barth.
18. Rudolf Mecklenburg aus Stralsund.
*19. Max Miau aus Glüshow
†20. Max Möhrer aus Stralsund.
21. Robert Peters aus Bergen.
22. Franz Pohle   „   Karlshof.
23. Max Politzh aus Stralsund.
24. Rudolf Regewitz   „   „
25. Waldemar Schmitt   „   „
26. Paul Seifert aus   „
27. Ernst Siemow   „   „
28. Paul Ulrich   „   „
29. Hans Waterstraat   „   „
30. Rudolf Wellner aus   „
31. Karl Wiechmann   „   „
32. Albert Zarnte   „   „
33. Gustav Zarnte   „   „
34. Otto Ziemssen   „   „

Quinta A.

1. Robert Abel aus Stralsund.
2. Robert Behm   „   Schaprode.
3. Otto Beug aus Stralsund.
4. Otto Bord   „   „
5. Friedrich Bröder aus Grimmen.
6. Ludwig Burmeister a.   „
7. Johannes Dierig aus Stralsund.
8. Max Helm   „   „
9. Hugo Hempel   „   „
10. Ernst Heverwid   „   „
11. Karl Horn   „   „
12. Albert Köhler   „   „
13. Walter Kurth   „   „
14. Julius Martins   „   „
15. August Mau   „   Rubit.
16. Erich Michaelis   „   Stralsund.
17. Karl Müller   „   „
18. Wilhelm Oesterreich aus Gobbin.
19. Anton Papatschi aus Stralsund.
20. Max Parow aus Zingst.
21. Karl Pens aus Stralsund.
22. Gustav Peters a.   „
23. Albert Pohl aus   „
24. Karl Rablach   „   „
25. Hans Reinde   „   „
26. Karl Rothgiu   „   „
27. Hermann Rose a.   „
28. Malte Sonnenberg aus Poseritz.
29. Joachim Staude aus Zingst.
30. Johann Boymode aus Stralsund.
31. Heinrich Zapk   „   „

Quinta B.

1. Otto Abitshagen aus Bisdamitz.
2. Max Albert aus Stralsund.
3. Emil Brandt aus Lüdershagen.
4. Robert Buyel   „   Stralsund.
5. Hermann Conradt a.   „
6. Hermann Dabis aus   „
7. Paul Dierert   „   „
8. Otto Hempel   „   „
9. Karl Henning   „   „
10. Wilhelm v. d. Heyden a. Stralsund.
11. Ernst Hindrichs aus Stralsund.
12. Paul Hirsch   „   „
13. Karl Iden   „   „
*14. Albert Lewerenz   „   „
15. Richard Mierendorff a.   „

16. Ernst Muntzlaff aus Stralsund.
17. Julius Moses   „   „
18. Otto Neisener   „   „
19. Karl Rabe   „   „
20. Karl Richmann   „   „
21. Julius Rüting   „   Klausdorf.
22. Paul Schilling   „   Artona.
23. Wilhelm Schirmeister aus Putbus.
24. Karl Schreiber aus Stralsund.
25. Hermann Schröder a.   „
26. Franz Vieth aus   „
27. Ernst Weber   „   „
28. Hans Weyergang a.   „
29. Paul Kruse aus   „

Sexta A.

1. Wilhelm Bolle aus Stralsund.
2. Robert Busse   „   „
3. August Bühring   „   „
4. Karl Danzig   „   „
5. Karl Dillow   „   „
6. Erdmann-Dittmer a.   „
7. Karl Dörnberger a. Tönsberg i. Norw.
8. Otto Eggert aus Stralsund.
9. Karl Ewert   „   „
10. Wilhelm Frant   „   „
11. Gustav Henning a.   „
12. Rudolf v. Homeyer a.   „
13. Wilhelm Krähmer   „   „
14. Karl Knaak aus   „
15. Erich Kurth   „   „
16. Karl Otto   „   „
17. Wilhelm Peters a.   „
18. Emil Pens aus   „
19. Erich Pietzh   „   Crummenhagen.
20. Karl Schmitt aus Stralsund.
21. Otto Starost   „   „
22. Karl Stein   „   „
23. Max Schmalfeldt a.   „
24. Karl Schlim aus   „
25. Ehrenfried Schütt aus   „
26. Ernst Wasow aus Garbodenhagen.
*27. Christoph Zillmer aus Zingst.

Sexta B.

1. Hermann Albrecht aus Stralsund.
2. Karl Batzke aus Prerow.
3. Franz Brug   „   Stralsund.
4. Georg Dabis   „   „
5. Karl Dettmann a.   „
6. Otto Dienert aus   „
7. Hermann Edert a.   „
8. Karl Elöser aus Jever.
9. Ernst Gold aus Stralsund.
10. Friedrich Grünlund aus Drosedow.
11. Gust. Adolf v. Harder aus Kransdorf.
12. Ernst Hasnemann aus Stralsund.
13. Gottfried Mecklenburg aus   „
14. Oskar Michaelis aus   „
15. Friedrich Möller   „   „
16. Max Neumann   „   „
17. Karl Oesterreich   „   Niepars.
18. Max Peters   „   Steinhagen.
19. Johannes Rüting   „   Klausdorf.
20. Max Schmitt   „   Stralsund.
21. Hermann Schlicht   „   „
22. August Schulte   „   Matzendorf.
23. Otto Schulz aus Stralsund.
24. Franz Strach   „   „
25. Otto Wied   „   „
26. Hans Wolter   „   Papenhagen.
27. Max Zarnte   „   Stralsund.

Ueber rhythmische Lautmalerei in Ovid's Metamorphosen.

> Duae sunt igitur res, quae permulceant
> aures, sonus et numerus. Cic. Or. 49, 163.

In dem zu Ostern 1871 erschienenen Programme dieser Anstalt habe ich nachzuweisen gesucht, wie Ovid sich in den Metamorphosen an vielen Stellen der Lautmalerei bediente, um der Natur der darzustellenden Gegenstände durch den Ausdruck gleichzukommen und so die Schönheit seines Werkes zu erhöhen. Zu den Mitteln der nachahmenden Darstellungsweise gehört aber außer der Lautmalerei noch die rhythmische Malerei, und auch diese hat Ovid in dem angeführten Werke keineswegs unbeachtet gelassen, sondern in ihr dieselbe Meisterschaft wie in jener bewährt.

Als ich vor sieben Jahren die Abhandlung „Ueber Lautmalerei in Ovid's Metamorphosen" verfaßte, gedachte ich anfangs zugleich die Kunst dieses Dichters in der rhythmischen Malerei zu schildern; da aber die Ausführung dieses Planes die Grenzen einer Programm-Abhandlung überschritten haben würde, so mußte ich die Darstellung des zweiten Theiles meiner Arbeit auf spätere Zeit verschieben. Ehe ich dazu übergehe, sei mir noch eine kurze Vorbemerkung gestattet.

Es ist mir nach dem Erscheinen des ersten Theiles der Einwurf gemacht worden, ob denn wohl der Dichter an manchen Stellen, wo ich seine Kunst in der Lautmalerei besonders zu erkennen glaubte, nicht ganz zufällig so geschrieben, und ob ihm also nicht Absichten von mir untergelegt wären, die er nie gehegt hätte. Ich antworte darauf, daß allerdings die Sprache in lautlicher Beziehung für den Dichter mitarbeitet und ihm bei vielen Gelegenheiten freundliche Hülfe gewährt; doch kann ich nicht zugeben, daß eine solche Uebereinstimmung des lautlichen Ausdrucks mit der Natur des darzustellenden Gegenstandes, wie sie uns bei Ovid und andern klassischen Dichtern, alten sowohl wie neuen, entgegentritt, auf bloßem Zufall beruht. Vielmehr habe ich mich bemüht, in jener Abhandlung zu zeigen, daß diese Erscheinung ihren Grund hat in ganz bestimmten physiologischen Vorgängen, deren Wesen dem wahrhaft großen Dichter nicht verborgen bleiben kann; daß er sich daher dieses Mittels absichtlich bedient, um seinem Werke dadurch besondern Schmuck und eigenartige Schönheiten zu verleihen. Wenn diese nun nicht ohne Weiteres bei jedem Hörer — denn hören und nicht bloß mit den Augen lesen muß man die Dichterwerke, um über ihre lautlichen Schönheiten urtheilen zu können — Anerkennung finden, so liegt die Schuld nicht an dem Dichter, der sich seines Thuns wohl bewußt gewesen ist, sondern an dem Hörer, dessen Ohr nicht denjenigen Grad musikalischer Ausbildung besitzt, um den Intentionen des Dichters hinsichtlich des lautlichen Ausdrucks folgen zu können.

Lehrt doch die Erfahrung, daß es selbst Leuten, die auf andren Gebieten den höchsten Grad der Bildung erreicht haben, trotz aller Anstrengung nicht gelingt, die Töne nach ihrer Höhe und Tiefe richtig zu unterscheiden, und kommt es doch sogar vor, daß andere, die auf dem Clavier eine bedeutende Fertigkeit erlangt haben, nicht genau wissen, ob ihr Instrument verstimmt ist oder nicht, und welche Töne hauptsächlich unrein sind, geschweige denn, daß sie angeben könnten, wie die richtige Stimmung sein müßte. Kein Wunder, denn das Instrument erspart ihnen ja die Beurtheilung der Höhe und Tiefe der Töne, raubt ihnen aber dadurch, wenn nicht mit dem Clavierunterricht zugleich Gesangübungen verbunden sind, wie in neueren Clavierschulen empfohlen wird, ein wichtiges Mittel musikalischer Ausbildung. Ebenso muß auch das Ohr geübt werden, um die lautlichen Unterschiede und Schönheiten in der Poesie richtig erkennen und beurtheilen zu lernen. Wer sich hierum nicht bekümmert, der darf auch nicht glauben, daß er jemals die Kunst klassischer Dichter würdig schätzen und ihre Werke voll und ganz verstehen lernen werde, besonders nicht die der griechischen und römischen Classiker.

Nicht so schwierig ist die richtige Erfassung des rhythmischen Elementes und demgemäß auch die Erkenntniß der rhythmischen Schönheiten in Dichterwerken. Beim Rhythmus handelt es sich hauptsächlich um eine bestimmte Eintheilung der Zeit, wie sie auch vom Kern ungebildeten Manne ohne sonderliche Uebung bewerkstelligt wird; man denke an den Hammer- und Drescherschlag. Während es, um das melodische Element zum Bewußtsein zu bringen, der menschlichen (auch thierischen) Stimme oder eines besondern musikalischen Instrumentes bedarf, begnügt sich der Rhythmus, um vernommen zu werden, mit den einfachsten Mitteln. „Ein Anapäst bleibt", wie Voß sagt*), „Anapäst, er mag auf der Laute und Harmonika klingen, oder von der Trommel und Heerpauke in das Ohr dröhnen, oder sogar unter des Bötticher's Klöpfel auf dem Tonnenreif klappern." Um so eher und unbestrittener werden daher die rhythmischen Schönheiten, welche ich in Ovid's Metamorphosen nachweisen will, erkannt und anerkannt werden; da jedoch an den malerischsten derartigen Stellen oft zugleich Lautmalerei von Ovid angewandt worden ist, so werde ich auch nebenbei auf diese hinzuweisen haben.

Man versteht unter rhythmischer Malerei die nachahmende Darstellung des Gegenstandes vermittelst der rhythmischen Bewegung. Rhythmus ist eine bestimmte Eintheilung der Zeit nach Gesetzen, wie sie der dem Menschen angeborne Sinn für Ordnung und Symmetrie aufstellt. Der Rhythmus muß aber, um sinnlich anschaulich zu werden, an etwas Materiellem erscheinen, das sich messen läßt. Ein solches zu Grunde liegendes Materielles, von Aristogenus Rhythmizomenon genannt, ist für den Rhythmus der Poesie der articulirte Ton, der Laut der Sprache, durch den die Silben, dann die Worte u. s. w. gebildet werden. So ist also der Rhythmus ursprünglich etwas außerhalb der Sprache Liegendes und wird erst durch den Dichter zu ihr hinzugebracht. Die Poesie ist durch den Rhythmus als gemeinsames Band mit zwei anderen Künsten, nämlich mit der Musik und der Orchestik schwesterlich vereint und wurde auch mit diesen in der frühesten hellenischen Zeit von dem Sänger in einer Person gemeinsam ausgeübt. Wenn man dennoch die Dichtkunst sowohl nach ihrer lautlichen als rhythmischen Beziehung mit Malerei vergleicht, so geschieht dies nicht etwa aus dem Grunde, weil die letztere in einem engern Verhältnisse zu ihr stände, als jene beiden Künste; vielmehr unterscheidet sich die Malerei von allen dreien dadurch, daß sie ihre Umrisse und Gestalten im Raume ordnet, während jene Künste es mit einer bestimmten Eintheilung der Zeit zu thun haben. Der Grund jener Vergleichung ist der, daß die Malerei durch ihre in Ruhe verharrenden und neben einander befindlichen Formen und Gestalten auf das Auge wirkt und dadurch sinnlicher, anschaulicher ist, die Einbildungskraft stärker und mehr mit einem Schlage trifft, als Poesie und Musik, die mit ihren nach einander in die Erscheinung tretenden Erzeugnissen sich an das Gehör wenden und erst durch die hinzukommende Phantasie und Reflexion ein abgeschlossenes Bild gewähren. Ist nun dieses Bild ein so plötzliches, lebendiges, anschauliches, daß es gleichsam mit einem Schlage vor dem geistigen Auge dasteht, so nennt man die Ausdrucksweise, durch welche Poesie oder Musik es hervorgebracht haben, malerisch. — Die Orchestik wirkt durch ihre Figuren (σχήματα) zwar auch auf das Auge, doch sind ihre Bilder keine bleibenden wie die der Malerei, sondern gemäß der rhythmischen Bewegung immer abwechselnd und sich verändernd.

---

*) Erklärungen zu Vergil's Landbau, Altona 1800. p. 794.

In der angegebenen Weise scheint auch Lessing in seinem Laokoon das Wesen der poetischen Malerei aufgefaßt zu haben, wenn er sagt*): „Jeder Zug, jede Verbindung mehrerer Züge, durch die uns der Dichter seinen Gegenstand so sinnlich macht, daß wir uns dieses Gegenstandes deutlicher bewußt werden als seiner Worte, heißt malerisch, heißt ein Gemälde, weil es uns dem Grade der Illusion näher bringt, dessen das materielle Gemälde besonders fähig ist, der sich von dem materiellen Gemälde am ersten und leichtesten abstrahiren lassen."

Wo also poetische Stellen vorkommen, die durch die treffende Nachahmung des Klanges oder durch die lebendige und ausdrucksvolle Bewegung des Rhythmus den Gegenstand so anschaulich und täuschend vor unser inneres Auge hinstellen, daß wir ein Bild desselben zu sehen glauben und darüber weniger an die Worte denken, da werden wir von lautlicher oder rhythmischer Malerei sprechen können.

Wir haben es hier nur mit der letzteren zu thun, deren Aufgabe es ist, durch die der besondern Natur des Gegenstandes angemessenste Versbewegung Nachdruck, Lebendigkeit und Abwechselung in die Darstellung zu bringen. Sie ist somit auf das Einzelne gerichtet und läßt sich nach ihrem besondern Wesen nur an einzelnen Fällen und Beispielen erkennen und nachweisen, in denen der Dichter sich ihrer zur Ausschmückung seines Werkes bedient hat.

Die Mittel, welche die rhythmische Malerei anwendet, um jene Abwechselung in der Versbewegung hervorzubringen, beruhen, allgemein angegeben, auf der Wahl der Versfüße; auf der Art der Versgliederung sowie der Wortfüße; auf der Wortstellung und endlich auf dem Verhältniß und der Stellung der Sätze und Satztheile zu den Versen.**) Wie Ovid sich dieser Mittel bedient hat, um in den Hexametern der Metamorphosen in rhythmischer Beziehung malerische Effecte zu erzielen, will ich in Folgendem nachzuweisen versuchen.

Cap. I. Von den Versfüßen.

§ 1. **Vorherrschende Daktylen.** — Da der Hexameter ein daktylischer Vers ist, so könnte man erwarten, daß ein in diesem Versmaße verfaßtes Gedicht aus Versen bestehe, die sämmtlich oder doch nur mit seltenen Ausnahmen lauter Daktylen enthalten. In der frühesten Poesie der Griechen, von denen seit Livius Andronikus die Römer ihre Metra entlehnten, war dies auch der Fall, nur in der Mitte und am Ende trat an die Stelle des Daktylus der gleichwiegende Spondeus. Der Hexameter verdankt nämlich seine Entstehung der ältesten daktylischen Reihe, der daktylischen Tripodie, welche dem epischen Gesange als Träger diente und noch in den sogenannten dorischen Strophen, denen sie zu Grunde lag, den Spondeus auf den Schlußtakt beschränkte. Die Verbindung zweier solcher daktylischen Reihen zu periodischem Vorder- und Nachsatz ergab den Hexameter, der also zunächst dieses Maß hatte:

–⏑⏑–⏑⏑–⏑⏑–⏑⏑–⏑⏑–⏓

Wegen des ruhigen Ernstes der ältesten Poesie und wegen der Verwendung zu melischen Zwecken wirkte die oftmalige Wiederholung eines solchen Verses nicht ermüdend auf die Hörer; beim deklamatorischen Vortrage aber würde ein solcher immer wiederkehrender Hexameter durch seinen gleichförmigen Bau und rollenden Gang eine unerträgliche Monotonie erzeugt haben. Wir finden deshalb auch schon bei Homer hinsichtlich der Verwendung der Spondeen statt der Daktylen große Mannigfaltigkeit, und bei den Römern, namentlich bei Ovid, bilden die nur aus Daktylen bestehenden Verse (von dem letzten Fuße abgesehen) geradezu eine ziemlich seltene Ausnahme. Unter den 5454 Versen der ersten sieben Bücher der Metamorphosen finden sich nur 278 mit lauter Daktylen in den ersten fünf Füßen; wo sie vorkommen, dienen sie meist nur malerischen Zwecken, bei deren Hervorhebung wir jedoch nicht bloß die rein daktylischen, sondern auch solche Verse zu berücksichtigen haben, welche überwiegend Daktylen enthalten.

---
*) Gesammelte Werke. 6. Bd. Leipzig 1856, S. 110.
**) Bischoff, Vorschule der Dichtkunst. Braunschw. 1860, S. 38.

Wegen der gleichen Zeitdauer der Arsis und Thesis ist den daktylischen Versen ursprünglich eine gleichmäßige und ruhige Bewegung eigen, die freilich um so mehr hervortritt, je häufiger die Thesen eine Zusammenziehung erleiden. Durch besondere Verwendung der Cäsuren indessen, von denen ich später handeln werde, sowie durch Auflösung der Thesis wird der Charakter der daktylischen Verse derartig modifizirt, daß sie im Stande sind, die größte Energie und Lebendigkeit auszudrücken. In diesem Sinne sagt Quintilian Instit. IX, 4, 83. von den Versfüßen überhaupt: 'quo quique sunt temporibus pleniores longisque syllabis magis stabiles, hoc graviorem faciunt orationem; breves celerem ac mobilem.'

Die Verse mit vorherrschenden Daktylen bezeichnen daher vor Allem eine gleichmäßige, leichte und schnelle Bewegung. Auf diese Weise malt Ovid

V, 587. Invenio sine vertice aquas, sine murmure euntes

das gleichmäßige Dahinfließen des Wassers.

I, 553. Hanc quoque Phoebus amat, positaque in stipite dextra
Sentit adhuc trepidare novo sub cortice pectus.

das gleichmäßige und schnelle Pochen des Herzens der Daphne unter der Baumrinde; besonders malerisch wirkt zugleich im 2. Verse die Hephthemimeres in Verbindung mit der Trithemimeres und die Verwendung der Consonanten c und t.

IV, 673. Vidit Abantiades, nisi quod levis aura capillos — Moverat

das Flattern des Haares der gefesselten Andromeda. cf. II, 875.

II, 70. Adde quod assidua rapitur vertigine caelum
Sideraque alta trahit celerique volumine torquet

die gleichmäßige und schnelle Umdrehung der Himmelssphäre.

XIII, 673. pennas sumpsere, tuaeque
Coniugis in volucres, niveas abiere columbas

das schnelle Auffliegen der Tauben, in welche die Töchter des Anius verwandelt wurden. cfr. XIV, 390.

II, 159. Corripuere viam pedibusque per aëra motis

die Schnelligkeit der Sonnenrosse.

II, 743. ego sum, qui jussa per auras
Verba patris porto. pater est mihi Juppiter ipse

die Schnelligkeit des Mercur.

Damit hängt zusammen, daß die Verse mit überwiegenden Daktylen dem Ovid auch zum malerischen Ausdruck dienen von Behendigkeit und Gewandtheit, (Spielen, Tändeln); Fröhlichkeit, Geschäftigkeit und Eile.

II, 150. Occupat ille levem iuvenali corpore currum,
Statque super, manibusque datas contingere habenas
Gaudet —

Behendigkeit und Gewandtheit, mit der Phaeton den Wagen des Sonnengottes besteigt. Im zweiten Verse wirkt wieder die Hephthemimeres in Verbindung mit der Trithemimeres besonders malerisch, da durch diese Versbewegung die Freude des unerfahrenen Jünglings hervorgehoben wird, der seinen unbesonnenen Wunsch erfüllt sieht.

VI, 20. Seu digitis subigebat opus, repetitaque longo —

Gewandtheit und Kunstfertigkeit der Arachne im Bearbeiten der Wolle.

II, 844. ubi magni filia regis
Ludere virginibus Tyriis comitata solebat. cf. V, 392.

IX, 795. Postera lux radiis latum patefecerat orbem,
Cum Venus et Juno sociosque Hymenaeus ad ignes
Conveniunt, potiturque sua puer Iphis Janthe.

(Fröhliche Vermählung). cf. III, 528.

III, 603. Ipse, quid aura mihi tumulo promittat ab alto
          Prospicio comitesque voco repetoque carinam.

Geschäftigkeit des Acoetes (unter dem sich Bacchus verbirgt), im zweiten B. besonders auch durch die Cäsur hervorgehoben. cfr. VI, 590.

VII, 647. Ecce venit Telamon properus, foribusque reclusis
          'Speque fideque, pater', dixit 'maiora videbis.
          Egredere!' egredior.

I, 281. 673. 756. 777. II, 119. 838. V, 599. X, 658. 668—670.

Ferner wird durch die vorherrschenden Daktylen Fliehen und Meiden und das Gegentheil, eifriges Begehren und Verfolgen gemalt.

I, 502.   fugit ocior aura
          Illa levi, neque ad haec revocantis verba resistit:
          'Nympha, precor, Penei, mane! non insequor hostis:
          Nympha, mane! sic agna lupum, sic cerva leonem,
          Sic aquilam penna fugiunt trepidante columbae,
          Hostes quaeque suos. amor est mihi causa sequendi. —
          Aspera, qua properas, loca sunt. moderatius, oro,
          Curre, fugamque inhibe. moderatius insequar ipse. —
                             nescis, temeraria, nescis,
          Quem fugias, ideoque fugis. mihi Delphica tellus —
                   V, 460. 601. IX, 580. X, 341. 620.

III, 450. Exigua prohibemur aqua. cupit ipse teneri — cf. IX, 723.
XI, 773.   — quam Troius heros
          Insequitur, celeremque metu celer urguet amore.

Endlich: Leidenschaftlichkeit, Furcht, Schreck, Zorn und Wuth, Gewaltsames und Gewaltiges.

I, 498.   videt igne micantes
          Sideribus similes oculos, videt oscula, quae non
          Est vidisse satis.

VI, 480. Omnia pro stimulis facibusque ciboque furoris
          Accipit, et quotiens amplectitur illa parentem,
          Esse parens vellet: — neque enim minus impius esset.
          VI, 491. 561. 641. IX, 732—34. 737—40. 764—66. X, 369. 375—77. —

II, 180. Palluit, et subito genua intremuere timore.

cf. II, 66. VI, 527—30. VII, 115.

III, 694. Praecipitem famuli rapite hunc cruciataque diris
          Corpora tormentis Stygiae demittite nocti!

V, 166. Nescit, utro potius ruat et ruere ardet utroque.

cf. V, 170. VI, 610. 620—23. —

I, 285. Exspatiata ruunt per apertos flumina campos,
          Cumque satis arbusta simul pecudesque virosque
          Tectaque cumque suis rapiunt penetralia sacris.

Das reißende und gewaltsame Dahinströmen der Gewässer bei der Sinflut. cf. IX, 105.

IX, 271. Quem pater omnipotens inter cava nubila raptum
          Quadriiugo curru radiantibus intulit astris.

Die Sturmesgewalt, mit der Hercules von Juppiter unter die Gestirne versetzt wird. Im zweiten B. ist dabei auf das malerische r zu achten.

§. 2. **Gehäufte Spondeen.** — Durch die Zusammenziehung der beiden Kürzen des Daktylus wird die Bewegung des Hexameters ruhiger und ernster, weil alsdann die Zeit in weniger schnell auf einander folgende Momente zerlegt wird. Die Ruhe und Langsamkeit der rhythmischen Bewegung tritt natürlich um so mehr hervor, je öfter ein Spondeus in einem Verse die Stelle des Daktylus einnimmt. Rein spondeisches Versmaß kam in der hieratischen Poesie in den alten Opferhymnen zur Anwendung, und eben von diesem Gebrauche bei der Spendung hat das Metrum den Namen σπονδεῖοι erhalten, während die den Gesang begleitenden Blasinstrumente σπονδειακοὶ αὐλοί genannt wurden.

Hexameter mit lauter Spondeen kommen in den Metamorphosen des Ovid, wie überhaupt bei den Dichtern der augusteischen Zeit, nicht vor, während ältere Dichter, wie Ennius und Lucilius, solche Verse nicht verschmähten, und sich auch selbst bei Catull noch folgender Vers findet: 'qui te lenirem nobis, neu conarere' (carm. CXV. 3). Hexameter mit fünf Spondeen sind in den Metamorphosen nicht so gar selten; so weist z. B. das sechste Buch allein sechzehn derselben auf. Der alleinige Daktylus befindet sich dann stets im 5. Fuße (mit Ausnahme des versus spondiacus), damit wenigstens noch am Ende des Verses das daktylische Maß hervortritt*). Kommen zwei Daktylen vor, so befinden sie sich gewöhnlich im 1. und 5. Fuße, wie in folgendem Verse:

I. 10. Nullus adhuc mundo praebebat lumina Titan

seltener, außer im 5. F., im zweiten, noch seltener im dritten oder im vierten. Eine Ausnahme bilden hier natürlich wieder die versus spondiaci.

Doch dies nebenbei; hier kommt es vor Allem darauf an, nachzuweisen, in welchen Fällen das Auftreten von Spondeen eine malerische Wirkung hervorbringt. Das ist aber keineswegs von der größern Anzahl der in einem Verse vorkommenden Spondeen abhängig, vielmehr kann schon ein einzelner Spondeus, an der rechten Stelle gebraucht und durch Cäsur und Schwere der Wortfüße unterstützt, äußerst malerisch wirken. Besonders geschieht dies, wenn der Spondeus im 5. Fuße vorkommt, im sogen. versus spondiacus; doch sind hier viele Fälle abzurechnen, in denen ein nomen proprium den Gebrauch des Spondeus veranlaßt hat. In den meisten übrigen Fällen beabsichtigt Ovid vermittelst des letzteren den betreffenden Gegenstand langsamer an uns vorüberzuführen und dadurch, daß er uns länger bei demselben verweilen läßt, denselben mehr zu veranschaulichen („ornandi poematis gratia", Diomed. 464). Die einzelnen Beispiele hierzu werden unter den folgenden angeführt werden.

Daß Ovid, wie manche der ältern Dichter, die Spondeen ganz beliebig unter die Daktylen gemischt habe, wie es ihm die Sprache gerade an die Hand gab; oder daß er dadurch bloß Abwechslung in die Bewegung des Verses hätte bringen wollen, ist bei einem in der ganzen Darstellung so vollendeten Dichter nicht anzunehmen: vielmehr müssen wir fast überall, wo Spondeen in irgendwie auffallender Weise in den Hexametern vorkommen, darnach fragen, in welche Beziehung ihre Anwendung zu dem darzustellenden Gegenstande zu setzen ist.

Da die Spondeen nur die Vertreter der Daktylen sind, so werden sie wie diese wegen der gleichen Zeitdauer der beiden Tacttheile (ἀρσεία) Gleichmäßigkeit und Unterschiedslosigkeit bezeichnen; durch die Zusammenziehung der beiden Thesiskürzen aber eignen sie sich vorzugsweise, wie wir oben gesehen haben, zum Ausdruck einer langsamen, ruhigen Bewegung. Hierzu werden sie auch von Ovid verwandt, jedoch in entgegengesetztem Sinne, indem er einerseits durch sie eine langsame Bewegung veranschaulicht, wie sie bis zur vollständigen Ruhe hin abnimmt; andererseits aber, wie sie sich selbst bis zum Gewaltigen und Großartigen hin steigert.

Betrachten wir zunächst die Fälle, in denen durch die Spondeen ein gleichmäßiger, unterschiedsloser Zustand, eine gleichmäßige und langsame Bewegung oder Thätigkeit bezeichnet wird.

---

*) Aus gleichem Grunde weist Quintilian (Instit. IX. 4, 61) darauf hin, daß der rednerische Rhythmus (Numerus) besonders an den Ausgängen mit Sorgfalt zu behandeln sei. Es heißt dort: 'Magis tamen et desideratur in clausulis et apparet, primum, quia sensus omnis habet suum finem poscitque naturale intervallum, quo a sequentis initio dividatur: deinde, quod aures, continuam vocem secutae ductaeque velut prono decurrentis orationis flumine, tum magis indicant, cum ille impetus stetit et intuendi tempus dedit. Non igitur durum sit neque abruptum, quo animi velut respirant ac reficiuntur.

I, 6. Unus erat toto naturae vultus in orbe,
  Quem dixere Chaos; rudis indigestaque moles
  Nec quicquam nisi pondus iners congestaque eodem
  Non bene iunctarum discordia semina rerum.
I, 15. Utque erat et tellus illic et pontus et aër.
I, 291. Jamque mare et tellus nullum discrimen habebant.
I, 294. Et ducit remos illic ubi nuper ararat.

Gleichmäßiger Ruderschlag, der durch die zweisilbigen Wortfüße, drei geschleifte Spondeen, trefflich veranschaulicht wird. Zu vergl. ist XI, 463. *aequalique ictu scindunt freta* und XIII, 728.

VII, 227. Partim succidit curvamine falcis aenae.
XIII, 738. Cui dum pectendos praebet Galatea capillos. IV, 454.
XIV, 391.   duro fera robora rostro
  Figit, et iratus longis dat vulnera ramis.

Gleichmäßiges Klopfen des Spechtes durch die Spondeen gemalt in Verbindung mit den so häufig wiederkehrenden Silben ro, ra. Man vergl. Osterpr. 1871 am Ende.

VI, 365. Huc illuc limum saltu movere maligno.

Plumpe Sprünge der Bauern im Wasser, um es der lechzenden Latona zu trüben. Zu beachten sind wieder die drei zweisilbigen Wortfüße, so wie die malerischen dumpfen Vokale u und o.

V, 616. et ingens Crinales villas afflabat anhelitus oris.

Wiederholtes schweres Athmen; cf. I, 542. 707. und die beiden spondaici:

VI, 247. Lumina versarunt, animam simul exhalarunt.
VII, 581. Hic illic, ubi mors deprenderat, exhalantes,

in denen die Schlußspondeen vortrefflich das langsame, schwere Athmen der Sterbenden versinnlichen. (Progr. des Gymn. zu Brieg 1858. Bemerk. zur Metrik in Ferd. Schulz' lat. Gramm. — Von Prof. Kaiser p. IX.)

I, 527.   nudabant corpora venti,
  Obvisque adversas vibrabant flamina vestes.

Wiederholtes und gleichmäßiges Wehen des Gewandes.

XIII, 932. Utque recenserem, captivos ordine pisces Insuper exposui.

Gleichmäßiges Auslesen und Hinlegen der Fische ins Gras.

IV, 62. Ex aequo captis ardebant mentibus ambo.

Gleiche Innigkeit der Liebe bei Pyramus und Thisbe.

I, 582. In mare deducunt fessas erroribus undas.

Langsames Fließen der Ströme. II, 455. XI, 603.

III, 15. Incustoditam lente videt ire iuvencam.
IV, 447. Sustinet ire illuc caelesti sede relicta.

Zögerndes Besuchen der Unterwelt von Seiten der Juno.

XIII, 533. Dixit, et ad litus passu processit anili.

Wankender Schritt der greisen Hecuba. VII, 252. X, 462.

VII, 82. Sic iam lentus amor, iam quem languere putares.
VIII, 632. Illa sunt annis iuncti iuvenalibus, illa —

Schilderung des alten Ehepaares Philemon und Baucis.

Wie das Gleichmäßige und Langsame, so wird auch durch Spondeen das Ernste, Fromme, Feierliche ausgedrückt.

III, 517. 'Quam felix esses, si tu quoque luminis huius
    Orbus' ait 'fieres.'

Ernste Worte des Sehers.

V, 265. *Silvarum lucos circumspicit antiquarum.*
Durch die ersten Spondeen wird das Umherschauen nach allen Seiten (S. weiter u.), durch den spondeischen Ausgang aber der Ernst und die Ehrwürdigkeit der alten Waldungen bezeichnet.
I, 327. Innocuos ambos, *cultores* numinis ambos.
Unschuld und Frömmigkeit Deukalions und Pyrrha's.
VI, 369. '*Aeternum stagno*' *dixit* '*vivatis in isto!*'
Ernster und feierlicher Wunsch der Latona.
I. 768. Per iubar hoc —
    Nate, tibi iuro, quod nos auditque videtque,
    Hoc te, quem spectas, hoc te, qui temperat orbem,
    Sole satum.
Feierlicher Schwur. III, 638. V, 316.
I, 371. Inde ubi *libatos inroravere* liquores.
Feierlicher religiöser Brauch.
VII, 152. *Hunc postquam sparsit Lethaei* gramine suci.
Besprengung mit Zaubersaft. VII, 189. 197. 198. 249. 258. —
Die Verminderung oder Hemmung einer Bewegung oder Thätigkeit, welche durch Spondeen bezeichnet wird, ist entweder eine äußerliche und tritt als ein Zurückhalten, Widerstreben, Bewachen, Lauschen, Anblicken, Drohen hervor; oder eine innerliche: Bedenklichkeit, Verlegenheit, Spannung, Ueberraschung, Verwunderung, Erwartung; Unwille, Abneigung, Scham und Reue. Auch die Aeußerungen solcher gedrückten Stimmung werden durch Spondeen geschildert, nämlich Klage, Flehen, Trauer u. dergl.
XI, 77. *Exsternata* fugam *frustra* temptabat: at illam
    Lenta *tenet radix exsultantem*que coercet,
cf. I, 703. III, 676. XV, 475.
XV, 520. *Et retro lentas tendo* resupinus habenas. III, 89.
I, 631. Claudit et *indigno circumdat* vincula collo.
Es ist hier das malerische o zu beachten, so wie die beiden auf einander folgenden Molosse. VI, 524.
II, 159. Obstantes scindunt nebulas pennisque levati.
I, 685. Ille tamen pugnat molles evincere somnos.
IV, 361. Denique nitentem contra elabique volentem
    Inplicat, ut serpens, quam —
I, 627. Cetera (sc. lumina) *servabant* atque in statione manebant.
629. Ante oculos Io quamvis aversus habebat.
V, 164. Tigris ut *auditis diversa* valle duorum
    Exstimulata fame mugitibus armentorum.
Man sieht gleichsam, wie das Raubthier sich niederkauert, auf das Gebrüll der Rinder lauschend und unschlüssig, nach welcher Seite hin es seinen Angriff richten soll. Besonders malerisch wirken die Schlußspondeen.
I, 678. Voce nova *captus custos* Iunonius.
Lauschen des Argus auf die erst kürzlich erfundene Hirtenflöte. Zu beachten sind die vier auf einander folgenden zweisilbigen Wortfüße.
III, 98. *Serpentem spectas?* et tu *spectabere* serpens.
VI, 17. *Nec factas solum vestes spectare* iuvabat.
I, 497. III, 439. IV, 199. V, 31. VI, 105. 455. 464. 478. 631. VIII, 43. — II, 178. —
XIII, 662. Miles adest et, *si dedantur*, bella minatur.
III, 563. Attrahite *huc vinctum!* iussis mora segnis abesto. —
VIII, 753. — et ut iussos cunctari vidit, —

V, 167. Sic dubius *Perseus, dextra lacvaue* feratur.
I, 578. 610. 615. VI, 421. —

IX, 46. Non *aliter vidi fortes concurrere tauros*,
Cum *pretium pugnae toto nitidissima saltu*
Expetitur *coniunx: spectant armenta* paventque —
I, 496. IV, 346. 347. VI, 53. —

I, 606. — ut quae *Deprensi toticns iam nosset* furta mariti. IV, 184.

IV, 641. *Sice es mirator rerum*, mirabere nostras.
III, 662. VII, 120. VIII, 698. XIII, 912. —

VIII, 293. *Et frustra exspectant promissas* horrea messes. —

II, 518. *Est vero, cur quis Junonem* laedere nolit — ? VI, 131. —

I, 483. *Illa*, velut *crimen taedas exosa* iugales
Pulchra *verecundo suffunditur* ora rubore. —

X, 367. *Demisit cultus* sceleris sibi conscia virgo. VI, 607. —

II, 612. Paenitet *heu sero poenae crudelis* amantem. —

I, 351. O soror, *o coniunx, o* femina —

I, 360. 365. 508. 509. 523. 664. V, 425. VI, 533. XIV, 243.

VI, 640. *Et 'mater, mater' clamantem et* colla petentem. —

Angſtruf des Itys, als ihn ſeine Mutter Progne ermorden will. cf. V, 397.

I, 635. *Illa etiam supplex Argo cum* bracchia vellet
Tendere, —
II, 293. 477. X, 39. 40. XIII, 663.

VI, 570. *Et luget non sic lugendae* fata sororis.
I, 585. VI, 394. 402. 505. VIII, 528. —

Unterbrechung und Aufhören einer Thätigkeit, Verweilen und Ruhe malt Ovid durch Spondeen in folgenden Beiſpielen:

III, 154. Iussa viri faciunt *intermittuntque* laborem.

I, 22. *Nam caelo terras et terris* abscidit undas
Et *liquidum spisso* screvit ab aëre caelum.
Quae postquam evolvit caecoque exemit acervo
Dissociata locis *concordi* pace ligavit.

Beruhigung des Streites der Elemente und Sonderung derſelben.

XI, 648. — *et rursus molli* languore solutus. I, 716.

XII, 316. iacebat *Sopitus venis et inexperrectus Aphidas*.

VI, 307. — *et venae desistunt* posse moveri,
Nec flecti cervix nec —.

V, 202. Gorgone *conspecta saxo concrevit* oborto.

VII, 579. Lassaque *versantes supremo* lumina motu cf. 591. —

X, 671. *Et rursus pomi* iactu remorata secundi

V, 91. *Expertem frustra belli et neutra* arma secutum

Unthätigkeit und Parteiloſigkeit des Idas.

XV, 339. Quae nunc immotae perstant *ventisque* resistunt.

Die vielen auf einander folgenden Spondeen malen die Unbeweglichkeit und Feſtigkeit der einſt zuſammenſchlagenden Symplegadiſchen Felſen.

Umgekehrt wie in den vorigen Beiſpielen veranſchaulichen die Spondeen aber auch die **allmähliche Zunahme und Steigerung** einer gleichmäßigen und langſamen Bewegung oder Thätigkeit, nämlich allmähliche

Entwicklung; ununterbrochene Ausdehnung nach einer oder verschiedenen Richtungen hin; Großes und Erhabenes. Folgende Beispiele mögen dies darthun:

I, 403. Mox ubi *creverunt* naturaque mitior illis
Contigit, *ut quaedam, sic* non manifesta videri
Forma potest hominis —

Entstehung von Menschen aus den von Deukalion und Pyrrha geworfenen Steinen. cf. III, 110. VII, 127. 129.

II, 264. *Exsistunt montes et sparsas* Cycladas augent. cf. I, 11. 109. 343. II, 453.

Besonders wird solche allmähliche Entwicklung bei der Erzählung von Verwandlungen durch Spondeen gemalt:

I, 550. *In frondem crines, in ramos* bracchia crescunt. cf. IX, 353. X, 490—494.

VI, 69. Et vetus *in tela deducitur argumentum.*

Die Spondeen, hauptsächlich am Ende, veranschaulichen die allmähliche Vollendung des Gewebes der Pallas.

VI, 581. *Evolvit vestes saevi* matrona tyranni.

Durch die gehäuften Spondeen wird geschildert, wie Progne allmählich das Geheimniß des schändlichen Tereus erräth.

I, 535. Alter in*haesuro* similis iam iamque tenere
Sperat, et *extento stringit* vestigia rostro.

Allmähliches Vordringen. I, 705. II, 72. III, 90. 280. V, 592. VI, 445.

XIII, 785. *Senserunt toti* pastoria sibila montes.
Senserunt undae.

Das weithin Schallende. cf. I, 334. 341. 342.

X, 58. Bracchiaque *intendens prendique et* prendere certus
Nil nisi *cedentes infelix* arripit auras.

Ausstrecken der Arme des Orpheus nach der verschwindenden Eurydice. cf. I, 13. nec bracchia longo Margine *terrarum* porrexerat *Amphitrite,* wo die Schlußspondeen zugleich die unermeßliche Ausdehnung des Meeres malen, wie IV, 535 In Junio *immenso* — XI, 675. XIV, 189. — I, 644. II, 881.

IV, 575. 'Ipse precor *serpens in longam* porrigar alvum'
Dixit, et *ut serpens in longam* tenditur alvum. cf. III, 45.

VI, 68. *Illic et lentum filis* inmittitur aurum

Ausdehnung der Goldfäden durch das Gewebe. cf. VI, 128. Nexilibus flores hederis habet *intertextos,* wo die Spondeen im 5. und 6. Fuße Aehnliches bezeichnen und XIII, 407. Longus in *angustum qua* clauditur *Hellespontus,* wo sowohl die ersten als auch die Schlußspondeen die weite Ausdehnung hervorheben. So wird VII, 114. durch den spondeischen Ausgang *impleverunt* und I, 732. durch luctisono mugitu das langgezogene Gebrüll nachgeahmt, wobei zugleich auf den Wechsel der hellen und dunklen Vokale zu achten ist.

II, 721. *Inclinat cursus et easdem* circinat auras.

Flug des Mercur im Kreise herum. cf. II, 715. 718.

XI, 590. — Iris, et *arcuato caelum curvamine* signans. cf. VI, 64. II, 321.

IV, 621. Inde per *immensum ventis discordibus* actus
Nunc huc, nunc illuc, exemplo nubis aquosae
Fertur —
Bewegung nach verschiedenen Richtungen; desgl. II, 190.
II, 157. — Reppulit *et facta est inmensi* copia mundi.
II, 7. Terrarumque orbem caelumque, quod imminet orbi.
Ausdehnung nach allen Seiten. cf. I, 43. 329. 354. VII, 59. —
Hieran reihen sich die Stellen, in welchen durch die Spondeen Vorzügliches, Großes, Erhabenes, Göttliches bezeichnet wird:
IV, 211. Quam mater cunctas, tam matrem filia vicit.
VI, 195. Maior sum quam cui possit Fortuna nocere.
cf. VI, 200. V, 308. XIII, 857. — I, 454. — XIII. 343. —
III, 60. Sustulit *et magnum magno conamine* misit.
XIII, 842. Aspice, *sim quantus. non est hoc corpore* maior
Juppiter *in caelo.*
cf. II, 267. III, 44. VII, 225.
XI, 517. Inque fretum credas totum descendere caelum.
cf. XI, 498. 507.
XII, 219. Nam tibi, *saevorum saevissime Centaurorum*
Das Gewaltige, Schreckenerregende; letzteres besonders durch den spondeischen Ausgang sowie auch durch die dumpfen Vokale ausgedrückt.
VI, 72. *Bis sex caelestes* medio Jove sedibus altis
Augusta gravitate sedent.
VI, 94. IV, 449. 455.
VII, 623. Sacra Jovi *quercus de semine Dodonaeo.*
Der spondeische Ausgang hebt die Heiligkeit des Ortes hervor.

§. 3. **Aufeinander folgende Vershälften und Verse mit gleichen Versfüßen.** Da das Wesen der rhythmischen Malerei darin besteht, daß die einzelnen Gedanken und Empfindungen durch die Bewegung des Verses möglichst nachgeahmt und dadurch anschaulich gemacht werden, so ist es natürlich, daß Verse, die im Ganzen gleiche Gedanken ausdrücken, mag dies in paralleler oder in contrastirender Weise geschehen, auch gleiche rhythmische Bewegung haben. Wir wollen dies hier zunächst hinsichtlich der Anwendung der Versfüße nachweisen; später werden wir auch bei der Besprechung der Cäsuren und der Wortfüße darauf zurückkommen müssen.

Es finden sich an vielen Stellen der Metamorphosen Beispiele, die in den Hälften auf einander folgender Verse sowie in diesen selbst gleiche Versfüße aufweisen. Wenn dies nun auch bisweilen bloßer Zufall ist, oder vielmehr durch die Regelmäßigkeit bedingt wird, mit welcher O. Spondeen und Daktylen in seinen Hexametern abwechseln läßt, so lehrt doch genauere Beobachtung, daß gewöhnlich unmittelbar auf einander folgende gleichgebaute Vershälften oder Verse eine gewisse Gleichheit des Inhalts erkennen lassen. Bisweilen hebt der Klang über allen Zweifel hinweg, da O. es liebt, Gleichheit des Ereignisses oder Gedankens durch Wiederholung derselben Worte auszudrücken. — Wir werden diejenigen Verse, welche außer gleichen Versfüßen auch gleiche Wortfüße enthalten, hier ausschließen und auf den Abschnitt versparen, der von den Wortfüßen handelt.

Nicht häufig kommt es vor, daß Gleichheit des Inhalts durch übereinstimmenden Bau der beiden Hälften desselben Verses angedeutet wird, wie z. B.
IV, 314. Mollibus aut foliis aut mollibus incubat herbis.
III, 446. Et placet et video: sed quod videoque placetque
IV, 318. Quam se composuit, quam circumspexit amictus
cf. I, 240. III, 437. XII, 120. XIV, 268.

Theilt man hier den Vers nach dem Ende des 3. Fußes, so erhält man völlig gleich gebaute Hälften, die gleichen Inhalt haben und von denen die des ersten Verses sogar mit demselben Worte beginnen (man vergl. auch III, 612); doch ist in solchen Versen, wie auch die obigen Beispiele zeigen, von Ovid und überhaupt von den bessern Dichtern stets durch eine Cäsur innerhalb des 3. Fußes dafür gesorgt, daß sie rhythmisch nicht in zwei völlig gleiche Hälften zerfallen. Im Pentameter dagegen, im trochäischen Tetrameter und andern Versen mit stehender Cäsur drücken die gleichgebauten Hälften sehr häufig Parallelismus oder Contrast der Ideen aus.

Wie die Hälften derselben Verse, so können auch die entsprechenden Hälften auf einander folgender Verse der malerischen Darstellung wegen gleichen Bau hinsichtlich der Versfüße und gleichen Inhalt haben, und zwar kommt dies sehr häufig bei den ersten Vershälften vor, weil diese, wie wir weiter unten bei der Betrachtung der Wortfüße sehen werden, in ihrem Bau viel geringere Abwechselung zeigen, als die zweiten, z. B.

II, 127. *Parce, puer, stimulis,* et fortius utere loris.
  Sponte sua properant.
  Nec tibi directos placeat via quinque per arcus:
  Sectus in obliquum est —
II, 135. *Nec preme, nec summum* molire per aethera cursum.
  Altius egressus caelestia tecta cremabis.
  Inferius terras.
III, 96. *Vox subito audita est;* neque erat cognoscere promptum,
  Unde, sed audita est —,

doch auch nicht selten bei den letzteren:

I, 144. Vivitur ex rapto; *non hospes ab hospite tutus,*
  Non socer a genero; *fratrum quoque gratia rara est.*
I, 149.   *et Virgo caede madentes,*
  Ultima caelestum. *terras Astraea reliquit.*

Von den ganzen Versen wollen wir zuerst solche anführen, welche Gleichheit des Inhalts bloß durch Gleichheit der Versfüße, dann solche, welche sie zugleich durch Wiederholung derselben Worte ausdrücken; endlich reihen wir einige an, die bei ganz geringer Verschiedenheit hinsichtlich der Versfüße doch in malerischer Weise zur Darstellung gleicher Gedanken dienen.

I, 393. Magna parens terra est: lapides in corpore terrae
  Ossa reor dici: iacere hos post terga iubemur.
I, 466. Dixit, et eliso percussis aëre pennis
  Impiger umbrosa Parnasi constitit arce.
I, 504. Nympha, precor, Penei, mane! non insequor hostis:
  Nympha, mane! sic agna lupum, sic cerva leonem —
I, 510. Aspera, qua properas, loca sunt, moderatius, oro.
  Curre, fugamque inhibe, moderatius insequar ipse.
I, 674. Desilit in terras, illic tegumenque removit
  Et posuit pennas: tantummodo virga retenta est.
III, 634. 'Pone metum', Proreus 'et quos contingere portus
  Ede velis' dixit, 'terra sistere petita.'
  'Naxon' ait Liber, 'cursus advertite vestros!'
IV, 310. Sed modo fonte suo formosos perluit artus,
  Saepe Cytoriaco deducit pectine crines.
VIII, 664. Ponitur hic bicolor sincerae baca Minervae
  Conditaque in liquida corna autumnalia faece. —

XI, 492. Ipse pavet, nec se, qui sit status ipse fatetur
   Scire satis rector, nec quid iubeatve vetetve.
XII, 492. Ensem fatiferum caecamque in viscera movit
   Versavitque manum vulnusque in vulnere fecit.
XIV, 291. Pacifer huic dederat florem Cyllenius album,
   Moly vocant superi: nigra radice tenetur.
I, 209. 403, 493. III, 630. IV, 329. V, 204. XI, 710. XIII, 783. XIV, 281.

XI, 442. Nec nisi quae patiar, metuam; pariterque feremus,
   Quidquid erit; pariter super aequora lata feremur.
XIII, 956. Hactenus acta tibi possum memoranda referre:
   Hactenus haec memini, nec mens mea cetera sensit.
VI, 433. Hac ave coniuncti Progne Tereusque, parentes
   Hac ave sunt facti, gratata est scilicet illis —
XII, 148. Dumque vigil Phrygios servat custodia muros,
   Et vigil Argolicas servat custodia fossas.
V, 369. Tu superos ipsumque Jovem, tu numina ponti
   Victa domas ipsumque, regit qui numina ponti.
VI, 15. Deseruere sui nymphae vineta Timoli,
   Deseruere suas nymphae Pactolides undas.

I, 535. Alter inhaesuro similis iam iamque tenere
   Sperat, et extento stringit vestigia rostro.
IX, 523. Incipit, et dubitat: scribit, damnatque tabellas:
   Et notat, et delet: mutat, culpat que, probatque.
XIII, 904. Quid tamen haec species, quid dis placuisse marinis,
   Quid iuvat esse deum, si tu non tangeris istis?

§ 4. Gegenüberstellung von Daktylen und Spondeen. — Ungleichheit des Inhalts wird vermittelst der Versfüße im Gegensatze zu dem Vorigen am einfachsten und anschaulichsten durch unmittelbare Gegenüberstellung von Daktylen und Spondeen entweder in demselben Verse oder in aufeinanderfolgenden Hexametern ausgedrückt. Ovid bedient sich auch dieses Mittels, um die Lebendigkeit der Darstellung dadurch zu erhöhen; deshalb mögen einige der wichtigsten betreffenden Stellen hier angeführt werden und zwar zunächst diejenigen, in welchen sich eine solche Gegenüberstellung in demselben Verse findet.

I, 308. In mare lassatis volucris vaga decidit alis.
Die erste Hälfte mit dem Spondeus und dem melofischen Wortfuße malt die Ermüdung, die daktylische Hälfte aber das schnelle Herabfallen des Vogels in die Fluth. Aehnlich im vorausgehenden Verse.

I, 348. Redditus orbis erat, quem postquam vidit inanem —
Die erste daktylische Vershälfte drückt energische Wirksamkeit, die folgende spondeische dagegen die Oede der durch die Sinflut verwüsteten Erde aus.

I, 556. Oscula dat ligno: refugit tamen oscula lignum.
Zärtlichkeit des Phoebus gegen die in einen Lorbeerbaum verwandelte Daphne und schnelles Zurückweichen derselben vor seinen Küssen.

II, 9. Proteaque ambiguum, balaenarumque prementem —
Die erste daktylische Hälfte bezeichnet den wandelbaren, vielgestaltigen Proteus; die zweite Spondeen enthaltende ist das Epitheton des ungeheuren Meerriesen Aegaeon.

In   II, 157. Reppulit, et facta est immensi copia mundi

steht der Daktylus zu Anfange den folgenden Spondeen allein gegenüber, um das plötzliche Wegnehmen der Schranken und die dann entstandene freie, ins Unermeßliche führende Bahn der Sonnenrosse zu veranschaulichen.

II, 201. Quae postquam summo tetigere iacentia tergo.

Die Spondeen malen das allmähliche Entgleiten der Zügel aus den Händen des Phaeton, die Daktylen dagegen das schnelle Hinabfallen derselben auf den Rücken der Pferde.

II, 205. Incursant stellis, rapiuntque per avia currum.

Durch die Spondeen wird das Anrennen gegen die Gestirne, also Hemmung, durch die Daktylen hingegen das Durchgehen der Rosse mit dem Sonnenwagen geschildert.

II, 501. Et cognoscenti similis fuit. ille refugit —

Die spondeische Hälfte malt das Stillstehen der in eine Bärin verwandelten Callisto, die ihren Sohn, den Arcas, zu erkennen scheint; die daktylische dagegen die eilige Flucht des letzteren.

II, 864. Et nunc alludit, viridique exultat in herba.

Die Spondeen versinnlichen, wie sich der Stier der Europa allmählich spielend nähert, die Daktylen, wie er fröhlich herumspringt.

III, 691. Accessi sacris Baccheaque festa frequento

schildert das allmähliche Herbeikommen und dann das fröhliche Mitfeiern des Bacchusfestes.

III, 730. Jamque male haerentes alta rapit arbore ventus.

Die Spondeen bezeichnen die noch lose am Baume sitzenden Blätter, die Daktylen das gewaltsame Abreißen derselben durch den Sturm.

IV, 461. Volvitur Ixion et se sequiturque fugitque

veranschaulicht zu Anfange die langsame, im Folgenden die immer schneller werdende Drehung des Rades, an welches J gebunden ist. (Das zweimal angehängte que bez. das gleichmäßige und wiederholte Umkreisen des Rades). Umgekehrt schildern

IV, 463. Assiduae repetunt quas perdant, Belides undas

die Daktylen zu Anfange das unaufhörliche Wasserholen der Danaiden, die darauf folgenden Spondeen aber das allmähliche Herausfließen desselben aus dem durchlöcherten Fasse.

V, 395. Paene simul visa est dilectaque raptaque Diti.

Pluto sieht, liebt und entführt die Proserpina: das erste durch Spondeen, das Folgende durch lauter Daktylen ausgedrückt.

V, 399. Collecti flores tunicis cecidere remissis.

Die Sp. bezeichnen das allmähliche Sammeln der Blumen, die D. aber das schnelle Herabfallen derselben.

V, 459. Mirantem flentemque et tangere monstra parantem

(Fugit anum).

Bewunderung und Jammer der Alten über die Verwandlung eines Knaben in eine Eidechse werden durch die Sp, die Annäherung an das schnelle Thier, um es zu berühren, durch die D. ausgedrückt. Zu vergl. ist: VIII, 423. Mirantes spectant, neque adhuc contingere tutum — Esse putant und II, 860. Sed quamvis mitem, metuit contingere primo.

VI, 334. Errantem accepit, tum cum levis insula nabat.

Der erste spondeische Theil schildert die Aufnahme der nothleidenden umherirrenden Latona, der zweite daktylische das leichte Umherschwimmen der Insel Delos.

VI, 547. Implebo silvas, et conscia saxa movebo.

Weithin schallende Klage und energische Wirkung derselben.

VI, 668. Pendebant pennis, quarum petit altera silvas

Ruhiges Schweben in der Luft, dann eiliges Davonfliegen.

VI, 704. Adflata est tellus latumque perhorruit aequor.

Das gewaltige und stoßweise Brausen des Boreas wird durch die Sp., das empörte Aufwogen des Meeres durch die D. gezeichnet.

VII, 626. Rugosoque suum serrantes cortice callem.

Die Sp. malen in Verbindung mit dem wiederkehrenden Consonanten s das langsame und gleichmäßige Hinaufkriechen der Ameisen auf eine Eiche; der Daktylus cortice zugleich mit dem Conson. c drückt schnellere und ungleichmäßige Bewegung etwa durch die Unebenheit der Rinde veranlaßt, aus.

VIII, 165. Et nunc ad fontes, nunc ad mare versus apertum.

Langsameres Zurückfließen des Flusses in der Richtung zur Quelle, und schnellere Strömung zum Meere hin.

X, 367. Demisit vultus sceleris sibi conscia virgo.

Scham und innere Erregung.

XI, 497. Fluctibus erigitur caelumque aequare videtur.

Die Daktylen in der ersten Vershälfte veranschaulichen gewaltige Erregung des Meeres, die Sp. in der zweiten das wiederholte, gleichmäßige (daher zweimal der Conj. q) Aufwogen desselben.

XI, 501. Sternitur interdum, spumisque sonantibus albet.

Zeitweise Beruhigung und darauf wieder folgende Erregung des Meeres.

Gegenüberstellung von Spondeen und Daktylen findet aber auch in auf einander folgenden Versen statt, die dann entweder Vorder- und Nachsatz einer Periode bilden, oder verschiedene Sätze enthalten, welche wegen der Ungleichheit ihres Inhalts eine verschiedenartige Ausdrucksweise bedingen. Auch hierzu mögen mehrere Beispiele folgen.

I, 478. Multi illam petiere, illa aversata petentes
Impatiens expersque viri nemorum avia lustrat.

Die Spondeen bezeichnen Widerwillen gegen die Bewerbungen, die Dactylen im Gegensatze dazu das freie und ungebundene Leben der Jungfrau. Zu achten ist im 2. Verse auf die Häufung der Consonanten.

I, 537. Alter in ambiguo est, an sit conprensus, et ipsis
Morsibus eripitur tangentiaque ora relinquit.

Der erste V. malt durch die untermischten Spondeen die Furcht des Hasen vor den Bissen der Hunde, der andere durch die flüchtigen Daktylen den Anlauf desselben zu erneuter schneller Flucht.

I, 541. Ocior est requiemque negat tergoque fugacis
Imminet et crinem sparsum cervicibus afflat.

Hier veranschaulicht der erste V. durch die gehäuften Daktylen und die Cäsur im vierten Fuße in Begleitung der Trithemimeres den schnellen und unermüdlichen Lauf des Apollo, während der folgende V. durch die Spondeen und zweisilbigen Wortfüße das wiederholte Aufathmen des Gottes schildert, der die fliehende Daphne fast eingeholt hat.

II, 150. Occupat ille levem iuvenali corpore currum,
Statque super, manibusque datas contingere habenas
Gaudet, et invito grates agit inde parenti.

Von diesen drei Versen bezeichnen die ersten beiden daktylischen rüstige Thätigkeit Phaetons im Gegensatz zu dem dritten, welcher Spondeen enthält und den Dank des Jünglings für das erlangte Gefährt ausdrückt. Auch die folgende Schilderung ist durch den Wechsel der daktylischen und spondeischen Füße äußerst malerisch. Es reihen sich zunächst drei Verse mit gehäuften Daktylen an, welche die Unruhe der Sonnenrosse veranschaulichen, ehe die Fahrt beginnt; dann folgen zwei spondeische, in welchen Tethys die Schranken hinwegräumt, welche die Rosse zurückhalten, und nun stürmen diese dahin:

v. 158. Corripuere viam pedibusque per aëra motis —

Hierzu treten die beiden folgenden spondeischen

Obstantes scindunt nebulas pennisque levati
Praetereunt ortos isdem de partibus Euros

wieder in schönen Gegensatz, indem der erstere die Ueberwindung der entgegentretenden Hindernisse, der andere das gleichmäßige Dahineilen der Sonnenrosse und der Ostwinde schildert, von denen die letzteren unterliegen.

II, 603. Arma assueta rapit flexumque a cornibus arcum
Tendit et illa suo totiens cum pectore iuncta
Indevitato traiecit pectora telo.

Die beiden ersten daktylischen V. beschreiben Aufregung und Spannen des Bogens, der dritte spondeische das Zielen und Treffen mit demselben.

II, 870. Cum deus a terra siccoque a litore sensim
Fissa pedum primis vestigia ponit in undis,
Inde abit ulterius, mediique per aequora ponti
Fert praedam.

In den beiden Hexametern mit Spondeen wird das allmähliche Hineinschreiten des Stieres mit seiner Beute ins Wasser geschildert; im dritten die schnelle Entführung der Europa über das Meer.

III, 676. At Libys abstentos dum vult obvertere remos,
In spatium resilire manus breve vidit —

Der erste spondeische V. bezeichnet die Anstrengungen des Libys, die zurücktreibenden Ruder wieder in Bewegung zu setzen; die Daktylen schildern die schnelle Verwandlung desselben.

IV, 464. Quos omnes acie postquam Saturnia torva
Vidit et ante omnes Ixiona, rursus ab illo
Sisyphon aspiciens —

Juno blickt in der Unterwelt die Büßenden der Reihe nach grimmig an; besonders scharf trifft ihr Blick den Ixion: dies wird in vorherrschend spondeischem Maße geschildert. Schnell aber wendet sie sich voller Erregung, weil sie des besondern Vergehens des Ixion gegen sie selbst gedenkt, anderswohin: diese Erregung so wie das schnelle Fortblicken wird durch vorwiegende Daktylen und durch die bukolische Cäsur trefflich angedeutet.

V, 164. Tigris ut auditis diversa valle duorum
Extimulata fame mugitibus armentorum
Nescit, utro potius ruat, et ruere ardet utroque.

Das Lauschen des Tigers auf das Gebrüll der beiderseitigen Rinderheerden wird durch den ruhigern Gang der beiden ersten Verse (cf. oben p. 8 armentorum), die Wildheit und Begier des Raubthiers in die Heerden einzubrechen durch die dann folgenden schnellen Daktylen geschildert.

VI, 397. Concepit lacrimas ac venis perbibit imis:
Quas ubi fecit aquam, vacuas emisit in auras.

Wie die Erde die Thränen der Satyrn und Nymphen allmählich einsaugt wird durch Spondeen, wie sie sie aber, in Quellwasser verwandelt, schnell hervorsprudeln läßt, durch Daktylen ausgedrückt.

X, 382. Murmura verborum fidas nutricis ad aures
Pervenisse ferunt, limen servantis alumnae.
Surgit anus, reserataque fores —

Die beiden ersten mit Sp. untermischten Hexameter beschreiben das Lauschen der alten Amme auf die Worte der verzweifelnden Myrrha; die dann folgenden D. in Verbindung mit der Cäsur im 4. und 2. F. veranschaulichen die schnellen Vorkehrungen, welche die Alte trifft, um der M. zu Hülfe zu kommen.

XI, 731. Insilit huc. mirumque fuit potuisse? volabat,
Percutiensque levem modo natis aëra pennis,
Stringebat summas ales miserabilis undas.

Die beiden ersten daktylischen Verse beschreiben den schnellen Flug der in einen Eisvogel verwandelten Alcyone; der letzte spondeische versinnlicht das gleichmäßige Hinstreichen des trauernden Vogels über die Wellen.

XIV, 295. Pocula, conantem virga mulcere capillos
Reppulit, et stricto pavidam deterruit ense.

In dem ersten V. mit gehäuften Sp. wird der allmähliche Versuch der Circe geschildert, den Ulixes mit dem Zauberstabe zu berühren; in dem folgenden mit rascherem Gange das heftige Eindringen des Odysseus auf die Zauberin mit seinem Schwerte.

Cap. II. Von der Versgliederung.

§. 1. Wesen und Arten derselben. — Weil der daktylische Hexameter aus der Verbindung zweier tripodischer Reihen zu einer Periode entstanden ist, so wird man es für das Natürlichste halten, daß die Grenzscheide dieser beiden Reihen durch ein Wortende oder wohl gar durch einen gewissen logischen Abschnitt des Satzes bemerkbar gemacht wird. Dies scheint auch in der vorhomerischen Zeit der Fall gewesen zu sein, als man im Hexameter den Spondeus noch auf den Schlußtakt jeder der beiden Tripodien beschränkte. In der Verbindung tetrapodischer Reihen ist die Cäsur auf der Grenzscheide der beiden Reihen beibehalten worden; der tripodische Vers jedoch ist diesen Bildungen gegenüber zu wenig umfangreich, „die einzelnen Reihen desselben sind zu klein, als daß nicht, zumal bei dem recitirenden Vortrage und bei der fortwährenden Wiederholung des Hexameters, durch Zusammenfall der kurzen rhythmischen Abschnitte mit den durch das Wortende bedingten Abschnitten der Rede eine kaum zu ertragende Monotonie entstehen sollte." Roßbach, Griech. Rhythmik, 2. Aufl. p. 135. So finden wir denn schon in den homerischen Hexametern und dann in den Versen der spätern griechischen Epiker die größte Mannigfaltigkeit wie in der Vertretung der daktylischen Versfüße durch spondeische, so auch in der Behandlung der Cäsur; die Römer aber blieben in dieser Beziehung ihren Vorbildern im Ganzen getreu und wichen nur in Einzelheiten von ihnen ab, wenn sie durch den besondern Charakter ihrer Sprache dazu veranlaßt wurden. Es wurde bei ihnen, wie bei den Griechen, der Einschnitt (τομή) von der Grenzscheide der beiden Reihen in den Takt vor oder nach derselben, also in den dritten oder vierten Takt, verlegt. Der Einschnitt nach der Arsis des dritten Fußes oder nach den 5 Halbfuße (πενθημιμερής, semiquinaria) ist der am häufigsten vorkommende, nächstdem die Cäsur nach der Arsis des vierten Fußes oder nach dem siebenten Halbfuße (ἑφθημιμερής, semiseptenaria), die bei Ovid gewöhnlich von der Cäsur nach der Arsis des zweiten Fußes oder nach dem dritten Halbfuße (τριθημιμερής) unterstützt wird. Ziemlich selten und bei Ovid meist nur durch den Inhalt veranlaßt ist die Anwendung der Cäsur nach der ersten Thesis des dritten Fußes oder nach dem dritten Trochäus (κατὰ τρίτον τροχαῖον). Dies sind die drei Hauptcäsuren des römischen Hexameters, von denen eine in jedem Ovidischen und überhaupt in jedem regelrecht gebauten lateinischen Hexameter vorkommen muß. Außerdem finden sich noch Nebencäsuren überall da, wo ein Versfuß von einem Wortende durchschnitten wird und Diäresen, wo Wort- und Versfuß zusammenfallen; unter letzteren ist die sogen. bukolische Cäsur, die Diärese am Ende des vierten Fußes, die bekannteste und wichtigste. Von besonderer Bedeutung ist für die malerische Verwendung der Cäsur im Lateinischen, daß sie bei dem seltenen Vorkommen der C. nach dem dritten Trochäus fast immer männlich ist: es fällt dadurch der Ton auf die letzte Sylbe eines (in der Regel) mehrsylbigen Wortes, wodurch ein Widerstreit des Versaccentes mit dem Wortaccente entsteht. Richtig bemerkt hierüber Goßrau in seiner lateinischen Sprachlehre S. 629: „Das ist in Latein jedesmal der Fall, nicht im Griechischen; und dieser Widerstreit von Wort- und Versaccent giebt dem Verse seinen Charakter, jenachdem viel männliche Cäsuren, also viel widerstreitende Betonungen vorkommen, oder dieser Widerstreit weit hin in den Vers sich fortsetzt, ob bis in den 2. oder 3. oder 4. Fuß. Da aber wie in der Musik, so in der Metrik der fortgehende Widerstreit sich in Einklang auflösen soll, haben die Römer als festes Gesetz angenommen, daß im Ausgange, d. h. in den beiden letzten Füßen ___ ___ Wort- und Versaccent zusammenfalle." Man vergleiche hierüber auch Westphal, Griech. Metrik 2. Aufl. p. 25. und Lucian Müller, de re metrica poetarum latinorum p. 209.

212. — Ueberall demnach, wo von diesem festen Gesetze bei Ovid eine Ausnahme gemacht wird, wo z. B. viele männliche Cäsuren verwandt sind, und sogar noch im 5 oder 6. Fuße jener Widerstreit auftritt, werden wir die Absicht Ovid's zu vermuthen haben, daß er durch Anwendung der Cäsur den Vers malerisch gestalten wollte. Auch hängt davon die Wahl und Verbindung der Wortfüße ab, wie wir weiter unten (Cap. III.) sehen werden.

Ein anderes Moment, welches für den malerischen Gebrauch der Cäsur hervorgehoben werden muß, ist das Zusammenfallen derselben mit einem logischen Abschnitte. Wir sind oben davon ausgegangen, daß der Zweck der Cäsur im Hexameter die Scheidung der beiden tripodischen Reihen ist, aus denen er besteht. Nun hat aber Westphal (Griech. Metrik p. 13) nachgewiesen, daß alle Poesieen der indogermanischen Völker übereinstimmend nicht nur mit dem Schluß des Systems oder der Strophe regelmäßig einen Gedankenabschnitt beenden, sondern „daß auch das Ende der Periode fast regelmäßig mit einem Satzende zusammenfällt, ja daß sogar die Grenzscheide zweier zu einer Periode vereinter Kola sich mit einem logischen Abschnitte innerhalb des Satzes zu verbinden strebt." Nur die Griechen sind hierin freier; doch war dies mehr der Fall in der späteren fortgeschrittenen Zeit, namentlich in der Lyrik, als in der früheren, in welcher die metrischen Bildungen im Ganzen demselben Principe folgten, wie die Metra der verwandten Völker. Wir dürfen daher mit Recht annehmen, daß auch im römischen Hexameter der Gedankeninhalt auf die Scheidung der Reihen von entscheidendem Einflusse war, und werden uns von diesem Gesichtspunkte in den Fällen leiten lassen, in welchen es für die malerische Verwendung der Cäsur wichtig ist, welche von den vorhandenen man als die Hauptcäsur anzuerkennen hat.

§. 2. **Die Hauptcäsuren.** a. **Die Penthemimeres.** Da die Hauptcäsuren zur Scheidung der beiden Reihen dienen, aus welchen der Hexameter zusammengesetzt ist, und da sie zu gleicher Zeit die Tacte jeder Reihe als zusammengehörig bezeichnen sollen, indem sie dieselben einem Tacte, der den Hauptictus trägt, unterwerfen, so ist erforderlich, daß sie möglichst nach der Mitte des Verses zu auftreten. Das ist am meisten bei der Cäsur nach dem 3. Trochäus der Fall. Weil diese aber dem Betonungsgesetz des römischen Hexameters so wenig entspricht, indem bei ihrer Anwendung der Widerstreit des Wort- und Versaccents namentlich in der ersten Vershälfte zu unmerklich hervortritt; und weil ferner durch die Hephthemimeres der Hexameter in zwei ziemlich ungleiche Hälften getheilt wird, so ist die Penthem. bei weitem die häufigste, gewissermaßen die Normalcäsur. Zu malerischer Gestaltung des Ausdrucks wird sie daher wenig beitragen, da dieselbe in der Regel durch mehr oder weniger seltene oder auffallende Erscheinungen bewirkt wird.

Am meisten Nachdruck und Einwirkung auf den Inhalt hat die Penthemimeres, wenn sie mit einem syntaktischen Abschnitte zusammenfällt; z. B. X. 423. Hactenus, et gemuit: oder 429: non ausa "parente" Dicere, conticuit. XII, 18. Obstipuere omnes; ferner I, 167. Conciliumque vocat. tenuit mora nulla vocatos, wo sie Entschiedenheit und Bestimmtheit bezeichnet; oder wo große Ausdehnung veranschaulicht werden soll: I, 292. Omnia pontus erant. deerant quoque litora ponto. Das Bild des unendlichen Meeres würde hier ungemein geschwächt werden, wenn die Cäsur nicht mit der syntactischen Pause zusammenfiele.

Dasselbe findet ferner Statt, um die Gleichheit des Gedankens im Vorder- und Nachsatze auch äußerlich darzustellen, wo dann gewöhnlich auch das Wort, welches den Hauptton hat, wiederholt wird:

I, 238. Canities eadem est, eadem violentia vultus,
Idem oculi lucent, eadem feritatis imago.

cf. IV, 261. 317. 350. 351. 610. V, 159. VII, 695. x., oder um einen Gegensatz hervorzuheben:

I, 23. Occupat hic collem: cumba sedet alter aduncae

wo zugleich das oft wiederholte c in malerischer Weise das Sich Bergen, Sich Retten darstellt. Man vergl. Osterprogr. 1871 p. 26. — Die entgegengesetzten Begriffe stehen hier unmittelbar vor und nach der Cäsur; auch kommt der eine vor der Cäsur, der andre am Ende des Verses vor, wie

II, 190. Prospicit occasus, interdum respicit ortus. cf. I, 494. IV, 360. 626.

dagegen stehen die beiden Begriffe, deren Gegensatz ausdrücklich negirt wird, vor der Cäsur:

I, 291. Jamque mare et tellus nullum discrimen habebant.

Die Penthemimeres wird mit Bedeutsamkeit ferner angewandt, wenn die erste Vershälfte Grund oder Bedingung der zweiten enthält, oder durch dieselbe näher bestimmt und erklärt wird, z. B.

    X, 57, Flexit amans oculos: et protinus illa relapsa est.
    IV, 353. Desilit in latices, alternaque bracchia ducens —
    I, 468.   prompsit duo tela pharetra
                Diversorum operum; fugat hoc, facit illud amorem.

daher auch vor directen Ausführungssätzen: I, 481. Saepe pater dixit 'generum mihi, filia, debes'; sowie inmitten oder am Schlusse derselben, wodurch das Folgende um so stärker hervorgehoben wird, z. B.

    I, 463. Filius huic Veneris 'figat tuus omnia, Phoebe,
              Te meus arcus' ait 'quantoque animalia cedunt —'
    II, 705. 'Me mihi prodis?' ait periuraque pectora vertit —

endlich nach einem Ausrufe:

    VIII, 85. Intrat, et heu facinus! fatali nata parentem Crine suum spoliat.

Häufig wird die Penth. noch durch andre Cäsuren und Diäresen aus malerischen Gründen unterstützt, so z. B. von der Hephthemimeres in dem eiligen Zurufe des die fliehende Daphne verfolgenden Apoll:

    I, 506. 'Sic aquilam penna fugiunt trepidante columbae.
              Hostes quaeque suos, amor est mihi causa sequendi.

oder bei Ausrufen: VII, 813. 'Aura', recordor enim, ‚venias!' cf. VII, 790; — von der Hephth. und der männlichen Cäsur nach der 1. Arsis, um die Furcht und das Verlangen des Orpheus zu schildern: X, 56. Hic, ne deficeret, metuens, avidusquo videndi —; von der Diärese nach dem 1. Fuße bei Trauer- und Klagerufen: IV, 141—144. Endlich von der Trithemimeres, z. B. in Zurufen: X, 464. 'Ista tua est, Cinyra!' oder um plötzliche Erregung anzudeuten: X, 666. Obstipuit virgo, oder vergeblichen Anlauf und Versuch: II, 172. Et vetito frustra temptarunt aequore tingui; oder es erhält durch sie das nachfolgende Wort vor der Penthem., dann gewöhnlich ein Spondeus, ungemein starken Nachdruck; z. B. IV, 499. — Ulla ferunt; mens est, quae diros sentiat ictus; oder, um große Ausdehnung zu schildern: II, 166. Succutiturque alte — 187. Quid faciat? multum caeli post terga relictum, Ante oculos plus est.

    b. Die Hephthemimeres. Die Hephthem. ist diejenige der drei Hauptcäsuren, welche am weitesten nach dem Ende des Verses hin eintritt und dadurch die Theile desselben am wenigsten gleichmäßig scheidet; daher ist sie bei O. gewöhnlich mit einer geringern Cäsur in 2. Fuße verbunden, wodurch dann der Vers in drei ziemlich gleiche Theile getheilt wird. Während die Penthemimeres in der Regel, wenn nicht der Gedanke des vorigen Hexameters fortgesetzt wird, den Satz in Vorder- und Nachsatz scheidet, wird dagegen die Hephthem. in Verein mit der Trithem. angewandt, wenn Hemmung, Unterbrechung, Aufregung und Leidenschaftlichkeit geschildert werden soll. Diese Cäsur kommt weit seltener vor als die Penthem., tritt aber verhältnißmäßig viel häufiger malerisch auf und kann nach dem Gesagten sowohl bei der Schilderung langsamer und gehemmter, als auch allmählich fortschreitender, wiederholter, schneller und lebhafter Bewegung und Thätigkeit verwandt werden. Ersteres ist der Fall in folgenden Beispielen:

    IV, 569. Iamque malis annisque graves, dum prima retractant
               Fata domus releguntque suos sermone labores —
    X, 462. Cunctantem longaeva manu diducit —
    XII, 567.   sed rupti vulnera nervi
               Deficiunt, motumque negant viresque volandi.

cf. IV, 266. V, 449.

    Ebenso wird auch innere Hemmung: Unschlüssigkeit, Trauer und Klage durch diese Cäsur veranschaulicht:
    I, 617. Quid faciat? crudele, suos addicere amores. V, 425. At Cyane raptamque deam contemptaque fontis Iura sui maerens. I, 509. Me miserum! ne prona cadas —

Dann allmählich fortschreitende und wiederholte Thätigkeit:

I, 375. Ut templi tetigere gradus, procumbit uterque Pronus humi, gelidoque pavens dedit oscula saxo. III, 17. Subsequitur pressoque legit vestigia gressu (Wiederholtes Spüren). cf. IV, 137. 147. 343. — I, 554. IV, 354. VI, 219. 558. X, 672.

Wiederholte schnelle Bewegung cf I, 600; daher auch in kurzen, schnellen Zurufen und Ausrufen: XI, 132. 'Da veniam, Lenaee pater! peccavimus', inquit.
cf. I, 504. 505. 512. 521. IV, 591. —

Auch mit Wiederholung desselben Wortes in den beiden ersten Theilen: I, 514. — nescia, Quem fugias, ideoque fugis. I, 597. 'Ne fuge me!' fugiebat enim.

Endlich wird durch diese Cäsur lebhafte, unruhige, aufgeregte und gewaltsame Thätigkeit gemalt':
I, 671. Parva mora est alas pedibus virgamque potenti Somniferam sumpsisse manu tegumenque capillis. I, 479. Impatiens expersque viri nemorum avia lustrat.
        XI, 127. Attonitus novitate mali, divesque miserque —
        VI, 658. Prosiluit, Ityosque caput Philomela cruentum
            Misit in ora patris.
cf. II, 151. V, 356. II, 175. VI, 527. 530. 597. IV, 128. 129. 133. VIII, 210—213. (In diesen vier auf einander folgenden Versen wird durch Anwendung der Hephthem. mit der Trithem. die Aufregung des Dädalus bei dem bevorstehenden Fluge seines Sohnes Icarus geschildert.) VI, 645. 706. 612. 617. 621 x.

Soll eine schnelle oder gewaltsame Thätigkeit als eine unaufhaltsam fortschreitende dargestellt werden, so tritt die logische Pause erst bei der Hephthem. ein, und auf die Trithem. folgt keine Interpunktion, z. B. II, 119. Iussa deao celeres peragunt. I, 188. Perdendum est mortale genus. I, 311. Maxima pars unda rapitur. Gewöhnlich ist dann, wie das letzte Beispiel zeigt, auch noch die Penthem. vorhanden. cf. I, 493. IV, 231. 467. 718. In andern Fällen wird auf diese Ausdehnung in Raum und Zeit hervorgehoben. IV, 457. — novemque Iugeribus distentus erat. 467. Perpetuas patitur poenas.

Wo es der Sinn verlangt, kann aber auch die Hauptpause nach der Trithem. eintreten, z. B.
    I, 438.   sed te quoque, maximo Python.
           Tum genuit, populisque noris, incognite serpens.
           Terror eras, tantum spatii de monte tenebas.
dies geschieht hier in zwei auf einander folgenden Versen, wodurch besonders in dem letzten der Schrecken vor dem Ungeheuer anschaulich gemalt wird; nach der folgenden Hephthem. findet dagegen keine Interpunction statt, um die ungeheure Ausdehnung des Drachenleibes zu schildern. In beiden Versen aber ist die doppelte Cäsur dem Inhalte äußerst entsprechend.

Fällt sowohl die Trithem. als auch die Hephthem. mit einem syntaktischen Abschnitte zusammen, so werden dadurch die drei Theile des Verses in auffallender Weise getrennt. So in dem kurzen und bestimmten Befehle der Tritonia an die Gottheit des Neides:
        II, 785. Sic opus est. Aglauros ea est. haud plura locuta —
oder   VIII, 114. In patriam? superata iacet. sed finge manere:
wo Frage und Antwort die Scheidung der Glieder und zugleich die doppelte Cäsur bedingen. cf. IV, 592.

Doch auch ohne Interpunction scheidet die Hephthem. in Verbindung mit der Trithem. häufig drei Hauptbegriffe im Verse aus und hält sie aus einander z. B.
        III, 349.   exitus illam
           Resque probat letique genus novitasque furoris.
        II, 594. Conspectum lucemque fugit tenebrisque pudorem —
        VI, 218. Planus erat lateque patens prope moenia campus.

Weniger oft kommt es bei O. vor, daß die Hephthem. nicht von der Trithem. unterstützt wird, dann tritt aber die Penthem. hinzu; so I, 432. Cumque ait ignis aquae pugnax, wo der Widerstreit der Elemente durch dieses abweichende Verhältniß in charakteristischer Weise bezeichnet wird; ähnlich I, 19. Frigida pugnabant calidis. Bisweilen wird auch das Wort vor der Hephthem. durch das Hinzutreten der Penthemimeres bedeutend hervorgehoben: VIII, 92. Praemia nulla peto, nisi te. IV, 681. — nec audet Appellare virum virgo. cf. IV, 785. V, 147; oder es ist für den Inhalt charakteristisch, daß über die Penthem. hinweggegangen wird, und die Hauptcäsur erst später eintritt: V, 149. Plus tamen exhausto superest. XIV, 308. — multaque praesens Tempore tam longo vidi. XIII, 780. Huc ferus ascendit Cyclops. XV, 518. Praecipitant currum scopulis. cf. XI, 18. 34. 65. 217. 324. 334. 339.

 c. Die Cäsur nach dem 3. Trochäus. Diese Cäsur kommt bei Ovid, wie überhaupt bei den meisten römischen Dichtern der klassischen Zeit, überaus selten vor; in den Metamorphosen im Ganzen nur 28 mal.*) Der Grund ihrer so seltenen Anwendung liegt darin, daß sie wegen des trochäischen Ausganges im Gegensatz zu den beiden andern Hauptcäsuren den Widerstreit des Vers- und Wortaccentes in der ersten Hälfte des Verses verringert, wenn sie ihn auch nicht ganz aufhebt. Denn nur selten hat Ovid seine Hexameter mit weiblicher Hauptcäsur nach dem Muster des folgenden gebaut: IV, 22. Penthea tu, venerande, bipenniferumque Lycurgum, in welchem durchgehends Vers- und Wortaccent zusammenfällt;**) in der Regel sind sie vielmehr so beschaffen, daß wenigstens einmal in der ersten Vershälfte und bisweilen auch durch einen auf die Cäsur folgenden iambischen Wortfuß im 4. F. noch der Wortaccent mit der Versbetonung collidirt; z. B. I, 260. Poena placet diversa, genus mortale sub undis Perdere. Daraus folgt, daß der Amphibrachys, welcher in dem vorhin angeführten Verse IV, 22. aus malerischen Gründen***) dreimal nach einander vorkommt, sonst von O. und auch von andern Dichtern im 4. Fuße vermieden wird, weil er jenen Widerstreit aufhebt und dadurch den Vers unkräftig macht; der Bacchius aber, welcher aus leicht ersichtlichen Gründen innerhalb der Verse mit männlicher Cäsur überhaupt als Wortfuß keine Stelle findet, auch hier im 4. Fuße verpönt ist †) und deshalb, wie wir unten sehen werden, nur im Versschlusse vorkommt.

 Weil der Bau der Verse mit weiblicher Hauptcäsur von dem der übrigen so erheblich abweicht, so werden jene fast überall, wo sie auftreten, von O. zur Charakterzeichnung verwandt. Sie schildern im Allgemeinen etwas Schwaches, Sanftes, Weichliches, Hülfloses, Leichtes und Flüchtiges, wie sich aus den folgenden Beispielen ergiebt:

  I, 190. Cuneta prius temptata, sed inmedicabile vulnus
    Ense recidendum est.

Hier scheint die weibliche Cäsur gewählt zu sein, um im Gegensatz zu dem folgenden 'ense recidendum est' und dem vorangegangenen 'perdendum est mortale genus' die große Langmuth Juppiters hervorzuheben. Ebenso soll I, 260. Poena placet diversa, genus mortale sub undis
    Perdere,
durch die weibliche Cäsur die von Juppiter zuletzt gewählte Strafe als eine mildere hingestellt werden, als der Untergang des Menschengeschlechts durch den Blitz.

  II, 33. 'Quae'que 'viae tibi causa? quid hac' ait 'arce petisti?' ††)
Freundliche Anrede des Phöbus an seinen jugendlichen Sohn Phaeton.

---

  *) I, 190. 260. II, 33. 491. 728. IV, 22. 535. 556. VI, 569. 572. VII, 340. 461. 830. VIII, 22. 387. IX, 500. 758. X, 95. XI, 728. XII, 215. 404. 460. 466. XIII, 258. 620. 802. 906. XV, 450.

  **) Dasselbe ist der Fall in: XII, 460. Antimachumque Elymumque securiferumque Pyracten, wo die zweite Hälfte derjenigen des obigen Verses ganz gleich gebaut ist und außerdem: VIII, 22. IX, 758. XIII, 906, —

  ***) Aus demselben Grunde findet er sich auch im 4. F. des folgenden Verses: X, 95. Et platanus genialis acerque coloribus inpar.

  †) Dagegen Hor. ep. 2, 1, 162. Et post Punica bella quietus quaerere coepit. 140. Condita post frumenta levantes tempore festo Corpus, in welchen Versen jedoch sowohl die Anwendung des Bacchius als auch der weiblichen Cäsur für den Inhalt von Bedeutung ist.

  ††) Wenn L. Mueller „De re metrica p. 1. p. 187." bemerkt: „ceterum illud dignum mentione verba sentiendi et declarandi in enuntiato ab eis pendente, in quo insint media, quasi enclisi quadam ita coalescere, ut prorsus unum efficere videantur sensum, unde neque in tertio trochaeo incisat oratio versuum velut talium

XII, 404. Multae illum petiere sua de gente, sed una — Zärtliches Verlangen. cf. XIII, 906. 802.

IV, 22. Penthea tu, venerande, bipenniferumque Lycurgum — Anrufung des Liber bei Gelegenheit der Schilderung fröhlicher Feier zu Ehren des Gottes. cf. X, 95. XII, 215. VI, 572. Quid faciat Philomela? fugam custodia claudit. Hülflosigkeit der Phil. Aehnlich IX, 758. Rathlosigkeit der Iphis. IX, 500. Entmuthigung der Byblis. XI, 728. Klage der Alcyone. cf. XIII, 620.

II, 491. A, quotiens per saxa canum latratibus acta est! (Furcht und Flucht.)

In andern Fällen scheint durch die leichte trochäische Cäsur eine stetige, gleichmäßig fortlaufende Bewegung veranschaulicht werden zu sollen; man vergleiche:

II, 728. Funda iacit: volat illud et incandescit eundo.
IV, 556. Illa manus ut forte tetenderat in maris undas.
wohin auch IV, 534. Iactari quos cernis in Jonio inmenso .
zu gehören scheint. —

§. 3. **Die Nebencäsuren.** Diese dienen zur Unterstützung der Hauptcäsuren und treten meist nur dann in charakteristischer Weise hervor, wenn sie nach Worten vorkommen, die an einer bedeutsamen Stelle des Verses stehen, oder durch inhaltliche Beziehungen hervorgehoben werden; wir können uns daher über sie kurz fassen.

a. **Cäsur nach der 1. Arsis.** Obgleich die erste Arsis schon an und für sich durch den Hauptictus im Verse vor den übrigen hervortönt, so erhält sie doch noch größern Nachdruck, wenn sie von einer Cäsur begleitet ist, besonders, wenn das Anfangswort nicht zu unbedeutenden Inhalt hat. Man sehe folgende Beispiele:

II, 282. Vix equidem fauces haec ipsa in verba resolvo.
II, 327. Hic situs est Phaeton. VIII, 82. curarum maxima nutrix — Nox intervenit.

Erhöht wird dieser Nachdruck und zugleich die Wirkung der Cäsur noch durch besondere logische Verhältnisse, von denen wir die wichtigsten erwähnen wollen.

Zunächst durch einen **Ausruf**, in welchem das Anfangswort eine Interjection oder ein Pronomen ist: IV, 155. O multum miseri! I, 651. Me miserum! Vor einem solchen Ausrufe kann sogar das unbedeutende et merklich hervortreten: VI, 640. Et mater, mater clamantem; ebenso nach vorangegangener Aufzählung vieler Namen: IV, 16. Et | quae praeterea — Nomina, Liber, habes.

Dann durch eine **Frage**: II, 356. Quid faciat mater? V, 599. Quo | properas? VI, 619. magnum quodcunque paravi: *Quid* sit, adhuc dubito. 634. *Cui* sis nupta, vide.

Durch eine **Gegenüberstellung** und **disjunctive Correspondenz**: II, 705. Me mihi prodis? III, 460. lacrimas quoque saepe notavi — *Me* | lacrimante *tuas*. I, 464. figat tuus omnia, Phoebe. — Te | meus arcus. I, 472. Hoc | deus in nympha Peneide fixit: at illo — I, 607. aut ego fallor. Aut | ego laedor' ait.

Durch **Correlation**: II, 204. quaque impetus egit. Hac sine lege ruunt. 357. Huc eat atque illuc.

Durch **Wiederholung** desselben Wortes: III, 678. Jam | non esse manus, *iam* pinnas posse vocari. II, 237. *Tum* facta est Libye — Arida, *tum* nymphae — IV, 18. Tu | puer aeternus, tu formosissimus alto — VI, 645. pars inde cavis exultat aenis. Pars ' veribus stridunt.

„placatus mitisque' rogant Eumenides 'adsis.'
'intus habes quem *poscis*' ait. circumspicit ille
neque post quartum pedem in his
'quae'que 'viae tibi causa? quid hac' ait 'arce petisti'"

so stimme ich ihm hierin bei; wenn er aber weiterhin als Grundsatz aufstellt: „apud veteres metri rationes ubique potiores habentur quam sensus", so kann ich mich demselben nicht anschließen, sondern halte dafür, daß in den hierher gehörigen Fällen, in welchen durch die Hephthem. dem Sinne nach eng zusammenhängende Worte in unpassender Weise getrennt oder nicht zusammengehörige vereint werden, lieber die weibliche Cäsur anzunehmen ist, wenn dadurch jene Uebelstände beseitigt werden. Aus diesen Gründen habe ich I, 260. VI, 572. VII, 340. 839. IX, 500. XII, 404. und II, 491. unter die Verse rechnen zu müssen geglaubt, in welchen nicht die Hephth., sondern die Cäsur nach dem 3. Troch. anzunehmen ist. —

Durch Hervorhebung der Art oder Beschaffenheit namentlich vermittelst der Demonstrativa: VI, 647. His | adhibet coniunx ignarum Terea mensis. cf. 675; so wie durch Hervorhebung eines Begriffes vermittelst eines enclitisch hinzugefügten Wortes: II, 68. Tunc | etiam — Tethys solet ipsa vereri. 176. Te | quoque· IV, 371. Non | tamen effugies. II, 423. 'Hoc | certe furtum coniunx mea nesciet.'

Endlich durch einen syntactischen Abschnitt. Nach Schaper's Zählung (Progr. Insterburg 1862) kommt ein einsilbiges von einer Interpunction begleitetes Wort in der 1. Arsis 161 mal in den Metamorphosen vor meist nach Conjunctionen: et, nec, aut, vel, at, si, cum, nam ꝛc. — Adverbien: mox, sic, quo, hic — oder Interjectionen: o! a! en! heu! Dann nach Pronominibus, Verben (sunt, VIII, 730. einsilb. oder elidirten zweisilb. Imperativen: i, da, parce, vive) und nach Substantiven (di, rex); doch nie bei Ovid wie auch nicht bei Vergil nach einem Worte, welches den Gedanken des vorigen Verses abschließt. Aeltere Dichter (Ennius, Lucrez) so wie auch spätere wandten dagegen diese Cäsur an, um einem solchen Worte besondern Nachdruck zu verleihen, z. B. Pap. Stat. Theb. II, 537. nec reddita contra — Vox. VI, 304. primus teneris laesisso Inpatis — Ora, et littoreo —

b) Cäsur nach dem 1. Trochäus. Diese Cäsur wird durch die folgenden männlichen, namentlich wenn den Hauptcäsuren, was sehr häufig ist, auch noch die Trith. vorausgeht, so verdunkelt, daß sie in malerischer Beziehung von keiner Bedeutung ist, wenn sie nicht mit einem Abschnitte des Sinnes zusammentrifft. In diesem Falle tritt sie besonders hervor in Ausrufen nach Vocativen oder Imperativen: I, 720. Arge, inces. XI, 585. Iri! XIII, 495. Nata, inces. I, 505. Nympha, mane! III, 543. Este, precor, memores! — oder wenn das der Cäsur voraufgehende Wort einen eigenen Satz bildet: I, 762. Dixit et implevit — XIV, 568. Perstat, habetque deos pars utraque; oder den Gedanken des vorigen Verses abschließt. Es ist dann in der Regel ein Substantivum oder Verbum, doch kommen auch andere Wortarten, z. B. Pronomina (X, 432., Zahlwörter und Präpositionen in dieser Weise vor. Durch den Versübergang so wie durch den Einschnitt nach dem kurzen zweisilbigen Worte gewinnt diese Cäsur besondere Kraft und wird daher von O. meist in höchst malerischer Weise verwandt, wie an folgenden Beispielen zu ersehen ist:

    I, 568.   Est nemus Haemoniae, praerupta quod undique claudit
                  Silva, | vocant Tempo.
    III, 712.   Prima suum misso violavit Penthea thyrso
                  Mater, | io, geminae —
    VI, 144.   Cetera venter habet: de quo tamen illa remittit
                  Stamen, | et antiquas exercet aranea telas. cf. II, 260. IX, 471.
    III, 706.   Penthea sic ictus longis ululatibus aether
                  Movit, | et audito —
    XIII, 882.   partemque e monte revulsam
                  Mittit, | et extremus — cf. II, 616. XI, 725. XIV, 534.
    I, 753.   'matri'que ait 'omnia demens
                  Credis, | et es tumidus —
    I, 510.   moderatius, oro,
                  Curre, | fugamque inhibe!
    IV, 375.   Faciesque inducitur illis — Una, velut siquis —
    X, 49.   umbras erat illa recentes
                  Inter, | et incessit —
    XIV, 569. quodque deorum est — Instar, | habent animos.

Als eigenthümliche Versanfänge, die gleichfalls durch die weibliche Cäsur hervorgehoben werden, sonst aber selten vorkommen, mögen noch folgende drei hier erwähnt werden: III, 603. Inquit | 'ut ira — XII, 497. Inque | cruentatus (Tmesis); XV, 857. Denique, | ut —

c) **Cäsur nach der 2. Arsis.** Von dieser ist bereits oben S. 20, wo von der Hephth. gehandelt wurde, die Rede gewesen; wir können sie deshalb hier übergehen.

d) **Cäsur nach dem 2. Trochäus.** Sie dient in der Regel zur Hervorhebung der Penthemimeres, bisweilen auch der Hephth., und tritt meist nur dann malerisch hervor, wenn der Vers mit dem 4. Epitrit beginnt. Dieser kommt, wie wir weiter unten bei der Betrachtung der Wortfüße sehen werden, sowohl bei der Schilderung ruhiger als lebhafter Thätigkeit vor (meistens mit angehängtem que): im ersten Falle wird dann die ruhige Bewegung des Verses noch durch diesen Einschnitt erhöht; in letzterem bekommt durch ihn der jambische Wortfuß vor der Penthemimeres ganz besondern Nachdruck. Beispiele erster Art:

VI, 304. lumina maestis Stant innota | genis. I, 402. Mollirique | mora, — XIII, 183. Expectata | diu. — XII, 318. Languentique | manu — XI, 81. Et conata | femur maerenti plangere dextra. 77. Externata | fugam frustra temptabat. XV, 223. Paulatimque | tremens — XII, 65. Adventare | rates. — I, 613. speciem Saturnia vaccae, — Quamquam invita, | probat (die weibl. C. vor der P. malt das Zögern der Saturnia). — VIII, 368. Despexitque, loco tutus (hier die Hephthem. in mal. Weise von dieser Cäsur unterstützt). — Beispiele der zweiten Art:

VIII, 306. Leucippusque | ferox — XII, 223. Raptaturque comis. 262. Depressitque | duos. XIII, 562. Espilatque | genis oculos, — facit ira valentem — Inmergitque manus — X, 43. Nec carpsere | iecur volucres.

Aber auch bei andern Versanfängen unterstützt dieser Einschnitt die Hauptcäsur und verlangsamt entweder die Versbewegung, wie in folgenden Beispielen: II, 177. Quamvis tardus eras. XI, 133. Sed miserere, | precor, — oder macht sie lebhafter wie III, 68. Ille dolore | ferox (wo die ohnmächtige Wuth der Schlange geschildert werden soll); XI, 732. volabat, — Percutiensque levem modo natis aëra pennis. —

e) **Cäsur nach dem 4. Trochäus.** Diese Cäsur kommt nur nach der Penthem. vor und hat, wie überhaupt die Cäsuren und Diäresen, welche gegen das Ende des Verses hin eintreten, den Zweck, die rhythmische Bewegung, besonders bei Anwendung von leichten und schnellen Wortfüßen, zu mäßigen. In dieser Weise findet sie sich oft zwischen dem 3. und 2. Päon: I, 107. placidique tepentibus auris Mulcebant zephyri natos sine semine flores. I, 31. solidumque coercuit orbem. 317. superantque cacumina nubes. II, 205. rapiuntque per avia currum. 158. pedibusque | per aëra motis. Ebenso auch, wenn dem 2. Päon ein Palimbacchius vorausgeht, z. B. II, 121. deae celeres — Quadrupedes ducunt adduntque | sonantia frena, wo sie nebst dem angehängten que das klingende unt, welches bereits der Penthem. vorausgeht, — dem dann aut in der 5. Arsis folgt, — hervorhebt, um das Getön des Geschirres der Sonnenrosse zu malen. (Vgl. über die maler. Bedeutung des Consonanten n das Osterprogr. 1871 p. 25). In andern Stellen bezeichnet sie das Ende einer allmählich abnehmenden Bewegung oder Thätigkeit, oder Unterbrechung derselben; so z. B. VIII, 2. noctisque fugante Tempora Lucifero cadit eurus, das allmähliche Schwächerwerden und Aufhören des Ostwindes; ferner hilft sie weite Ausdehnung schildern, z. B. die des Trompetenschalles über das Meer hin:

I, 341. Omnibus audita est (sc. bucina) telluris et aequoris undis,
Et quibus est undis audita, | coercuit omnes. cf. I, 337. 338.

Endlich kann sie zur Sonderung entgegengesetzter Begriffe dienen; so I, 659. Spesque fuit generi mihi prius, | secunda nepotum. —

f) **Die Cäsur nach der 5. Arsis.** Sie kommt in drei verschiedenen Arten von Ausgängen vor:

1) 35mal nach einem einsilbigen Worte, auf welches ein Pyrrhich und ein Spondeus oder statt des letztern ein Trochäus folgt ($\perp$ | $\smile\smile$ $\perp$ | $\smile\smile$ $\perp$)[*]);

2) 5mal nach einem mehrsilbigen Worte mit folgendem Ionicus a minori ($\perp$ $\smile\smile$ $\perp\perp$)[**]) und

---

[*]) I, 557. 607. 757. III, 266. 359. 456. IV, 556. V, 152. 214. VI, 47. 352. 374. 497. VII, 172. 340. 646. 735. VIII, 70. IX, 404. X, 310. 547. 645. 664. 728. XI, 451. 720. 751. XII. 276. 312. 485. 554. XIII, 548. XIV, 761. XV, 83. 496.

[**]) II, 244. V, 409. VIII, 310. XI, 17. 756.

3) 10mal nach einem mehrsilbigen Worte, das einem dreisilbigen Endworte (Moloß oder Palimbacchius) vorangeht (_́ ˘ _ _ ×), also im v. spondaicus.*)

Da in den Ausgängen der ersten Art Wort- und Versaccent zusammenfallen, wie es das römische Betonungsgesetz erheischt (S. oben S. 17), so kommen jene am häufigsten vor und sind in malerischer Beziehung weiter von keiner Bedeutung, als daß das Wort in der 5. Arsis durch die Cäsur meist einen besondern Nachdruck erhält, z. B. III, 456. et amarunt me | quoque nymphae. XI, 720. heu, miser, inquit, VI, 497. tu, | quoque, Tereu. XII, 554. me minus uno. In den beiden andern Arten dagegen setzt sich der Widerstreit zwischen Wort- und Versaccent bis in den 5. Fuß fort, daher werden diese Verse auch, weil in ihrem Klange auffallend, von O. zu malerischer Darstellung benutzt, wofern nicht die beiden Schlußwörter griechische Eigennamen sind, was im Ganzen 7 mal vorkommt. Die übrigen Beispiele führe ich der Uebersichtlichkeit wegen hier auf, wenn auch mehrere von ihnen bereits oben Cap. I, § 2. in anderem Zusammenhange Erwähnung gefunden haben.

XI, 17. Tympanaque et plausus et Bacchei ululatus
Obstrepuere sono citharae.

Die Aufeinanderfolge der drei Vokale, nach deren hellstem die Cäsur nach griechischem Vorgange in Verbindung mit dem Hiatus eintritt, stellt in höchst anschaulicher Weise das Bacchantengeschrei dar.

XI, 756. raptusque Jovi Ganymedes.

Die Cäsur nach dem 5. Fuße trägt wesentlich zur Schilderung der Sturmesgewalt bei, mit der Juppiter den G. raubte.

I, 117. inaequales autumnos: Die durch die C. verursachte abweichende Versbetonung malt die Veränderlichkeit der herbstlichen Witterung.

I, 193. Faunique satyrique et monticolae Silvani.

Durch die Cäsur und den spondeischen Ausgang werden die älteren und würdigern Silvane den scherzenden und muthwilligen Faunen und Satyrn gegenübergestellt. (Vgl. Met. XIV, 637—39.)

I, 732. Et gemitu et lacrimis et luctisono | mugitu
Cum Jove visa queri est.

Cäsur, spondeischer Ausgang und Wechsel der hellen und dunkeln Vokale malen das langgezogene Brüllen der Kuh.

III, 184. purpureae aurorae.

Die Cäsur soll in Verbindung mit dem spondeischen Schlusse die Ausdehnung, das wiederholte r die Röthe des Himmels versinnlichen (cf. Osterprogr. 1871. p. 24). Eine gleiche Bestimmung hat die Cäsur nach dem 5. Fuße: IV, 535. Iactari quos cernis in Ionio | immenso, um zugleich die weibl. Cäsur im 3. F. zu unterstützen, welche hier aus demselben Grunde angewandt ist. S. oben p. 22. In dem letzten Beispiele

XV, 450. Haec Helenum cecinisse penatigero | Aeneae

kommt wiederum die weibliche Cäsur im 3. F. vor, und da auf sie kein iambischer Wortfuß folgt (M. vgl. oben S. 21), so dient die Cäsur nach dem 5. Arsis einestheils dazu, auch in der 2. Vershälfte Widerstreit zwischen Wort- und Versaccent zu bewirken, hauptsächlich aber dazu, nebst dem spondeischen Ausgange die Ehrwürdigkeit des Stammvaters der Römer hervorzuheben.

g) Die Cäsur nach dem 5. Trochäus. Sie hat dieselbe Bestimmung wie die nach dem 4. Trochäus, nämlich die Bewegung des Verses zu unterbrechen, ehe er zu Ende geht; nur tritt diese Unterbrechung hier noch schärfer hervor, weil die Cäsur dem Schlusse des Verses näher ist. Man vgl. folgende beide Beispiele: VI, 486. Iam labor exiguus Phoebo restabat, | equique — Pulsabant — IX, 770. dilataque tempora taedae — Institerant, ununsque dies restabat. . at illa — Die Unterbrechung der Versbewegung kann auch zugleich Unterbrechung der geschilderten Thätigkeit oder das Ende und Ziel derselben bezeichnen. Das Erstere ist der

---

*) I, 117. 193. 732. II, 247. III, 184. IV, 535. VII, 365. VIII, 315. XV, 356. 450.

Fall, wenn ein Zurückweichen, Verhindern, Zaubern, Verlegenheit, Ermatten, Seufzen, Befürchten dargestellt werden soll, oder wenn der Cäsur eine Frage oder ein Zuruf vorhergeht oder nachfolgt, wie folgende Beispiele zeigen: X, 452. Ter pedis offensi signo est revocata: cf. II, 770. V, 101. Qui, quoniam prohibent anni bellare, | loquendo Pugnat. II, 105. Ergo qua licuit. genitor cunctatus, | ad altos — X, 676. An peteret. virgo visa est dubitare. cf. XI, 740. I, 615. Iuppiter e terra genitam mentitur. cf. VI, 523. I, 537. II, 301. — neque enim tolerare vaporem Ulterius potuit nec dicere plura suumque —
Die weibliche Cäsur im 5. J., welche nebst der Trith. die Penth. unterstützt, drückt mit der vorangehenden Diärese nach dem 4. F. das Ermatten aus. cf. I. 543. II, 277. 657. X, 457. 554. —
III, 237. Iam loca vulneribus desunt. gemit ille, | sonumque ...
Durch die weibliche Cäsur im 5. F. nach der Hephth. wird in schöner Weise das Seufzen bezeichnet, und ein starker Nachdruck auf das folgende sonumque gelegt. Aehnlich:
VII, 480. Admonitus patrii luctus suspirat, et illi — cf. II, 655. III, 93. — IV, 598. Quisquis adest — aderant comites — terretur. at illa — cf. IV, 228. — I, 613. Quamquam invita, probat nec non et cuius, | et unde — quaerit. cf. III, 389. VIII, 574. — IV, 110. Nostra nocens anima est. ego te, miseranda, | pereuni. cf. III, 477. IX, 765. —
Ferner wird durch diese Cäsur Ende oder Ziel einer Bewegung oder Thätigkeit bezeichnet, die entweder eine gleichmäßig verlaufende oder eine lebhafte und unruhige sein kann:
IX, 392. Desierant simul ora loqui, simul esse. diuque —
XIV, 484. Deficiunt finemque rogant erroris.
III, 677. In spatium resilire manus breve vidit.
I, 472. Hoc deus in nympha Peneide fixit: , at illo —
II, 184. Iam Meropis dici cupiens ita fertur, ut acta
Praecipiti pinus borea.
IV, 496. Pestiferaque manu raptos inmisit. at illi
II. 637. quam — Fluminis in rapidi ripis enixa | vocavit
Ocyrrhoen.
Der Vers läuft, um den reißenden Strom zu malen, so schnell über die Cäsuren im 3. und 4. Fuße hinweg, daß erst nach dem 5. Trochäus ein Halt eintritt. — Auch von der Trithem. an kann der Vers ohne Unterbrechung fortlaufen, wo dann die Hephthem. mehr zurücktritt, z. B. II, 691. Hunc timuit, blandaque manu seduxit, | et illi —
Läuft der Vers bis zur weiblichen Cäsur im 5. F. ununterbrochen fort, so bezeichnet er bisweilen gleichmäßige und weite Ausdehnung, z. B. IV, 436. Pallor hiemsque tenent late loca senta. 441. Sic omnes animas locus accipit ille. V, 388. Silva coronat aquas cingens latus omno; häufig aber auch zu dem Folgenden einen Gegensatz, weshalb, wie aus mehreren der obigen Beispiele zu ersehen ist, mit einer adversativen Conjunction und meist einem stark betonten Pronomen fortgefahren wird; so auch: II, 582. Reicere ex humeris vestem molibar. at illa Pluma erat. Man vergl. noch: III, 701. IV. 174. 614. V, 70. 80. X, 615; — oder es wird bloß das Wort vor der Cäsur durch die letztere hervorgehoben, weil es dem folgenden wegen Verschiedenheit des Sinnes gegenübergestellt werden soll: II, 429. ridet | et audit; oder endlich, es tritt das Schlußwort nach der trochäischen Cäsur erklärend hinzu: II, 616. manumque Odit cumque manu temeraria tela, | sagittas.

h) Cäsur nach der 6. Arsis. Diese Cäsur, welche in den Metam. 64 mal vorkommt, ist für die rhythmische Malerei im Ganzen von geringer Bedeutung, wenn sie sich zwischen zwei einsilbigen Wörtern findet: es erhält dann nur das letzte Wort, obgleich in der Senkung stehend, meist einen verhältnißmäßig starken Ton und bisweilen auch das vorangehende, wenn es sonst ein Atonon ist (einsilb. Präposition ꝛc.) z. B. VII, 436. tellus Epidauria *per te* Clavigeram vidit Vulcani occumbere prolem, wo durch das 'per te' der Heldenruhm des Theseus hervorgehoben werden soll. Aehnliche Stellen: VII, 860. in me. VIII, 65. in te. 862. et a se — Se quaeri gaudens. XIII, 569. ex re. XIV, 678. pro quo. Zuweilen geht auch noch den beiden einsilbigen Wörtern ein drittes voraus, z. B. IV, 132. haeret, an haec sit, wo dadurch Ungewißheit geschildert werden soll.

Ist aber das der Cäsur vorangehende Wort ein mehrsilbiges, was in den Met. 8 mal vorkommt, so erhält dieses in abweichender Weise den Ton auf der letzten Silbe; der Widerstreit zwischen Wort- und Versaccent setzt sich bis in den 6. Fuß fort, daher werden die sämmtlichen Stellen bei Ovid auf malerische Weise verwandt. Er bezeichnet dadurch entweder Unruhe und Gewaltsamkeit (VII, 520. morer vos cf. IX, 147. morerne. VIII, 359. vulnificus sus.) oder Großartigkeit und Erhabenheit (V, 573. sacer fons. VII, 663. iubar aureus extulerat sol. XV, 30. nitidum caput abdiderat Sol. VIII, 605. aequoreus rex. [von Merkel gestrichen] XV, 31. — sidereum Nox.) Nur einmal wird diese Cäsur, wie wir es auch bei Horaz finden, in komischem Sinne verwandt, nämlich XIV, 515. semicaper Pan, zur Bezeichnung des seltsam gestalteten, bocksfüßigen Heerdengottes.

§. 4. Die Diäresen. Im Hexameter sind 5 Diäresen möglich, die aber für die rhythmische Malerei nur dann in Betracht kommen, wenn sich mit der durch sie bewirkten Trennung der Vers- und Wortfüße zugleich ein Abschnitt des Sinnes verbindet. Ohne diesen sind die rhythmischen Pausen der Diäresen so unmerklich und treten so sehr namentlich gegen die männlichen Cäsuren zurück, daß sie selbst zwei- und dreimal in einem Verse vorkommend doch keine Wirkung auf den Inhalt ausüben. Nur in einigen Versen, in welchen zugleich Lautmalerei hinzukommt, tragen sie dazu bei, daß die ihnen vorangehenden Worte einen besondern Nachdruck erhalten, wie etwa in folgendem: I, 126. Saevior ingeniis et ad horrida promptior arma. Da vor den Diäresen oft Wort- und Versfuß zusammenfallen, und dieses auch die Uebereinstimmung des Wortaccentes und des rhythmischen Ictus bedingt, so kommen die Diäresen am häufigsten nach dem ersten und fünften Fuße vor, seltener nach dem zweiten und dritten, in welchen, so wie auch im vierten Fuße, gewöhnlich der Widerstreit zwischen Wort- und Versaccent stattfindet.

a) Diärese nach dem 1. Fuße. Diese hat, da das ihr vorangehende Wort an der Hauptstelle des Verses steht, etwas ungemein Kräftiges, so daß sie selbst ohne Verbindung mit einem logischen Abschnitte bemerkbar ist und in malerischer Weise wirksam sein kann. So II, 174. Serpens — Frigore | pigra prius nec formidabilis ulli, wo sie nebst der weiblichen Cäsur im 2. Fuße die Hauptcäsur unterstützend die Trägheit und Ungefährlichkeit der Schlange schildern hilft. VI, 602. Horruit infelix. cf. XI, 458. Sie unterstützt in der Regel nur die Penthem., äußerst selten die Cäsur nach dem 3. Trochäus. Mit einem Abschnitte des Sinnes zusammenfallend trägt sie zuweilen gleichsam vorbereitend dazu bei, der Penthem. mehr Gewicht zu geben: Quod facit | hamatum est. — Quod fugat, | obtusum est; auch mit andern Diäresen in Gemeinschaft unterstützt sie die Penthem., so z. B. in charakteristischer Weise bei der Aufzählung verschiedener Eigenschaften: X, 54. Arduus, | obscurus, caligine densus opaca; ferner IV, 136. aequoris instar — Quod tremit, | exigua | cum summum | stringitur | aura; bisweilen auch zugleich mit der Hephth., wie

IX, 523. Incipit, | et dubitat: || scribit, | damnatque tabellas:
Et notat, | et delet: || mutat, | culpatque, probatque:

wo Schwanken und Aufregung geschildert werden soll.

Einen besonders kräftigen Einschnitt und Betonung des Folgenden bewirkt diese D. vor einem Anführungssatze: I, 222. Mox ait | 'experiar'. 377. Atque ita | 'si precibus' dixerunt — 557. Cui deus ' 'at quoniam' —

Dasselbe geschieht, wenn das ihr vorangehende Wort einen eigenen Satz bildet: I, 281. Jusserat. | hi redeunt — II, 144. Poscimur: | effulget. — Auch das Anfangswort wird durch sie stark betont in Fragen: IX, 509. Quo feror? und Ausrufen: VI, 264. Parcite! I, 523. Ei mihi! Bisweilen malt sie ein plötzliches Innehalten und stellt dadurch die lebhafte Thätigkeit des vorausgehenden kurzen Satzes der ruhiger gehaltenen des längeren nachfolgenden gegenüber: III, 381. Hic stupet, atque aciem partes dimittit in omnes. 383. Respicit, ' et rursus nullo veniente 'quid' inquit —

Am stärksten aber ist der durch sie bewirkte Einschnitt und malerische Effect bei einem daktylischen oder spondeischen Versübergange; so wird z. B. in der folgenden Stelle·

I, 567. factis modo laurea ramis — Adnuit, utque caput visa est agitasse cacumen durch sie zusammen mit den übrigen Cäsuren gleichsam die Bewegung der Krone des Lorbeerbaumes veranschaulicht. XIII. 768: Caedis amor feritasque sitisque immensa cruoris — Cessant, et tutae — Hier bringt die nach dem spondeischen Uebergange eintretende D. die schon durch die doppelte männliche Cäsur angezeigte heftige Bewegung des vorhergehenden Verses völlig zur Ruhe. — Das dem Sinne nach zum vorigen Verse gehörige Wort erhält in der Regel einen bedeutenden Nachdruck, besonders wenn es schon durch die Beziehung auf ein anderes Wort hervorgehoben wird, oder ein Verbum ist, das eine heftige und gewaltsame Thätigkeit bezeichnet. Man vergleiche: I, 665. Ereptamque patri diversa in pascua natam — *Abstrahit*. I. 719. saxoque cruentum — *Deicit*. II. 313. animaque rotisque — *Expulit*. III. 722. dextramque precantis — *Abstulit*. VI. 540. Quin animam hanc — *Eripis*? I. 268. Utque manu late pendentia nubila pressit — *Fit fragor*.

b) Diärese nach dem 2. Fuße. Diese D. wird von Ovid vor der Penthem. nicht angewandt, weil sonst der iambische oder anapästische Ausgang vor der Hauptcäsur wegfallen würde. Es kommen zwar Wortausgänge an zweiter Stelle vor einsilbigen Wörtern vor, dann gehören aber die letztern so eng mit dem Worte im 2. Fuße zusammen, daß sie mit ihm gleichsam nur einen Wortfuß bilden, z. B. I, 461. Tu face nescio quos — 247. Omnibus, *et, quae sit* — cf. VIII, 129. Bisweilen versteckt Ovid auch den daktylischen oder spondeischen Ausgang im 2. Fuße durch ein nachfolgendes et, ac etc.: I, 591. Altorum nemorum et — XIII. 794. Nobilior forma ac —. Auch in einigen Versen mit trochäischer Cäsur im 3. Fuße finden sich Wortausgänge an zweiter Stelle; doch hier gehört das letzte Wort im 2. Fuße jedesmal so eng mit dem folgenden zusammen, daß die Diärese von keiner Bedeutung ist: z. B. IV, 535. Juctari *quos cernis* — cf. II, 33. 491. IV, 556. — Es bleiben also nur noch die Verse mit der Hephthem. als Hauptcäsur übrig. Da diese aber in der Regel bei Ovid von der Trithemimeres unterstützt wird, so findet dann zwischen dem Schlußworte des 2. Fußes und dem Folgenden derselbe enge Zusammenhang statt, wie bei den andern Hauptcäsuren, z. B. I, 8. Neu quicquam *nisi pondus* iners — Nur ein Vers der Metamorphosen macht in diesem Falle eine Ausnahme, nämlich: X, 590. Miratur magis, et cursus facit ille decorum.*) Durch die starke Sinnpause nach dem 2. Fuße wird hier das Schlußwort desselben von dem Folgenden völlig abgetrennt; der Vers aber malt so in schöner Weise in dem ersten Theile die Verwunderung des Hippomenes, in dem zweiten längeren den schnellen und zierlichen Lauf der Atalanta. —

Ist die Hephthemimeres nicht von der Trith. begleitet, so tritt statt der letztern die Penthem. bei Ovid ein, vor welcher, wie wir oben gesehen haben, diese Diärese keine Berücksichtigung verdient.

c) Diärese nach dem 3. Fuße. Auch diese ist, wie bereits oben bemerkt wurde, selten bei Ovid, und stets ist durch die voraufgehende Penthem. nebst andern Cäsuren und D. so wie durch Versübergänge dafür gesorgt, daß der Vers nicht durch sie in zwei gleiche Hälften zerfalle. Ovid verwendet diese D. in malerischer Beziehung auf ganz entgegengesetzte Weise, nämlich sowohl zur Schilderung von Schwäche und Unvermögen, als von lebhafter und gewaltsamer Thätigkeit. So wird I, 657. alto tantum suspiria ducis — Pectore, quodque unum potes, ad mea verba remugis — durch die D. nach dem 3. Fuße in Verbindung mit dem daktylischen Uebergange und durch die darauf folgende D. das Unvermögen der Io zu antworten verstnnlicht. (Man achte auch auf das wiederholte malerische u.) Ebenso wird VIII, 850. 'Eripe me domino, qui raptae praemia nobis Virginitatis habes' ait — durch die D. die Hülflosigkeit der zum Neptun flehenden Mestra bezeichnet.

---

*) In dieser Weise kommen in der Aeneis (I, 115—117.) folgende drei Verse nach einander vor:
    In puppim ferit: excutitur pronusque magister
    Volvitur in caput; ast illam ter fluctus ibidem
    Torquet agens circum et rapidus vorat aequore vortex.

In Verbindung mit der bukolischen Cäsur schildert sie VI, 301. Dumque rogat, pro qua rogat, ǀ occidit. orba resedit — das Unvermögen der Niobe die jüngste Tochter zu retten. X, 466. Virgineosque metus levat. II, 183. Jam cognosse genus piget. 191. Quidque agat, ignarus stupet. (Verzagen des Phaeton und seine Rathlosigkeit in der Gefahr.)

Dagegen wird VIII, 340. Sternitur incursu nemus, ' et propulsa fragorem — Silva dat — durch diese D. nebst dem folgenden daktylischen Uebergange das ungestüme Vordringen des Ebers geschildert; in ähnlicher Weise die Wildheit des Tigers: V, 166. Nescit, utro potins ruat. ǀ et ruere ardet utroque; — die gewaltsame Rückströmung des Simois: XIII, 324. Ante retro Simois fluet et sine frondibus Ide — Stabit.

d) Diärese nach dem 4. Fuße. Diese D., 'bukolische Cäsur' genannt, wenn sie mit einem Abschnitte des Sinnes zusammenfällt, war bei den Griechen eine Hauptcäsur, im Lateinischen jedoch dient sie nur zur Unterstützung einer solchen. Gewöhnlich folgt sie auf die Penthem., doch auch auf die Hephthem. (II, 92. IV, 134. IX, 767.), so wie auf beide zugleich (X, 327.); in dem Gesange des Polyphem zu Ehren der Galatea kommt sie (XIII, 802.) auch nach der trochäischen Cäsur im 3. Fuße vor. Auch ohne Sinnpause kann sie in malerischer Beziehung wirksam sein, z B. I, 503. fugit ocior aura Illa levi, neque ad haec revocantis ǀ verba resistit, wo sie nach dem ionischen Wortfuße das Zurückrufen und Zurückwinken veranschaulichen hilft. cf. XI, 639. Der Anfang des Adonius erhält in der Regel einen starken Nachdruck, so daß Worte, die durch die Betonung hervorgehoben werden sollen, deshalb gerade an diese Stelle gesetzt werden: X, 467. Forsitan aetatis quoque nomine 'lilia' dixit. cf. 564. Verstärkt wird diese Betonung bisweilen noch dadurch, daß das zu Anfange des Verses, vor der Penthem., oder an anderen Stellen des Verses vorkommende Wort im Anfange des Adonius wiederholt wird: V, 144. Occidit et Celadon Mendesius: ǀ occidit Astreus. XIV, 268. Ipsa quod hae faciunt opus, exigit; ipsa, quis usus — Quoque sit lu folio. cf. VII, 834. — III, 458. Cumque ego porrexi tibi bracchia, porrigis ultro. II, 107. Aureus axis erat, temo aureus, ' aurea summae — Curvatura rotae.

Im Allgemeinen wird durch die längere bukolische Tetrapodie in gleicher Weise, wie wir es oben bei den in der zweiten Vershälfte vorkommenden Nebencäsuren gesehen haben, gleichmäßige Fortdauer eines Zustandes oder einer Thätigkeit geschildert:

V, 510. Attonitaeque diu similis fuit: . utque dolore — IX, 134. Longa fuit medii mora temporis. cf. X, 520. VI, 38. Et nimium vixisse diu nocet.   audiat istas, —

oder fortlaufende Thätigkeit bis zu einer bestimmten Zeit oder bis zu einem bestimmten Ziele:

XIV, 308. Annua nos illic tenuit mora. X, 51. Ne flectat retro sua lumina, ǀ donec Avernas — Exierit valles. V, 278. Templa petebamus Parnasia: ' vidit euntes, — cf. VII, 564. —

oder allmählich abnehmende Thätigkeit bis zum Erlöschen derselben:

VI, 295. Haec frustra fugiens collabitur: illa sorori — Inmoritur. II, 299. In chaos antiquum confundimur: eripe flammis — cf. XV, 693.

oder endlich dauernde Thätigkeit bis zu plötzlicher Unterbrechung:

IV, 464. Quos omnes acie postquam Saturnia torva
Vidit, et ante omnes Ixiona, rursus ab illo
Sisyphon aspiciens — inquit.

In allen diesen Fällen setzt der Adonius mit verstärktem Nachdruck ein; dasselbe geschieht auch besonders, wenn sein Inhalt zu dem der bukol. Tetrapodie einen Gegensatz bildet:

V, 220. Causa fuit meritis mellor tua, ǀ tempore nostra. IV, 345. Quisquis in hos fontes vir venerit, ǀ exeat inde — Semivir. cf. XI, 451. II, 501. — IV, 459. — tibi, Tantale, nullae — Deprenduntur aquae; quaeque imminet, ǀ effugit arbos. (Hier bildet nur der Theil von der Penthem. an den Gegensatz zum Inhalt des Adonischen Verses.)

oder Grund oder Folge desselben angiebt:

XV, 858. Sic et Saturnus minor est Jove. ǀ Juppiter arces Temperat aetherias. ;VI, 483.

Vincitur ambarum genitor prece. gaudet agitque Illa patri grates. cf. XIII, 386. VIII, 352. — X, 281. Incumbensque toro dedit oscula. | visa tepere est: (Plötzlich eintretende, überraschende Folge.)

In formeller Beziehung stehen die durch die Diärese geschiedenen Theile des Verses häufig zu einander in dem Verhältniß wie Vorder- zu Nachsatz: IX, 164. Victa malis postquam est patientia, reppulit aras, und der Nachsatz beginnt dann oft mit einem stark betonten Ausruf oder Zuruf:

XI, 720. Et, tamquam ignoto lacrimam daret, 'heu! miser', inquit. X, 463. Admotam lecto cum traderet, 'accipe', dixit —

oder der Theil nach der Diärese wird von dem Anfange durch einen Zwischensatz getrennt: IX, 510. Nec, nisi qua fas est germanae, frater ametur —; oder endlich, der Adonische Vers bildet einen Satz für sich: VIII, 186. — at caelum certa patet. ibimus illac. cf. VIII, 115. XI, 659. 676. —

e) **Diärese nach dem 5. Fuße.** Schon an und für sich nehmen die Worte im letzten Fuße eine der bedeutungsvollsten Stellen im Verse ein, wie später in dem Capitel, welches von der Wortstellung handelt, näher gezeigt werden wird; um so mehr tritt dies hervor, wenn eine D. vorausgeht. Der letzte Fuß kann dann aus einem zweisilbigen Worte, oder aus eben solchem mit elidirter letzter Silbe und einem einsilbigen Worte, oder endlich aus zwei einsilbigen Worten bestehen.

Hier kann wieder der Fall eintreten, welchen wir oben bei der Cäsur nach dem 5. Trochäus angeführt haben, daß der Vers in charakteristischer Weise ohne Unterbrechung des Sinnes über die Hauptcäsur hinweg bis zur D. nach dem 5. Fuße forteilt, worauf dann der Schluß, wie auch in den nachher anzuführenden Fällen, besondern Nachdruck erhält; die Schlußworte gehören dann entweder dem Sinne nach zu dem folgenden Verse, oder sie sind ein mit Nachdruck an das Ende gestelltes Satzglied, z. B. I, 452. Primus amor Phoebi Daphne Peneia, ' quem non — Fors ignara dedit: — I. 524. Nec prosunt domino quae prosunt omnibus, | artes! cf. II, 309. XIII, 415. X, 592. —

Ebenso ist es, wenn der Verstheil vor der D. durch eine oder mehrere Sinnpausen unterbrochen ist. cf. III, 281. II, 548. IX, 570. Verstärkt wird der Nachdruck der Worte nach der Diärese noch, wenn sie zu andern einen Gegensatz bilden, oder einen Ausruf, eine Frage bezeichnen, oder ein anderes Wort wiederholen. Alle diese Fälle sind oben bei Besprechung der übrigen Diäresen bereits mehrmals vorgekommen, weshalb wir hier nicht näher auf sie eingehen. —

§. 5. Die Wiederholung derselben Hauptcäsur zum Ausdruck gleicher Gedanken tritt bei den Penthem. wegen ihrer überaus häufigen Anwendung meist nur dann in malerischer Weise hervor, wenn ihr gleiche Wortformen oder auch gleiche Worte vorangehen, z. B.

XIV, 203. Et iam prensurum, iam nunc mea viscera rebar
In sua mersurum; mentique haerebat imago — cf. I, 299. 300.
IV, 326. Siqua tibi sponsa est, siquam dignabere taeda.
Haec tibi sive aliqua est, mea sit furtiva voluptas.
V, 225. Et possum tribuisse et magnum est munus inerti,
Pone metum, tribuam. nullo violabere ferro.
VI, 435. diemque,
Quaque data est claro Pandione nata tyranno,
Quaque erat ortus Itys, festum iussere vocari.
cf. VIII, 533. 534. XIII, 670. 671.

Bisweilen verbinden sich hiermit auch gleiche Vers- und Wortfüße in der ersten oder zweiten Hälfte, sowie in den ganzen Versen, weshalb mehrere der oben cap. I, § 3. und auch die meisten der unten bei den Wortfüßen angeführten Beispiele zu vergleichen sind. Wir fügen hier deshalb nur wenige hinzu:

I, 470. Quod facit, hamatum est et cuspide fulget acuta:
Quod fugat, obtusum est et habet sub arundine plumbum.

IV, 306. 'Salmaci, vel iaculum, vel pictas sume pharetras
Et tua cum duris venatibus otia misce.'
Nec iaculum sumit nec pictas illa pharetras
Nec sua cum duris venatibus otia miscet.

cf. V, 208. 209. 203. und 205.

Deutlicher tritt durch Wiederholung der seltener vorkommenden Hephthem. zugleich mit der Trithem. in auf einander folgenden Versen die Absicht des Dichters hervor, Gleichheit des Inhalts zu bezeichnen und durch diese Art der rhythmischen Bewegung den Ausdruck malerisch zu gestalten, ohne daß es der Wiederholung derselben Worte bedarf; doch finden sich auch Beispiele der letztern Art:

I, 375. Ut templi tetigere gradus, procumbit uterque
Pronus humi, gelidoque pavens dedit oscula saxo.
III, 528. Liber adest festisque fremunt ululatibus agri:
Turba ruit mixtaeque viris matresque nurusque —
VIII, 583. Intumui, quantusque feror, cum plurimus umquam,
Tantus eram, pariterque animis inmanis et uudis —
XIV, 303. Erigimur, saetaeque cadunt, bifidosque relinquit
Rima pedes, redeunt humeri et subiecta lacertis —
VIII, 680. Sponte sua, per seque vident succrescere vina:
Attoniti novitate pavent, manibusque supinis
Concipiunt Baucisque preces timidusque Philemon.
VI, 430. Eumenides tenuere faces de funere raptas;
Eumenides stravere torum, tectoque profanus —

cf. I, 504. 505. V, 369. 370. X, 672. 673. XII, 332. 333. XIII, 938—940. XV, 637. 638. —

Auch von der Penthem. unterstützt kommt die Hephtheminieres in mehreren auf einander folgenden Versen zum Ausdrucke gleicher Gedanken vor:

XII, 134. Cedentique sequens instat, turbatque ruitque,
Attonitoque negat requiem, pavor occupat illum,
Ante oculosque natant tenebrae: retroque ferenti
Aversos passus medio lapis obstitit arvo. cf. XV, 300. 301. —

Die trochäische Cäsur im 3. Fuße kommt in den Metamorphosen in unmittelbar auf einander folgenden Versen nicht vor; dagegen findet sich die sogenannte bukolische Cäsur wiederholt XIV, 378. 379. Et 'quaecunque es', ait, 'non sum tuus, altera captum Me tenet, et teneat per longum, comprecor, aevum.

Daß in nach einander folgenden Versen Ungleichheit des Inhalts auch durch die Anwendung verschiedener Cäsuren bezeichnet wird, versteht sich von selbst; wird doch dadurch hauptsächlich die rhythmische Bewegung des Verses mannichfaltig und malerisch. Beispiele dafür finden sich daher auch auf jeder Seite der Metamorphosen, so daß es derselben hier nicht bedarf. Doch das ist noch hinzuzufügen, daß bisweilen in demselben Verse parallele oder contrastirende Gedanken mit Hülfe der Cäsur einander gegenübergestellt werden, wozu jede der drei Hauptcäsuren verwandt werden kann. Auch hierbei kommt in den durch die Cäsur getrennten Verstheilen Wiederholung derselben Worte vor.

VII, 799. Coniuge eram felix, felix erat illa marito. VIII, 585. A silvis silvas et ab arvis arva revulsi. I, 478. Multi illam petiere, illa aversata petentes — cf. I, 770. VIII, 537. 538. — IV, 34. 35. XIII, 483. I, 293. IX, 681. XII, 336. XIV, 386.

I, 400. Quod solidum est flectique nequit — I, 763. Perque suum Meropisque caput taedasque sororum — VI, 477. Perque suam contraque suam petit ipsa salutem. cf. II, 586. VI, 190. XIV, 595. XV, 410.

VII, 461. Hinc Anaphen sibi iungit et Astypaleia regna. II, 33. 'Quaeque viae tibi causa? quid hac' ait 'arce petisti?' VII, 340. Et ne sit scelerata, facit scelus. — cf. X, 95. XII, 215.

Cap. III. Von den Wortfüßen.

§. 1. Außer den Versfüßen und der Versgliederung müssen auch die Wortfüße für die rhythmische Malerei in Betracht gezogen werden. Während es bei den erstern nur auf vorschriftsmäßige Zahl, Stellung und Tongewicht der Silben ankommt, ohne Rücksicht darauf, zu welchen Wortbildungen diese gehören (Kleinpaul, Poetik p. 47.), besteht jeder Wortfuß aus einem ganzen Worte, mit dem unter Umständen eng verbundene Nebenwörter (Präposit., Enklitika) als zu demselben Wortfuße gehörig hinzugerechnet werden. Zwischen je zwei Wortfüßen ist überall ein mehr oder weniger deutlich bemerkbarer Einschnitt in dem Rhythmus vorhanden, daher hängt ihre Anwendung mit der im vorigen Capitel behandelten Anwendung der Versecäsuren eng zusammen.

Da die Wortfüße mit den Namen der entsprechenden Versfüße bezeichnet werden, so unterscheidet man zwei-, drei- und viersilbige. Für einsilbige und für mehr als viersilbige Wortfüße giebt es keine besondere Namen. Die erstern schließen sich durch Sinn und Ton meistens so eng an andere Worte an, daß man sie mit diesen zu einem Wortfuße rechnen kann; demgemäß beginnt z. B. IV, 679. Sed quibus inter se — mit einem daktylischen und moloffischen Wortfuße; VIII, 561. et usus utroque est endet mit einem Amphibrachys und einem Bacchius. Nur in seltenen Fällen hat Ovid die Aufeinanderfolge mehrerer einsilbiger Wörter zu malerischen Zwecken benutzt. Da durch die besondere Betonung, welche jedes Wort für sich fordert und durch die zwischen den einzelnen Wörtern entstehenden Einschnitte der Gang des Verses oft unterbrochen wird und dadurch etwas Unsicheres bekommt.*) so schildert Ovid auf diese Weise Ungewißheit und Zweifel: IV, 132. haeret, an hace sit. X, 27. An sit et hic, dubito, sed et hic tamen auguror esse.

Sollen die mehr als viersilbigen Wortfüße nach Art der andern benannt werden, so kann es nur mit den Namen derjenigen Versfüße geschehen, in die sie sich zerlegen lassen: so sagt z. B. Quintilian. IX, 4, 97., daß in Wörtern wie facilitates, temeritates zwei Füße enthalten sind, nämlich ein Tribrachys und ein Spondeus.

Von den zweisilbigen Wortfüßen vermag hauptsächlich nur der Spondeus durch sich allein eine malerische Wirkung hervorzubringen, die übrigen meist nur in Verbindung mit andern Wortfüßen, da sie zu wenig Umfang haben und im daktylischen Versmaße nicht mehrmals nach einander wiederholt werden können. Von den dreisilbigen kommen der Daktylus, der Amphibrachys, der Anapäst, der Bacchius, Palimbacchius und Molossus vor; von den viersilbigen endlich sind der Choriambus, der 2. und 3. Päon, die beiden Ionici und der 1. und 4. Epitrit zu erwähnen.

Wir wollen hierauf die genannten Wortfüße durchgehen und nachzuweisen versuchen, welche malerische Wirkung sie a) für sich allein, mögen sie einzeln vorkommen oder wiederholt werden —, b) in Verbindung mit andern Wortfüßen hervorbringen können.

§. 2. Malerische Wirkung der einzelnen Wortfüße. — Von dem Pyrrhichius und Jambus ist hier im Wesentlichen nichts anzuführen, was nicht auch weiter unten, wo von der Verbindung der Wortfüße die Rede ist, Erwähnung fände. Auch die Trochäen sind wegen ihrer Kürze und weil nicht mehrere im Hexameter auf einander folgen können, für sich allein wenig malerisch; am meisten Kraft haben sie im ersten Fuße, wenn sie den Gedanken des vorhergehenden Verses schließen, z. B. II, 320. longoque per aëra tractu Fertur. II, 151. manibusque datas contingere habenas Gaudet. cf. 604. IV, 100. VIII, 339. — ferner nach der bukolischen Cäsur: VI, 301. occidit, orba resedit. IV, 465. XI, 655. — oder wenn eine Sinnpause nach ihnen eintritt, z. B. III, 385. Perstat, — so namentlich in Zurufen, wie VI, 201. Ite, satis pro prole sacri est. cf. VII, 813. 837. Da in diesen Fällen jedoch meist immer die Wirkung anderer Wortfüße mit in Betracht gezogen werden muß, so werden wir unten wieder auf sie zurückkommen.

Malerischer sind einzeln gebrauchte Spondeen, die je nach ihrer Stelle im Verse bald steigend, bald

---

*) Quintilian, der die Aufeinanderfolge vieler einsilbiger Wörter als einen Verstoß gegen die Wohlbewegung der Rede tadelt, sagt darüber IX, 4, 42: „Etiam monosyllaba, si plura sunt, male continuabuntur, quia necesse est compositio multis clausulis concisa subsultet; ideoque etiam brevium verborum ac nominum vitanda continuatio.

sinkend angewandt werden; sie treten oft zwischen Wortfüßen anderer Art durch den Nachdruck, der auf ihnen ruht, sehr bedeutsam hervor, wie in folgenden Beispielen:

I, 414. Inde genus *durum* sumus. II, 871. Fissa pedum *primis* vestigia ponit in undis, VI, 380. Spina viret; *renter*, pars maxima corporis, albet. X, 711. Excivere canes, *silvisque* exire parantem. XI, 662. Occidimus. *falso* tibi me promittere noli. cf. II, 318, XI, 631. —

Besonders ist dies der Fall, wenn sie im ersten Fuße, oder, was weit häufiger ist, nach der Hauptcäsur vorkommen:

III, 89. *Cedendo* arcebat, nec longius ire sinebat. IV, 162. Ut lea saeva sitim *multa* compescuit unda. VII, 11. — Vincere non poterat, *frustra*, Medea, repugnas.' cf. II, 827. III, 11. VI, 196, 206, 632. VII, 41. 48. VIII, 173. —

Erhöht wird die Wirkung natürlich noch bedeutend, wenn mehrere spondeische Wortfüße unmittelbar nach einander oder getrennt im Verse auftreten:

II, 163. Utque labant *curcae* iusto sine pondere naves. II, 187. Quid faciat? *multum* cadi post terga relictum. XI, 733. Stringebat *summas* ales miserabilis undas. XV, 520. Et retro *lentas* tendo resupinus habenas. VIII, 632. Illa sunt *annis innecti* iuvenalibus, *illa* Conseuuere casa. II, 316. *Illic* frena iacent, *illic* temone revulsus — VI, 299. *Tota* veste tegens 'unam minimamque relinque! —

Nie dürfen zwei spondeische Wortfüße den Vers schließen, was sich selbst die ältern römischen Dichter nicht erlaubten; sondern es wird der dem schließenden spondeischen Wortfuße vorangehende Versfuß stets daktylisch gebildet. Ebenso wenig kommt der spondeische Wortfuß an zweiter Stelle vor, was mit dem oben erwähnten Betonungsgesetze des römischen Hexameters zusammenhängt. Wenn sich auch bei Ovid Verse finden wie IV, 679. Sed quibus *inter* se cupidi iunguntur amantes, cf. XII. 430., so ist hier doch, wie auch in ähnlichen Stellen bei Vergil (Aen. II, 454. IV, 193. u. a.) *inter se* als Molossus zu nehmen.

Wird der spondeische Wortfuß aus einsilbigen Wörtern gebildet, oder ist die letzte Silbe des ersten Wortes elidirt, so wird er dadurch besonders kräftig und nachdruckvoll hervorgehoben, z. B VI, 195. Maior sum, *quam cui possit* fortuna nocere. VI, 301. Dumque rogat, *pro qua* rogat, occidit. cf. II, 513. 518. —

Die daktylischen Wortfüße haben ihre Stelle im Verse am häufigsten im 1. und 5. Fuße; im versus spondaicus ist gewöhnlich der 4. Fuß ein Daktylus, z. B. III, 639. I, 62. anders dagegen I, 117. Im 5. Fuße haben die daktylischen Wortfüße nur Nachdruck, wenn sie zu einem andern Worte einen Gegensatz bilden, wie II, 190. Prospicit occasus, interdum *respicit* ortus. cf. II, 313. 513. oder nach der bukolischen Cäsur: XI, 659. An mea mutata est facies nece? *respice!* nosces. XII, 383. 'aspice' dixi. Im ersten Fuße dagegen haben sie oft bedeutende malerische Kraft, wenn eine Interpunction folgt. Sie bilden dann entweder einen eigenen Satz: II, 144. *Poscimur*. 311. *Intonat*, oder auch einen Nachsatz zu dem Vorangehenden: I, 268. Utque manu late pendentia nubila pressit *Fit fragor*; oder schließen, was am häufigsten vorkommt, den Gedanken eines oder mehrerer vorausgehender Hexameter ab; z. B. II, 312. pariter animaque rotisque *Expulit*. XI, 467. ubi terra recessit *Longius*. cf. II, 157. 588. IV, 362. VII, 349. IX, 128. XI, 569. Endlich finden sie sich als Zurufe: IV, 142. 'Pyrame'. VII, 649. 'Egredere!' egredior.

Unmittelbar nach einander wiederholt kommen daktylische Wortfüße bei Ovid höchst selten vor, wie in folgendem Verse: I, 126. Saevior ingeniis et ad *horrida promptior* armis, der in Verbindung mit dem volltönenden o und dem gehäuften r den rauhen und kriegerischen Sinn des ehernen Zeitalters malen soll; oder I, 458. Qui dare certa ferae, dare *vulnera possumus* hosti —, wo die beiden Daktylen die gewaltige Wirksamkeit des Apollinischen Geschosses schildern. Häufiger verbindet Ovid den ersten von zwei auf einander folgenden daktylischen Wortfüßen mit einem einsilbigen Worte nach der Penthem. zu einem Ionicus a maiori: VIII, 355. Ira feri mota est, *nec fulmine lenius* arsit. II, 107. Aureus axis erat, *temo aureus, aurea* summae —, (wo durch das dreimal wiederholte Epitheton 'aureus' das Werk des Vulcan gerühmt werden soll), — wie ja auch ein wirklicher Ionicus a maiori nach der Hauptcäsur häufig einem Daktylus vorausgeht.

(Vgl. unten S. 37.) Die Aufeinanderfolge mehrerer daktylischer Wortfüße wird natürlich deshalb vermieden, damit nicht die Wort- und Versfüße zusammenfallen, und der Rhythmus dadurch etwas Unverbundenes und Eintöniges bekomme.

Der **Amphibrachys** wird von Ovid ziemlich häufig in der Clausel des Hexameters gebraucht und ist dann meist von keiner malerischen Bedeutung. Selten tritt er im ersten Theile des Verses auf, wie II, 725. Ibat, *eratque decus pompae comitumque suarum*, wo er die stattliche Erscheinung der Herse in dem feierlichen Zuge zum Tempel der Athene schildern hilft. cf. XIV, 283. Der Amphibrachys hat nicht den entschiedenen Aufschwung des Anapäst, sondern ist einem Springer zu vergleichen, der zwar einen Anlauf nimmt, dann aber wieder zurückgeht. Er ist ein weicher, unkräftiger Fuß, oder, wie Voß sich ausdrückt, ein Fuß „mit schwachem Gehüpfe". Die Alten, (Griechen wie Römer, wiederholten ihn daher nicht öfter, als zweimal nach einander, es sei denn, daß man Stellen wie Met. IV, 22. bipenniferumque Lycurgum, Aen. IV, 486. soporiferumque papaver als Ausnahmen betrachten will, wo jedoch die beiden ersten Amphibrachen ein Wort bilden. Bei Ovid geht ihm, wenn er in der Clausel vorkommt und auch, wenn er zweimal nach einander gebraucht wird, gewöhnlich ein Palimbacchius voraus, der ihm in der Bewegung zwar ähnlich, aber durch die beginnende Länge kräftiger ist. Ovid malt durch einzelne und wiederholte amphibrachische Wortfüße, meist mit vorausgehendem Palimbacchius, eine sanfte, gelinde (auch wiederholte) Bewegung oder Thätigkeit, die hervortreten und sich bemerkbar machen will, aber zurückgehalten wird; oder wie in dem obigen Beispiele stattliche, schöne Erscheinung und stolze Gesinnung: II, 811. lenique *tepore cremantur*. II, 450. laesi dat signa *colore pudoris*. I, 755. iramque *pudore repressit*. XI, 488. aequorque *refundit in aequor*. — I, 589. o virgo Iove digna *longue beatum* Nescio quem factura toro. I, 454. victo serpente *superbus*. I, 752. Phoeboque *parente superbum*. cf. IX, 444. II, 442. —

Die **anapästischen** Wortfüße werden in malerischer Beziehung, einzeln und wiederholt zum Ausdrucke rascher und heftiger Bewegung und lebhafter Thätigkeit verwandt. Einzeln treten sie zwischen ruhigern Wortfüßen z. B. in folgenden Versen auf, besonders nachdrucksvoll nach der Hauptcäsur:

I, 138. — Poscebatur humus, *sed illum est* in viscera terrae. I, 264. Emittitque Notum madidis Notus evolat alis. I, 394. Ossa reor dici: *iacere hos post terga iubemur*. II, 743. Pleionesque nepos: *'ego sum qui iussa per auras* — III, 453. Posse putes tangi: *minimum est*, quod amantibus obstat. X, 657. Hippomene. *propera!* XI, 65. Nunc praecedentem *sequitur*, nunc praevius anteit. XI, 642. Poscit opem: *subeunt* illi fratresque parensque. XII, 560. Vertitur in faciem *reducis*. cf. I, 525. 535. II, 708. 720. III, 242. XI, 63. 443. 448. 480. 534. 744. etc. —

Wiederholt kommen sie vor in folgenden Beispielen:
I, 369. Nulla mora est, *adeunt pariter* Cephisidas undas. I, 498. — videt igne micantes Sideribus *similes oculos*. III, 230. 'Actaeon *ego sum*, dominum cognoscite vestrum!' X, 42. Captavit *refugam, stupuitque* Ixionis orbis. XI, 486. Sponte tamen *properant alii* subducere remos. XI, 539. Non tenet hic *lacrimas; stupet hic*; vocat ille beatos — XII, 66. Hostis adest, *prohibent calitus*, litusque tuentur. III, 242. At *comites rapidum solidis* hortatibus agmen — instigant. XIV, 387. Ter *iuvenem baculo tetigit*, tria carmina dixit. XIV, 813. Nam *memoro memorique* animo pia verba notavi. cf. I, 480. 773. VIII, 584. X, 338. 505. XI, 509.

Der **Bacchius** kommt in den Metamorphosen nur am Schlusse der Verse vor (s. oben S. 21) und ist daher nur im Verein mit andern Wortfüßen von malerischer Bedeutung.

Der **Palimbacchius** kann zwar ebenso wenig wie der Bacchius in daktylischen Versmaße unmittelbar nach einander wiederholt werden, auch kommt er mit diesem oder mit einem Amphibrachys am gewöhnlichsten in der Clausel vor (_ _ _ | _ ⌣ ⌣); doch tritt er sehr häufig auch an andern Stellen des Verses auf, mit besonderm Nachdrucke vor oder nach der Cäsur, z. B.

I, 260. Poena placet *diversa*. XIV, 286. Claudor hara, *solumque* suis carnisse figura Viduus Eurylochum. XIV, 303. Eriginnur, *sartaque* cadant.

Er gehört nebst dem Bacchius zu den schweren Wortfüßen, weshalb beide auch oft mit andern solchen (Spondeus, Molossus) vereint vorkommen. Weil sie aber den Ictus auf der zweiten Silbe haben, so werden sie auch mit leichtern Füßen verbunden. Wir werden weiter unten, wo von der Vereinigung mehrerer Wortfüße zu malerischen Zwecken die Rede ist, beide öfters zu erwähnen haben. Hier mögen nur noch einige Beispiele angeführt werden, in denen der Palimbacchius mehrmals auftritt, was besonders der Fall ist, wenn die Hephthemimeres von der Trithemimeres unterstützt wird. Er malt dann wegen seiner Schwere, ähnlich wie wir es oben bei den spondeischen Versfüßen sahen: Weite Ausdehnung, Erhabenes, Wunderbares, Trauriges, Schreckliches.

I, 354. Terrarum, *quascunque* vident *ortus* et ortus — I, 85. Os homini *sublime* dedit, *cœlumque* videre — cf. 73. I, 302. Nereides, *silvasque* tenent *delphines*, et altis — VII, 860. Dumque aliquid *spectare* potest, *me spectat*, et in me Infelicem animam — exhalat. IV, 390. Urguet opus *spernitque* deum *festumque* profanat.

Die Molossie haben ihre Stelle in den ersten vier Füßen und kommen, wenn sie einmal im Verse auftreten, nach folgenden Mustern vor:

II, 150. Obstantes scindunt nebulas — I, 188. *Perdendum est* mortale genus — I, 343. Flumina *subsidunt* — cf. VIII, 337. II, 837. — I, 135. Cautus humum longo *signavit* limite mensor. cf. I, 496.

Werden sie nach einander wiederholt, so kann es nur im zweiten bis vierten Fuße geschehen, wie I, 455. Vulerat *adducto flectentem* cornua nervo II, 311. Intonat *et dextra libratum* fulmen ab aure —

Beginnt dagegen der erste Moloß mit dem ersten Fuße, so muß er der Cäsur wegen von dem zweiten durch einen Spondeus oder Anapäst getrennt sein; z. B.

I, 157. *Perfusam* multo *natorum* sanguine Terram — I, 606. *Depressi* toties *iam nosset furta mariti* — XII, 217. *Praesignis facie. felicem* diximus illa —

Fast immer sind die Molosse äußerst malerisch, sowohl wenn sie allein, als auch besonders, wenn sie wiederholt im Verse vorkommen. Im Einzelnen hebe ich hier nur den Fall hervor, wenn der Moloß mit vorausgehendem Daktylus oder Spondeus vor der Cäsur auftritt: Ovid gebraucht ihn dann sehr häufig, um etwas Gewaltiges und Schreckliches zu malen. Auf diese Weise kommt er z. B. in der Schilderung des Meeressturms XI, 480—507, also in 27 Versen nicht weniger als 13mal vor. Da er mit seinen Längen entweder für sich, oder zugleich mit den Längen der angrenzenden Worte gehäufte spondeische Versfüße bildet, so kommt seine malerische Verwendung im Wesentlichen mit dem dort Bemerkten überein.

Die choriambischen Wortfüße können in jedem der ersten fünf Tacte beginnen; am häufigsten fangen sie mit dem ersten oder zweiten an. Mit dem dritten können sie nur beginnen, wenn die Hauptcäsur des Verses die Hephthemimeres in Verbindung mit der Trithemimeres ist, z. B. XI, 630. Iris abit: neque enim *ulterius* tolerare vaporis —; mit dem vierten Fuße fangen sie mehrmals in einem v. spondaicus an: III, 184. Nubibus esse solet aut *purpureae* aurorae; mit dem fünften endlich, wenn der Hexameter mit einem einsilbigen Worte schließt: VIII, 359. In invenes vasto sic impete *vulnificus* sus —.

Der choriambische Wortfuß hat denselben Umfang wie der Moloß; er unterscheidet sich aber dadurch von ihm, daß statt der mittleren langen Silbe zwei kurze stehen. Während daher der Grundcharakter des Molossus Ruhe und Gleichmäßigkeit ist, setzt der Choriamb kräftig ein und nimmt in anapästischer Weise einen Aufschwung zur letzten langen Silbe hin. In dieser Weise tritt er besonders malerisch auf in der ersten und zweiten Stelle, namentlich wenn er den Gedanken des vorigen Hexameters schließt, oder einer Interpunction vorangeht oder nachfolgt. Folgende Beispiele mögen dies veranschaulichen:

I, 26. Ignea convexi ris et sine pondere caeli — *Exsiluit*. I, 284. at illa — Intremuit — VIII, 583. *Intumui* — IX, 314. *Exsiluit*. — XI, 662. *Occiduas*. 731. *Insilit huc*. — VIII, 367. Arboris *insiluit*, quae stabat proxima, ramis. cf. XI, 526. X, 378. Mors placet. *erigitur* — cf. XI, 497.

XI, 468. Dum licet, *insequitur* fugientem lumine pinum. XI, 484. Hic iubet: *impediunt* adversae iussa procellae XI, 523. — Fulmina: *fulmineis* ardescunt ignibus undae.

In den meisten dieser Fälle malt der Choriamb eine plötzliche, auffahrende, gewaltsame Bewegung oder innere Erregung. Ein Gleiches findet gewöhnlich statt, wenn er im dritten Fuße beginnt, wozu die doppelte Cäsur nicht wenig beiträgt, die auch häufig in Anwendung kommt, wie aus obigen Beispielen zu ersehen ist, wenn der Choriamb im Anfange des Hexameters steht. Dem bereits angeführten Beispiele für den Choriamb an dritter Stelle mögen noch folgende hinzugefügt werden:

VI, 250. Inque pio cadit *officio* — XII, 505 — Spem caperet, nos *semimari* superamur ab hoste.

Anders ist es, wenn der Choriamb im vierten Fuße beginnt: hier bezeichnet er mit dem schließenden Molosse etwas Ernstes, Würdiges, Großartiges und Erhabenes, wie in dem oben angeführten Beispiele: *purpureae aurorae*. Ferner:

I, 193. Faunique satyrique et *monticolae* Silvani

werden die ältern, würdigern Silvane den jugendlichen Faunen und Saturn gegenübergestellt.

IV, 535. Iactari quos cernis in *Ionio Immenso*.

Hier malt der Choriamb im Verein mit dem molossischen Schlusse die Unermeßlichkeit und Erhabenheit des Meeres.

Beginnt der Choriamb endlich mit dem fünften Fuße, so muß der Vers mit einem einsilbigen Worte schließen, welches, obschon in der Senkung stehend, doch bedeutenden Nachdruck hat, da der Ton noch einmal genöthigt wird sich zu erheben. An dieser Stelle malt der Choriamb, ähnlich wie im letzten Falle, Gewaltiges, Erhabenes. Ersteres geschieht in dem oben angeführten Beispiele durch den Ausgang vulnificus sus; letzteres:

XV, 30. 31. Candidus Oceano nitidum caput *abdiderat* Sol.
Et caput extulerat densissima *siderum* Nox.

Zur Bezeichnung von etwas Komischem dagegen hat Horaz diesen Ausgang in dem bekannten Hexameter: Parturiunt montes, nascetur *ridiculus* mus verwandt; auch Ovid thut dies einmal XIV, 515. mit dem Ausgange *semicaper* Pan. Wenn der Choriamb an fünfter Stelle steht, so wird, wie die sämmtlichen angeführten Beispiele ergeben, dieser Wortfuß noch einmal im 1. oder 2. Fuße wiederholt, was seltener vorkommt, wenn er die dritte oder vierte Stelle einnimmt; unmittelbare Aufeinanderfolge desselben verbietet der Rhythmus des Hexameters.

Der zweite Päon kommt häufig in der Clausel vor, ohne malerisch zu sein. Wenn er an andern Stellen des Verses auftritt, so verbindet er sich mit andern aufspringenden Füßen, namentlich mit dem Anapäst; daher wird unten noch wieder von ihm die Rede sein. — Auch der dritte Päon bildet häufig mit einem Bacchius oder Amphibrachys die Clausel ($\smile\smile\smile\smile\mid\smile\smile\smile$); sonst kommt er oft nach der Trithemimeres vor und wirkt dann durch seine vielen Kürzen besonders malerisch; z. B.

VIII, 210. Inter opus *monitusque* genae maduere seniles.
Et patriae *tremuere* manus. dedit oscula nato
Non iterum *repetenda* sno, pennisque levatus
Ante volat, *comitique* timet. cf. I, 375. II, 279. VII, 862. VIII, 325.

Bisweilen erscheint er auch, wie in dem ersten der angeführten Verse, zugleich nach der Hephthemimeres, wodurch der Rhythmus einen äußerst ungestümen Charakter erhält:

II, 162. Solis equi, *solitaque* iugum *gravitate* carebat. III, 604. Prospicio, *comitesque* voco, *repetoque* carinam. VIII, 333. Signa pedum *cupiuntque* suum *reperire* periclum. cf. I, 600. II, 586. IV, 164. VIII, 317, 628. —

Da jedoch in allen diesen Versen zugleich andere steigende Wortfüße zur Belebung des Ausdrucks mitwirken, so wird auch auf diese Fälle später noch hinzuweisen sein.

Keiner von beiden Päonen kann im Hexameter mehrmals nach einander wiederholt werden; dafür folgen beide häufig so auf einander, daß der zweite zuletzt steht und malen dann eine leichte, schnelle, lebhafte auch ungestüme Thätigkeit, so wie Großartiges und Erhabenes:

I, 107. Ver erat aeternum, *placidique tepentibus* auris Mulcebant zephyri. — I, 442. *capreisque fugacibus*. II, 158. *pedibusque per aëra* motis. II, 155. *pedibusque repagula* pulsant. II, 205. *rapiuntque per avia* currum. I, 31. *solidumque coercuit* orbem. cf. VIII, 300. VIII, 625. X, 322. I, 317. —

Aehnliches wie von den Päonen gilt von den Jonicis: sie können nicht mehrmals unmittelbar nach einander im Verse wiederholt werden, sind am nachdrucksvollsten und malerischsten nach der Cäsur, der Penthemimeres:

I, 502. — fugit ocior aura Illa levi, neque ad haec *revocantis* verba resistit. II, 166. Succutiturque alte *similisque est* currus inani. II, 787. Illa deam obliquo *fugientem* lumine cernens. III, 20. Bos stetit et tollens *speciosum* cornibus altis — III, 387. Responsura sono *'coëamus!'* rettulit Echo cf. II, 147. IV. 377. VI. 260. X, 6. 188. —

II, 724. Tanto virginibus *praestantior* omnibus Herse — VIII, 330. Incipit a plano *derexaque* prospicit arva IV, 135. Pallidiora gerens *exhorruit* aequoris instar. X, 336. Spes interdictae *discedite!* cf. II, 816. VI, 623. VIII, 604. X, 35. 143.

Verbinden sich aber wegen der beiden in ihnen vorkommenden Längen (namentlich gilt dies von dem Ionicus a maiori) eben so gern mit fallenden als mit steigenden Wertfüßen, wie dies aus den vorangehenden Beispielen erhellt. Aus ihnen kann man auch ersehen, daß der Ionicus a minori wegen seiner beiden anspringenden Kürzen den Gang des Verses belebt, während der Ion a maiori wegen der beginnenden Längen Ruhe hervorbringt.

Der erste Spirit hat seine Stelle im Verse vor der Penthemimeres, während ihm ein Trochäus vorangeht. Wegen seiner vielen Längen ist in malerischer Beziehung über ihn dasselbe zu bemerken, was oben Cap. I. §. 2 über gehäufte Spondeen erwähnt worden ist. Als Beispiele, in denen er malerisch auftritt, führe ich folgende an:

I, 497. Spectat *inornatos* collo pendere capillos. cf. IX, 3. VI, 105. Ipsa *videbatur* terras spectare relictas. cf. III, 439. I, 535. Alter *inhaesuro* similis — X, 285. Cera *remolescit*. X, 480. Terra *supervenit*. — X, 1. Inde *per immensum* — cf. 136. VI, 145. — *et antiquas* exercet aranea telas. — I. 477. Vitta *coercebat* positos sine lege capillos. cf. X, 184.

Der vierte Spirit kommt entweder zu Anfange des Hexameters vor, oder bildet mit einem Bacchius oder Amphibrachys den Schluß. In beiden Fällen malt er wegen seiner drei Längen ungefähr dasselbe wie Molosse oder gehäufte Spondeen, nämlich Gleichmäßigkeit, allmählich sich entwickelnde Bewegung oder Thätigkeit, Widerstreben, Verwunderung, Unwillen und Abscheu, Klage und Trauer, wie folgende Beispiele zeigen:

X, 146. Et sensit varios, quamvis diversa sonarent *Concordare* modos. — X, 382. Murmura verborum fidas nutricis ad aures *Pervenisse* ferunt. X, 511. *Admoritque* manus. 281. *Incumbensque* toro. IV, 412. *Conatacque* loqui. X, 711. *Excicere* canes. IX, 133. Dat munus raptae velut *irritamen* amoris. — XII, 92. — Tegminis officium, tamen *indestrictus* abibo. cf. XII, 496. — XII, 88. *Mirabatur* enim. — VI, 204. *Indignata* dea est. VIII, 659. — X, 394. *Aversata* gemit. I, 478. Multi illam petiere, illa *aversata* petentes — X, 161. *Inritaque* Iovi nectar Iunone ministrat. — X, 62. *Supremumque* vale — dixit. cf. X, 335. 199. — XI, 587. *Exstinctique* iube Ceycis imagine mittat — Somnia. —

Doch kann er auch wegen des sinkenden Schlusses namentlich in Verbindung mit einem Jambus plötzliche lebhafte Bewegung und Erregung ausdrücken:

I, 264. *Emittitque* Notum. 310. *Pulsabantque* novi montana cacumina fluctus. X. 450. *Raptoresque lupos*. 552. *Inrisumque* mihi genus est.

Auch kann der 4. Epitrit an den beiden bezeichneten Stellen des Verses zugleich vorkommen, wie
II, 815. *Exclusura* deum. cui *blandimenta* precesque Verbaque iactanti — dixit,
wo er beharrliche Zurückweisung malt und
XII, 65. *Advenitare* rates. neque *inexpectatus* in armis Hostis adest,
wo er die allmähliche Ankunft der feindlichen Flotte schildert.

§. 3. Was die Verbindung mehrerer Wortfüße zu malerischen Zwecken betrifft, so ist vor Allem zu beachten, daß das Malerische in einem Verse, insoweit es von den Wortfüßen abhängt, meist nur durch das Wort ausgedrückt wird, welches den Hauptbegriff enthält; es können indeß auch andere hinzukommende Wortfüße die Wirkung noch verstärken. Eine solche bestimmte Verbindung von Wortfüßen ist aber nicht in allen Fällen malerisch, ja es können durch ebendieselbe oft ganz verschiedenartige Beziehungen ausgedrückt werden. Dazu kommt noch, daß die Anfangsworte mancher Hexameter erst den Sinn des vorausgehenden Verses abschließen, und der übrige Theil einen ganz andern Gedanken enthält; oder daß in demselben Verse mehrere Sätze verschiedenen Inhalts vorkommen, so daß die Verbindung der Wortfüße vor der Cäsur mit derjenigen nach der Cäsur nur durch den allgemeinen Zusammenhang verknüpft ist. Es gilt daher, diejenigen Fälle zu bezeichnen, in welchen der Dichter wirklich die Absicht hatte, durch die ganze Verbindung den Ausdruck malerisch zu gestalten; solche sind aber hauptsächlich da zu finden, wo mehrere Längen auf einander folgen, oder die Kürzen häufiger unter die Längen gemischt sind als gewöhnlich.

Um diese Fälle richtig zu beurtheilen, hat man zunächst darauf zu sehen, welche Cäsur in einem Verse stattfindet. Ist es die Penthemimeres, so wird der Vers in zwei Theile getheilt, von denen der erstere etwas kürzer ist, als der zweite; zu Anfange muß — so erfordert es das Metrum des Hexameters — ein fallender Wortfuß stehen; im dritten Fuße tritt schon die Cäsur ein und wirkt auch zugleich auf den zweiten Fuß zurück: der Bau der ersten kürzern Hälfte wird daher ziemlich gleichmäßig sein und in Betreff der Wortfüße nur in einzelnen Fällen Gelegenheit zu malerischem Ausdruck bieten. Desto reichere Abwechselung in den Wortfüßen wird man in der zweiten Hälfte finden; da dieselbe jedoch durch die Clausel bestimmten Beschränkungen unterworfen ist, so ergiebt sich hieraus, daß die malerischen Stellen hauptsächlich in der Mitte des Verses zu suchen sind. Ein Gleiches ergiebt sich, wenn die Cäsur nach dem 3. und 7. Halbfuße eintritt; der Vers wird durch dieselbe in drei Theile getheilt, von denen der erste und letzte in ihrem Bau noch weit beschränkter sind, als die durch die Penthem. entstandenen Abschnitte; der Wechsel in den Wortfüßen kann daher hauptsächlich nur in der Mitte stattfinden, wegen der Kürze des mittlern Abschnitts freilich auch nur in geringem Maße. — Die sogen. bukolische Cäsur kommt hier nicht in Betracht, da sie bei Ovid stets mit der Penthem. verbunden ist; eben so wenig wegen ihrer Seltenheit die Cäsur nach dem dritten Trochäus.

Wir wollen hierauf versuchen, die wichtigsten Fälle aufzuführen, in denen mehrere Wortfüße durch ihre Vereinigung in der Regel eine malerische Wirkung hervorbringen, und uns bei der Aufzählung durch den Wortfuß leiten lassen, mit dem der Hexameter beginnt. Betrachten wir also

A. diejenigen Hexameter, welche mit einem Trochäus anfangen. In der ersten Hälfte des Verses kommen hier bei Anwendung der Penthem. nur folgende drei Verbindungen von Wortfüßen vor: 1, Trochäus, Jambus, Spondeus, oder statt der beiden letztern Füße der erste Epitrit; 2, Trochäus, Amphibrachys, Jambus; 3, Trochäus, Jambus, Anapäst, — wie es folgendes Schema übersichtlicher darstellt:

1, –⏑ ⏑–, ––| 2, –⏑|⏑–⏑|⏑–| 3, –⏑|⏑–|⏑⏑–|

in der zweiten Hälfte dagegen giebt es acht wesentlich verschiedene*) Verbindungen, die sich auch bei den übrigen Anfängen des Hexameters immer wiederholen, nämlich:

---

*) Die versus spondaici sind hierbei nicht berücksichtigt.

a) — — — ⏑ — ⏑ | — — ⏑ ⏑ — ⏑
b) { — — ⏑ ⏑ — — ⏑ — ⏑
      — ⏑ ⏑ — ⏑ ⏑ — ⏑
c) — ⏑ ⏑ — ⏑ — | — ⏑ — ⏑ — ⏑
d) — ⏑ ⏑ — | — ⏑ ⏑ — — ⏑

e) { — ⏑ ⏑ — ⏑ | — ⏑ ⏑ — ⏑ ⏑
     — ⏑ ⏑ — ⏑ ⏑ — — ⏑ — ⏑
f) { — ⏑ ⏑ — | ⏑ ⏑ — ⏑ — ⏑
g) — ⏑ ⏑ — ⏑ ⏑ — ⏑ — — ⏑
h) { — ⏑ ⏑ — ⏑ — ⏑ — — ⏑
     ⏑ ⏑ — ⏑ ⏑ — — ⏑

Wir lassen jetzt einige Beispiele aus den Metamorphosen folgen, um durch dieselben die materielle Bedeutung jener Verbindungen nachzuweisen.

1 a: Diese Verbindung malt wegen der vielen Längen in der Mitte des Verses fast dieselben Verhältnisse, welche früher bei der Betrachtung der gehäuften Spondeen zur Sprache kamen. So wird
VIII, 104. Scylla freto postquam deductas nare carinas — vidit, das langsame Dahingleiten der Schiffe malerisch dargestellt; II, 321. — Fertur, ut interdum de caelo stella sereno — gleichmäßige Bewegung. VIII, 226. Mollit odoratas, pennarum vincula ceras — das allmähliche Erweichen des Wachses. XI, 78. Lenta tenet radix, exsultantemque coercet — Hemmung. VIII, 713. Ante gradus sacros cum starent forte locique — Schwachheit und Gebrechlichkeit wegen Alters. VIII, 260. Huius opem magnis inploravere periclis — Neben um Hülfe VIII, 262. Mitis habebatur: iam lamentabile Athenae — Trauer. VIII, 264. Templa coronantur, bellatricemque Minervam — Verehrung der Götter, cf. VIII, 152. VIII, 282. Misit aprum, quanto maiores herbida tauros — VIII, 288. Spuma fluit, dentes aequantur dentibus Indis. VIII, 170. Clausit, et Actaeo bis pastum sanguine monstrum — Großes, Gewaltiges, Schreckliches, cf. VIII, 339, 344.

Von ähnlicher materieller Bedeutung sind die folgenden drei Verbindungen, da in ihrer Mitte ebenfalls die Längen gehäuft sind.

1 b: X, 49. — Inter, et incessit passu de vulnere tardo VIII, 312. — Tela tenent dextra lato vibrantia ferro. — Zielen und Angriff, cf. VIII, 147. VIII, 686. Ille celer penna tardos aetate fatigat — Entwischen der Gans und langsame Verfolgung derselben. cf. VIII, 260. VIII, 724. Cura pii dis sunt, et qui coluere, coluntur. — Ernste und fromme Worte. XI, 492. Ipse pavet, nec se, qui sit status, ipse fatetur Scire ratis rector, nec quid iubeatve, vetetve. — Furcht und äußerste Verlegenheit cf. XI, 483, 725, II, 361, IV, 372, I, 509.

1 c: VIII, 202. Ipse suum corpus, motaque pependit in aura, cf. 148, 723.

1 d: VIII, 355. Ira feri mota est, nec fulmine lenius arsit. (Zurückgehaltene Wuth.) XI, 498. — Pontus, et inductas aspergine tangere nubes, cf. VII, 516.

Doch werden durch diese Verbindung auch ruhigere Zustände und Thätigkeiten geschildert, z. B.
XI, 497. Puppe secabatur, longeque erat utraque tellus. XI, 359. Templa mari subsunt nec marmore clara nec auro. II, 871. Fissa pedum primis vestigia ponit in undis.

Dasselbe gilt von den vier folgenden Verbindungen wegen der ruhigen ersten Vershälfte; wegen der aufspringenden Wortfüße des zweiten Theiles dagegen bezeichnen sie oft äußere oder innere heftige Erregung.

1 e: XI, 408. Donec inhaerentem lacerae cervice invencae. — cf. X, 495. (Allmähliche Verwandlung.) VIII, 161. Ducit in errorem variarum ambage viarum. (Irrsal.) VIII, 188. Dixit, et ignotas animum dimittit in artes. (Grübelndes Nachdenken.) IV, 84. Multa prius questi, statuunt, ut nocte silenti — (Klage und Entschluß.) — XI, 726. Ora comas vestem lacerat, tendensque trementes — (Ungestüme Trauer.) II, 719. Spemque suam motis avidus circumvolat alis (Begier.) cf. I, 135, VII, 811, XIV, 62. Esse sui partes, refugitque abigitque timetque Ora proterva canum — cf. I, 525, 534, III, 228.

1 f: VIII, 11. Sexta resurgebant orientis cornua lunae. IX, 61. Pressa genu nostro est, et arenas ore momordi. XI, 516. Ecce cadunt largi resolutis nubibus imbres.

1g: IX, 2. — cum sic Calydonius amnis Coepit, inornatos redimitus arundine crines. IX, 59. Instat anhelanti, prohibetque resumere vires. II, 362. Parce, precor! nostrum laceratur in arbore corpus. 1h: II, 752. Vertit ad hanc torvi dea bellica luminis orbem. XI, 355. Parsque bonm fulvis genua inclinarat arenis -- XI, 550. Omne latet caelum, duplicataque noctis imago est. XI, 553. Unda, velut victrix, sinuataque despicit undas. VI, 301. Dumque rogat, pro qua rogat, occidit. orba resedit —

Die zweite Verbindung von Wortfüßen der ersten Vershälfte: Trochäus, Amphibrachys, Jambus kommt mit den sämmtlichen der 2. Vershälfte (a–h) vereint in den Metamorphosen vor. Da in diesen Verbindungen die Kürzen und Längen im Ganzen mehr mit einander abwechseln, als in den vorigen, und namentlich der Amphibrachys in der ersten Hälfte denselben einen weichern Charakter verleiht, so werden sie nur selten in malerischer Weise (III, 68. Ille dolore ferox caput in sua terga retorsit — Ohnmächtige Wuth der Schlange.) meist in ruhiger Schilderung und Erzählung, in Reden und Selbstbetrachtungen angewandt.

Wir wenden uns daher sogleich zur dritten Verbindung der ersten Vershälfte: Trochäus, Jambus, Anapäst; auch sie kommt im Verein mit den sämmtlichen Verbindungen der 2 Hälfte (a–h) vor und zwar weit häufiger als die zweite Combination. Die vier ersten Arten (3a–3d) bezeichnen wegen der nach der Cäsur sich wiederholenden Längen im Ganzen dasselbe, wie die entsprechenden der beiden vorher erwähnten Zusammenstellungen, nämlich: Allmähliches Werden, Hemmung, Einfachheit und Aermlichkeit, Flehen um Hülfe u. dgl., die vier letzten Verbindungen (3e - 3h), in denen die aufspringenden Wortfüße vorherrschen, bezeichnen lebhaftere Thätigkeit, z. B. freudigen oder furchtsamen Ausruf, leichte und schnelle Bewegung, Eile und Flucht, gewaltsamen Untergang u. dergl. Als Beispiele für den malerischen Ausdruck solcher Beziehungen mögen nur folgende gelten:

3e: III, 728. Clamat 'io comites, opus haec victoria nostrum est!' — 3e: XIV, 390. Seque novam subito Latiis accedere silvis. (Der Rhythmus des Verses ahmt den Flug des Spechtes nach.) — 3f: I, 502. — fugit ocior aura Illa levi, neque ad haec revocantis verba resistit. — 3g: VIII, 300. Laeta manus iuvenum coiere cupidine laudis. — 3h: XI, 514. Iamque labant cunei, spoliataque tegmine cerae Rima patet.

Das Schema der mit einem Trochäus beginnenden Verse, in denen die Cäsur nach dem 3. und 7. Halbfuße vorkommt, ist folgendes:

```
    ⏑ — ⏑ — ‖
1. | — — | — — |
2. | — — | ⏑ ⏑ — |
3. | — ⏑ ⏑ | — — |
4. | — ⏑ ⏑ | ⏑ ⏑ — |
5. | ⏑ ⏑ — | — — |
    
    | — ⏑ ⏑ — ⏑ ⏑ — |
```

Da hier der erste Versabschnitt immer dieselbe Gestalt hat, eine geringe Veränderung der Clausel aber wenig Einfluß auf den malerischen Ausdruck ausübt, so kommt es in Bezug auf die verschiedenen Fälle hauptsächlich auf den mittlern Abschnitt an, dessen verschiedene Formen wir daher mit den Ziffern 1—5 bezeichnen. Im Allgemeinen drücken diese Verbindungen wegen der vielen Abschnitte Unterbrechung und Hemmung aus; sie werden daher bei Aufzählungen oder bei Wiederholung oder ruckweisem Fortschritt einer Thätigkeit angewandt, sowie zur malerischen Darstellung äußerer oder innerer Erregung. Folgende Beispiele mögen zur Veranschaulichung des Gesagten genügen:

1) III, 609. Vixque sequi. specto cultum faciemque gradumque — Taumeln des Bacchus. — VIII, 693. 'Ite simul. parent ambo, baculisque levati — Eile des alten Ehepaares Philemon und Baucis. cf. XIII, 442. III, 382.

2) VIII, 696. — Missa potest: flexere oculos, et mersa palude Cetera prospiciunt. Unterbrechung

der Flucht. Ebenso XIII, 910. IV, 128. Ecce metu nondum posito, ne fallat amantem — III, 716. Turba furens; cunctae coëunt, trepidumque sequuntur. IV, 692. Mater adest, ambo miseri, sed iustius illa.

3) II, 217. Ardet Athos Taurusque Cilix et Tmolus et Oete. Aufzählung. Ebenso II, 154. VIII, 336. 302. VIII, 629. Mille domos clausere serae. tamen una recepit — Wiederholtes Anklopfen Juppiters und Merkurs bei ihrer Wanderung über die Erde. VIII, 346. Vana fuit (sc. cuspis), truncoque dedit leve vulnus acerno — Hemmung. VIII, 327. — 'Ista virum!' nec plura sinit tempusque pudorque Dicere. Kurzer unterbrochener Ausruf und Erregung. cf. I, 504. 505. VIII, 680. — Sponte sua, per seque vident succrescere vina. Ueberraschung. VIII, 343. Ille ruit spargitque canes, ut quisque furenti Obstat. Wüthen des Ebers. IV, 103. — tremebunda videt pulsare cruentum Membra solum, retroque pedem tulit, oraque buxo — Aeußerste Bestürzung. XI, 515. Rima patet, praebetque viam letalibus undis — Untergang des Schiffes.

4) XIV, 303. — bifidosque relinquit Rima pedes, redeunt humeri et subiecta lacertis — Fortschreitende Verwandlung. IV, 129. Illa redit, iuvenemque oculis animoque requirit. Aengstliches Suchen. IV, 598. Quisquis adest — aderant comites — terrotur: at illa —

5. VIII, 671. Parva mora est, epulasque foci misere calentes. Abwechselung der Speisen. II, 151. Statque super, manibusque datas contingere habenas. Aufregung und Unternehmungslust des Phaeton. IX, 141. II, 838. Pelle moram, solitoque celer delabere cursu. Ermunterung zur Schnelligkeit. IX, 120. — 'quo te fiducia' clamat 'Vana pedum, violente, rapit? tibi, Nesse biformis, Dicimus.' Lauter und erregter Zuruf. II, 162. Solis equi, solitaque ingum gravitate carebat. Schwanken und Schaukeln des Sonnenwagens.

B. Beginnt der Hexameter mit einem spondeischen Wortfuße, so kann nur die Pentheminires stattfinden, da bei Anwendung der Trithem. kein Widerstreit des rhythmischen Ictus mit dem Wortaccent entstehen würde, was gegen das Betonungsgesetz des lateinischen Hexameters verstößt.

In der ersten Vershälfte kommen drei verschiedene Verbindungen vor, nämlich 1, Spondeus, Molossus; 2, Spondeus, Trochäus, Jambus; 3, Spondeus, Choriambus, so daß das Schema folgendes ist:

1) $\_ \_ \_ \_ \_ \stackrel{.}{\_}$ 2) $\_ \_ | \_ \_ | \_ \_]$ 3) $\_ \_ | \_ \_ \_ \_ \|$

Alle drei Verbindungen vereinen sich mit den S. 39 angeführten Verbindungen der zweiten Hälfte und unterscheiden sich von den mit einem Trochäus beginnenden Combinationen im Allgemeinen nur dadurch, daß sie wegen der noch mehr vorherrschenden Längen im Ganzen ruhigere Zustände und Thätigkeiten malen; wo dagegen in beiden Hälften die Kürzen häufiger auftreten, bezeichnen sie auch lebhaftere Handlungen. Die Verbindungen der ersten Art also, welche mit dem Spondeus und Moloß beginnen, schildern im Allgemeinen dieselben Verhältnisse, wie sie oben bei den gehäuften spondeischen Verfüßen zur Sprache kamen; wir wollen daher der Kürze wegen nur einige Beispiele für die Verbindungen der zweiten und dritten Art anführen, welche Aehnliches darstellen können, jedoch auch: Widerstand, Wildheit und Wuth, Vernichtung und Schrecken, so wie das Gegentheil: Scherz und Freude.

VIII, 712. Donec vita data est., annis aevoque soluti — (2 b.) Lange Dauer. XV, 416. (3 a.) I, 312. (2 e.) II, 177. Quamvis tardus eras et tu tua plaustra tenebant, (2 b.) VII, 299. Tota veste tegens 'unam minimamque relinque!' (2 b.) Flehentliche Bitte. cf. VI, 360. (2 f.) VI, 273. Klage. (3 e.) II, 345. Trauer (2 a.) XI, 528. Inter mille viros murum tamen occupat unus (2 d.) Erstürmung. VI, 242. Ringen. (3 b.) VIII, 97. Heftige Zurückweisung. X, 702. Iram vultus habet, pro verbis murmura reddunt. (2 a.) VI, 634. Cui sis nupta, vide, Pandione nata! marito — Degeneras? (2 d.) Wüthender Ausruf der Progne. VI, 616. (3 b.) III, 303. Nec, quo centimanum deiecerat igne Typhoea (3 d.) Vernichtung. II, 316. Zerstörung. (2 b.) XII, 111. Morden. (3 f.) XIV, 185. Versinken des Schiffes. (3 b.)

II. 328. Untergang bei einem großen Unternehmen. (3b.) — XIV. 556. Illas virgineis exercent lusibus undas — Naides. (3a.) XIV. 637. Quid non et Satyri, saltatibus apta inventus — (3d.)

C. Fängt der Vers mit einem daktylischen Wortfuße an, so kann, wenn die Trithemimeres Anwendung finden soll, nur noch eine Einzellänge hinzutreten, wodurch sich derselbe Uebelstand herausstellt, der oben S. 41 erwähnt wurde; nur findet der Unterschied statt, daß sich die Kürzen des Daktylus eher mit der Einzellänge zu einem Ausgange zusammenschließen, der einem Anapäst ähnlich ist, als es die zweite Länge eines den Vers beginnenden Spondeus thun würde. Es kommen daher auch jene Verbindungen bei Ovid vor, jedoch nur selten, im ersten Buche z. B. nur viermal: v. 124. obruta sunt. 311. maxima pars. 541. Ocior est. 722. excipit hos.

Wir rechnen diese Verbindung wie auch diejenige, in welcher die erste Länge durch ein einsilbiges Wort vertreten wird, (II. 785, sic opus est.) dem weiter unten zu behandelnden Falle zu, in welchem der Hexameter mit einem Choriambus beginnt und haben es hier daher nur mit Versen zu thun, in denen die Penthemimeres vorkommt. Dann ist das Schema der ersten Hälfte folgendes:

$$1) \stackrel{\_}{\smile}\smile \stackrel{\_}{\_} \stackrel{\_}{\_} \, . \qquad 2) \stackrel{\_}{\_} \smile\smile \mid \stackrel{\_}{\_} \smile , \stackrel{\_}{\_} \stackrel{\_}{\_} \, .$$

Von den Combinationen dieser beiden Nummern mit den oben S. 39. unter a—h aufgeführten Verbindungen der 2. Vershälfte führen wir nur diejenigen einzeln an, welche am häufigsten in rhythmischer Beziehung malerisch auftreten; diejenigen, welche in ihrer Anwendung etwas Aehnliches haben, fassen wir der Kürze wegen gruppenweise zusammen.

1a: Für diese Verbindung sind besonders die beiden auf einander folgenden schweren Wortfüße in der Mitte des Verses charakteristisch; sie schildert daher äußere und innere Hemmung, wie folgende Beispiele zeigen:

XIII. 902. Aut, ubi lassata est, seductos nacta recessus — XI. 551. Frangitur incursu nimbosi turbinis arbor. — VIII. 81. Talia dicenti curarum maxima nutrix — Nox intervenit. VIII. 698. Dumque ea mirantur, dum deflent fata suorum —.

Durch die Verbindungen 2a, 1b, 2b werden wegen der in ihrer Mitte vorkommenden Längen häufig ruhige Zustände und langsame Vorgänge bezeichnet, z. B. — Corporis omnis abit vox tantum atque ossa supersunt; doch auch allmählicher Uebergang zu lebhafterer Thätigkeit und diese selbst; z. B. XI, 497. Fluctibus erigitur caelumque aequare videtur. Die beiden folgenden Verbindungen 1c und 2c dagegen, in deren zweiter Hälfte mehr steigende Wortfüße vorkommen, schildern fast immer schnelle, unruhige, gewaltsame und leidenschaftliche Thätigkeit:

VIII, 253. — avemque Reddidit, et medio velavit in aëre pennis. cf. 224. XI, 501. Sternitur interdum, spumisque sonantibus albet. cf. 481. I, 144. Vivitur ex rapto; non hospes ab hospite tutus. cf. II. 320. VIII, 74. Altera iamdudum succensa cupidine tanto — cf. III, 726.

Die Verbindungen 1d und 2d enthalten fast nur sinkende Wortfüße und schildern daher auch sehr häufig ruhige Thätigkeit; z. B. VIII, 703. Talia tum placido Saturnius edidit ore. cf. 149. — wegen des Zusammenstoßes der Längen in der Mitte aber werden sie hauptsächlich bei der Schilderung gewaltsamer Vorgänge angewandt:

VIII, 261. — Daedalon, et sumptis pro supplice Cocalus armis. VIII, 28. Torserat adductis hastilia lenta lacertis. II, 625. Tempora discussit claro cava malleus ictu. I, 145. Non socer a genero: fratrum quoque gratia rara est. Imminet exitio vir coniugis illa mariti. VIII, 356. Emicat ex oculis, spirat quoque pectore flamma.

Die sämmtlichen übrigen Verbindungen dienen wegen des häufigen Wechsels von Kürzen und Längen und wegen der beiden anspringenden Kürzen nach der Penth. fast immer zur Schilderung einer leichten, schnellen, lebhaften und gewaltsamen Thätigkeit:

VIII, 667. Ovaque non acri leviter versata favilla. (1e) VIII, 642. Suscitat hesternos foliisque et cortice sicco Nutrit et ad flammas anima producit anili. (1e.) VIII, 256. Non tamen haec alte voluceris sua corpora tollit. (1e.) VIII, 225. Altius egit iter, rapidi vicinia solis. (2e.) Flug des Icarus. XI, 480. Cum mare sub noctem tumidis albescere coepit — fluctibus. (1e.) I, 31. Ultima possedit solidumque coercuit orbem. (1g) Dieser Vers malt mit den dunklen Vokalen das Aufwogen des Meeres cf. I, 36. XI, 529. Sic ubi pulsarunt noviens latera ardua fluctus Vastius insurgens decimae ruit impetus undae (1e.) XI, 476. Cornuaque in summa locat arbore totaque malo (1h.) Carbasa deducit venientesque accipit auras (1f.) II, 872. Inde abit ulterius, mediique per aequora ponti (2g.) Fert praedam — I, 126. Saevior ingeniis et ad horrida promptior arma. (2h) I, 143. Sanguineaque manu crepitantia concutit arma. (2h.)

D. In den mit einem choriambischen Wortfuße beginnenden Hexametern folgt in der ersten Vershälfte auf den Choriamb entweder ein Spondeus oder ein Anapäst nach folgendem Schema:

1) _ _ _ _ _ _ _ _   2) _ _ _ _ _ _ _ _

Mit den acht Verbindungen der zweiten Vershälfte schildern diese beiden Nummern dieselben Arten von Zuständen oder Thätigkeiten wie die entsprechenden mit einem daktylischen Wortfuße anfangenden Combinationen, mit dem Unterschiede, daß sie wegen der größeren Zahl steigender Wortfüße im Allgemeinen noch größere Beweglichkeit und Lebhaftigkeit ausdrücken. Ich begnüge mich daher, für jeden Fall wenige Beispiele anzuführen.

1a: VIII, 246. Perpetuos dentes et serrae repperit usum. — 2a: VIII, 236. Hunc miseri tumulo ponentem corpora nati — 1b: VIII, 190. A minima coeptas, longam breviore sequenti — VIII, 121. Armenine tigres austroque agitata Charybdis. — 2b: VIII, 298. Diffugiunt populi, nec se nisi moenibus urbis Esse putant tutos. — 1c: VIII, 214. Quae teneram prolem produxit in aëra nido. 2c: VIII, 217. Hos aliquis tremula dum captat arundine pisces. — XI, 522. Disentiunt tamen has praebentque micantia lumen Fulmina. — 1d: VIII, 371. Eurytidae magni rostro femur hausit adunco 2d: VII, 141. Terrigenae pereunt per mutua vulnera fratres. 1e: VI, 525. Terribilis Progne furiisque agitata doloris — 2e: II, 155. Interea voluceres Pyrois et Eous et Aethon — XI, 539. Non tenet hic lacrimas; stupet hic, vocat ille beatos — 1f: II, 166. Succutiturque alte similisque est currus inani. — 2f: II, 874. — altera dorso Inposita est; tremulae sinuantur flumine vestes 1g: VIII, 625. Nunc celobres mergis fulicisque palustribus undae. VI, 311. In patriam rapta est. ibi fixa cacumine montis — X. 666 Obstipuit virgo. nitidique cupidine poni — 2g: IV, 349. Opposita speculi referitur imagine Phoebus. I, 234. Colligit os rabiem, solitaeque cupidine caedis. — Verse der letzten Art sind selten, einmal, weil sämmtliche Versfüße Daktylen sind und dann, weil bei so bewegten Rhythmus gewöhnlich die Hephth. zugleich mit der Trith. angewandt wird. 1h: VIII, 6. Interea Minos Lelegeia litora vastat. 2h: VIII, 352. Qua potuit, precibus deus admit. ictus ab illo est Sed sine vulnere aper. —

Die mit einem Choriambus beginnenden Verbindungen, in welchen die Hephth. und Trith. vorkommen, werden in malerischer Beziehung ganz ebenso gebraucht wie die entsprechenden mit trochäischem Anfange, weshalb wir sie übergehen können.

E. Ist der erste Wortfuß ein Moloß, so kann sowohl die Penth. als auch die Hephth., unterstützt von der Trith., angewandt werden. Im ersten Falle ist das Schema der ersten Vershälfte folgendes:

1) _ _ _ _ _ _ _ _   2) _ _ _ _ _ _ _ _

Die Combinationen dieser beiden Nummern mit den acht Verbindungen der zweiten Vershälfte werden zur rhythmischen Malerei ganz in derselben Weise verwandt, wie die entsprechenden Verbindungen, welche mit einem Spondeus beginnen, weshalb wir auf das oben S. 41. darüber Gesagte verweisen.

Findet die Hephth. mit der Trith. Anwendung, so ist das Schema, abgesehen von dem Anfangs-Molosse, ganz dasselbe, wie das oben S. 40. bei den mit einem Trochäus beginnenden Versen angegebene. Der beginnende

Moloß ist hier jedoch in malerischer Beziehung insofern von Wichtigkeit, als er bewirkt, daß durch diese Verbindungen, außer wo die Päone in der 2. Hälfte auftreten, meist ruhige Zustände und Thätigkeiten geschildert werden. Folgende Beispiele werden dies darthun:

1) I, 662. praeclusaque ianua leti Aeternum nostros luctus extendit in aevum.
2) I, 720. quodque — lumen habebas Exstinctum est, centumque oculos nox occupat una.
3) X, 462. Cunctantem longaeva manu deducit, et alto — VIII, 199. — ceram Mollibat, lusuque suo mirabile patris Impediebat opus. cf. X, 283. IV, 79.
4) XIII, 53. Velaturque aliturque avibus, volucresque petendo —
5) I, 30 Et pressa est gravitate sui. circumfluus humor — cf. I, 8. VIII, 692. Ac nostros comitate gradus et in ardua montis — II, 294. At caeli miserere tui. circumspice utrumque —

F. Steht der 4. Epitrit zu Anfange eines Verses, so füllt er mit einem Jambus die erste Hälfte desselben bis zur Penthemimeres aus. Von der malerischen Bedeutung des ersten Wortfußes an sich ist oben S. 37 gehandelt und dort bemerkt worden, daß er wegen seiner überwiegenden Längen meist ruhige und dauernde Verhältnisse bezeichnet. Im Verein mit den Verbindungen der 2. Vershälfte bezeichnet er entweder 1) eben solche Zustände und Thätigkeiten, oder er schildert 2) mit jenen wegen seines plötzlich abfallenden Schlusses und des darauf folgenden Jambus lebhafte und gewaltsame Vorgänge.

Beispiele zu No. 1.

a) XV, 223. Paulatimque tremens et nondum poplite firmo Constitit (sc. infaus) XI, 787. Indignatur amans invitum vivere cogi. — b) XI, 356. Latarumque iacens campos spectabat aquarum. XIII, 183. Expectata diu, nulla aut contraria classi Flamina erant. c) XI, 459. Amplexusque dedit, tristique miserrima tandem Ore 'vale' dixit. — d) XII, 318. Languentique manu carchesia mixta tenebat. — e) VI, 304. — lumina maestis Stant inmota genis: nihil est in imagine vivum. II, 63. qua vix mane recentes Enitantur equi. medio est altissima caelo. — f) VIII, 799. Quaesitamque Famem lapidoso vidit in agro. — g) XI, 595. — nebulae caligine mixtae Exhalantur humo dubiaeque crepuscula lucis. — h) VIII, 702. Caelataeque fores, adopertaque marmore tellus. Erhabene Verwandlung.

Beispiele zu Nr. 2.

a) X, 540. Raptoresque lupos armatosque unguibus ursos — b) VI, 598. Germanamque rapit, raptaeque insignia Bacchi — c) X, 477. Intercepta neci est: latosque vagata per agros — d) XII, 563. Iumergitque manus, foedataque sanguine sonti — e) I, 264. Emittitque Notum. madidis Notus evolat alis. II, 194. Vastarumque videt trepidus simulacra ferarum. III, 727. Avulsumque caput digitis conplexa cruentis. f) XII, 118. Quo plangente gravem moribundo vertice terram — h) III, 537. Obscenique greges et inania tympana vincant?

Durch Anwendung der Cäsur nach dem dritten Trochäus werden die oben aufgeführten Schemata in beiden Vershälften etwas verändert; da es hierbei aber in malerischer Beziehung weniger auf die Wortfüße, als vielmehr auf die Bedeutung der Cäsur ankommt, so verweisen wir auf den Abschnitt, in welchem von derselben gehandelt worden ist. (S. 20—22.)

§. 4. **Gleichheit der Wortfüße in den entsprechenden Hälften unmittelbar auf einander folgender Verse und in den letzteren selbst.**

Mit der Gleichheit der Versfüße (Cap. I, §. 3.) verbindet Ovid oft auch Gleichheit der Wortfüße sowohl in den entsprechenden Hälften auf einander folgender Verse wie in den ganzen Versen, um parallele oder contrastirende Gedanken auf malerische Weise auszudrücken. In den Hälften derselben Verse ist dies nicht möglich, weil es die verschiedene Betonungsweise der beiden Vershälften nicht zuläßt.

Die Gleichheit der Wortfüße wird häufig auch durch Wiederholung derselben Worte noch mehr hervorgehoben; da wir diese Beispiele oben S. 11—13 ausschlossen, so werden wir sie hier hauptsächlich berücksichtigen. Wegen der geringen Abwechslung im Bau der ersten Vershälften finden sich in denselben auch in auf einander folgenden Versen, die gleiche Gedanken enthalten, ziemlich häufig gleiche Wortfüße, z. B.

I, 28. *Proximus est aër* illi levitate locoque; •
Densior his tellus —
I, 38. *Addidit et fontes* et stagna inmensa lacusque
Fluminaque obliquis cinxit declivia ripis.
cf. 45. 46. — 248. 249. XIII, 790. 791. —

und mit Wiederholung derselben Worte:

XIII, 785. *Senserunt toti* pastoria sibila montes,
Senserunt undae.
V, 341. *Prima Ceres* unco glaebam dimovit aratro,
Prima dedit fruges alimentaque mitia terris,
Prima dedit leges: Cereris sunt omnia munus.

aber auch nicht selten in der zweiten Hälfte auf einander folgender Verse, ohne und mit Wiederholung derselben Worte:

I, 138. *sed itum est in viscera terrae:*
Quasque recondiderat *Stygiisque admoverat umbris,* —
I, 527. Tum quoque visu decens, *nudabant corpora venti,*
Obviaque adversus vibrabant flamina vestes.
I, 361. Namque ego, crede mihi, *si te quoque pontus haberet,*
Te sequerer, coniunx, *et me quoque pontus haberet.*
V, 578. Una fui: nec me *studiosius altera saltus*
Legit, nec posuit *studiosius altera casses.*
VI, 358. 'Hi quoque vos moveant, qui nostro *bracchia tendunt*
Parva sinu ' et casu *tendebant bracchia nati.*
VI, 419. Quaeque urbes aliae *bimari clauduntur ab Isthmo,*
Exteriusque sitae *bimari spectantur ab Isthmo.*
XIII, 827. Sunt, fetura minor, *tepidis in ovilibus agni;*
Sunt quoque, par aetas, *aliis in ovilibus haedi.*

Von den auf einander folgenden ganzen Versen führen wir zuerst diejenigen an, welche Gleichheit des Gedankens nur durch gleiche Wortfüße (dann natürlich auch durch gleiche Versfüße) ausdrücken; hierauf solche, welche damit Wiederholung derselben Worte verbinden und endlich einige, welche sich nur unwesentlich durch die Wortfüße unterscheiden.

II, 214. Parva queror, magnae pereunt cum moenibus urbes,
Cumque suis totas populis incendia gentes —
II, 626. Ut tamen ingratos in pectora fudit odores
Et dedit amplexus iniustaque iusta peregit —
VIII, 414. Implevit pariter ternis latratibus auras
Et sparsit virides spumis albentibus agros.
VIII, 307. Hippothousque Dryasque et cretus Amyntore Phoenix,
Actoridaeque pares, et missus ab Elide Phyleus.
XI, 505. Nunc ubi demissam curvum circumstetit aequor,
Suspicere inferno summum de gurgite caelum.

XI, 520. Sic ubi pulsarunt noviens latera ardua fluctus,
Vastius insurgens decimae ruit impetus undae.
V, 297. Unde sonent, hominemque putat Iove nata locutum.
Ales erat, numeroque novem, sua fata querentes.

VII, 246. Tum super invergens liquidi carchesia bacchi
Aeneaque invergens tepidi carchesia lactis —
VI, 327. Restitit, et pavido 'faveas mihi' murmure dixit
Dux meus: et simili 'faveas' ego murmure dixi —
IV, 575. 'Ipse precor serpens in longam porrigar alvum'
Dixit, et ut serpens in longam tenditur alvum —
IX, 488. Quam bene, Caune, tuo poteram nurus esse parenti!
Quam bene, Caune, meo poteras gener esse parenti!
I, 325. Et superesse virum de tot modo milibus unum,
Et superesse videt de tot modo milibus unum.

Im folgenden Beispiele tritt ein Vers mit ungleichen Wortfüßen dazwischen:
III, 353. Multi illum iuvenes, multae cupiere puellae;
Sed fuit in tenera tam dura superbia forma,
Nulli illum iuvenes, nullae tetigere puellae.

Auch können mehrere dazwischen treten, wie es bei den Versen
XV, 24. Et nisi paruerit, multa ac metuenda minatur
XV, 33 Et, nisi paruerit, plura et graviora minari

der Fall ist.

II, 122. Tum pater ora sui sacro medicamine nati
Contigit et rapidae fecit patientia flammae.
VIII, 642. Suscitat hesternos foliisque et cortice sicco
Nutrit et ad flammas anima producit anili.
XI, 476. Cornuaque in summa locat arbore, totaque malo
Carbasa deducit venientesque accipit auras.
XIII, 790. Floridior pratis, longa procerior alno,
Splendidior vitro, tenero lascivior haedo. cf. 834. 835.
I, 481. Saepe pater dixit 'generum mihi, filia, debes';
Saepe pater dixit 'debes mihi, nata, nepotes'.
VIII, 628. Mille domos adiere, locum requiemque petentes;
Mille domos clausere serae, tamen una recepit.

§. 5. Gegenüberstellung von Wortfüßen verschiedener Art. — Schließlich haben wir hier noch die Gegenüberstellung von Wortfüßen verschiedenartigen Charakters zu berücksichtigen, die der Dichter behufs malerischer Darstellung entweder in denselben oder in auf einander folgenden Versen in Anwendung bringt. Wo nämlich ruhige oder gehemmte Thätigkeit geschildert werden soll, finden wir, ähnlich wie wir es oben bei den Versfüßen gesehen haben, auch meist schwere und fallende Wortfüße; leichte und steigende dagegen, wo lebhafte, gewaltsame Vorgänge dargestellt werden.

Wird solche Gegenüberstellung in demselben Verse angewandt, so kommen die ruhigern Wortfüße meist zu Anfang und in der ersten Hälfte vor, wie sich dies auch aus den oben aufgeführten Schematen ergiebt; es kann aber auch das umgekehrte Verhältniß durch den Inhalt bedingt sein.

Beispiele der ersten Art:

I, 94. Nondum caesa suis. peregrinum ut viseret orbem. — III, 382. Voce 'veni!' magna clamat; vocat illa vocantem. Dieser Vers malt das laute Rufen und Horchen des Narciß im Gegensatz zu der schnell antwortenden Echo. XIII, 769. Cessant, et tutae veniuntque abeuntque carinae. III, 395. Sed tamen haeret amor crescitque dolore repulsae. I, 367. Dixerat, et flebant. placuit caelesto precari — Numen. I, 556. Oscula dat ligno: refugit tamen oscula lignum. II, 205. Incursant stellis, rapiuntque per avia currum. II, 586. Currebam: nec, ut ante, pedes retinebat arena. Der Wechsel malt die Gleichmäßigkeit, die folgenden steigenden Wortfüße die Leichtigkeit und Schnelligkeit des Laufes. II, 150. Obstantes scindunt nebulas pennisque levati — III, 688. Restabam solus. pavidum gelidumque trementi Corpore — firmat deus. III, 245. Ad nomen caput ille refert. II, 768. Concussae patuere fores. X, 667. Declinat cursus, aurumque volubile tollit.

Gern setzt Ovid in diesem Falle zu Anfang des Verses den 4. Epitrit:

X, 711. Excivere canes, silvisque exire parantem — Fixerat. V, 63. Deploravit Athin. quos ille tetenderat arcus — Arripit. cf. VI, 608. XI, 676. XIV, 198. Haec et plura ferox. uio luridus occupat horror. VI, 381. Limosoque novae saliunt in gurgite ranae. III, 304. Nunc armatur eo: nimium feritatis in illo est. XV, 151. Despectare procul, trepidos obitumque timentes —

Beispiele der andern Art:

III, 381. Hic stupet, atque aciem partes dimittit in omnes. III, 383. Respicit, et rursus nullo veniente 'quid' inquit — 'Me fugis?' Schnelles Umsehn und Horchen. VIII, 216. Et movet ipse suas et nati respicit alas. VIII, 668. Omnia fictilibus, post haec caelatus eodem Sistitur argento crater fabricataque fago Pocula — Der schwere Mischkessel im Gegensatz zu den übrigen leichtern Gefäßen. XII, 488. Fractaque dissiluit percusso laumina callo.

Auch der 4. Epitrit kann wegen seines plötzlichen jähen Schlußfaues, der durch Conjonanten Verbindungen noch mehr hervortritt (M. vgl. Praef. 1871. p. 27.) den folgenden ruhigern Wortfüßen in malerischer Weise gegenübergestellt werden: III, 276. Sulcavitque cutem rugis, et curva trementi — Membra tulit passu. VIII, 687. Eluditque diu, tandemque est visus ad ipsos — Confugisse deos. cf. XI, 269. XIV, 200. —

Ebenso wie die Theile können auch ganze Verse hinsichtlich der verschiedenen Beschaffenheit ihrer Wortfüße des malerischen Ausdrucks wegen einen Gegensatz bilden. Man beachte folgende Beispiele:

I, 412. Missa viri manibus faciem traxere virorum,
Et de femineo reparata est semina iactu.

Im ersten Verse steigende und kürzere, im zweiten meist sinkende und längere Wortfüße.

III, 692. 'Praebuimus longis' Pentheus 'ambagibus aures'
Inquit 'ut ira mora vires absumere posset.
Praecipitem famuli rapite hunc, cruciataque diris
Corpora tormentis Stygiae dimittite nocti.'

Die ruhigern Wortfüße der beiden ersten Verse deuten das Warten und die Mäßigung der Wuth des Pentheus an, im Gegensatze zu den heftigern der beiden letzten, in denen er seine grausamen Befehle erläßt.

III, 723. Non habet infelix (sc. Actaeon), quae matri bracchia tendat,
Trunca sed ostendens deiectis vulnera membris,
'Aspice, mater!' ait. visis ululavit Agave,
Collaque inclavit, movitque per aëra crinem:
Avulsumque caput digitis complexa cruentis
Clamat 'io comites, opus haec victoria nostrum est!'

In den mit 'visis ululavit A.' beginnenden heftigen Wortfüßen sind auch zugleich die mehrfach vorkommenden Consonanten-Verbindungen zu bemerken.

VIII, 644. Multifidasque faces ramaliaque arida tecto
Detulit et minuit, parvoque admovit aëno.

Die viele Kürzen enthaltenden Wortfüße der ersten anderthalb Verse malen das geschäftige Herbeiholen des Holzes und Zerknicken des Reisigs; der Schluß des 2. Verses bezeichnet durch seine Längen das langsame Anlegen des Brennstoffes ans Feuer.

XIV, 637. Quid non et Satyri, saltatibus apta iuventus
Fecere et pinu praecincti cornua Panes,
Silvanusque, suis semper iuvenilior annis —?

In den beiden letzten Versen werden die ernsteren Heerden- und Waldgötter, die Pane und der greise Silvanus, den im ersten V. erwähnten jugendlichen und muntern Satyrn gegenübergestellt. (cf. p. 25.)

(Fortsetzung im Programm des nächsten Jahres.)

Programm

der

Realschule erster Ordnung zu Stralsund

Ostern 1879.

Im Namen des Lehrer-Collegiums

herausgegeben

von dem Director

Dr. Ernst Brandt,

Ritter des königlichen Hohenzollern'schen Hausordens.

Inhalt:

1. Ueber rhythmische Malerei in Ovid's Metamorphosen (Fortsetzung). Abhandlung des Oberlehrers Dr. Lüdke.
2. Schulnachrichten vom Director.

Stralsund, 1879.
Druck der Königl. Regierungs-Buchdruckerei.

1879. Progr. Nr. 121.

Schüler-Verzeichniß.
Winter-Semester 1878/79.

Ober-Prima.
1. Otto Abshagen aus Ronnevitz.
2. Wilhelm Amtsberg aus Stralsund.
3. Otto Eiermann
*4. Hans Engel
5. Carl Fedthaber aus Wolgast.
6. Albert Gülzow aus Bohlendorf.
7. Wilhelm Heß aus Ralswiek.
8. Paul Jörß aus Stralsund.
*9. Hermann von Köhler aus Frauzburg.
10. Hermann Ludwig aus Barth.
11. Carl Mecklenburg aus Stralsund.
12. Carl Mülebeck aus Cancrow.
13. Rudolf Lesten aus Roitod.
14. Robert Spieker aus Stralsund.
15. Adolf Stove
16. Ewald Teenow aus Wolgast.
*17. Richard Wendt aus Berlin.

Unter-Prima.
1. Wilhelm Fauser aus Barth.
2. Erich Hardened aus Ludowig.
3. Albert Jbarth aus Stralsund.
4. Hermann Klein
5. Leopold Krüger
6. Paul Lange aus Wolgast.
7. Max von Normann aus Stralsund.
8. Heinrich Barow aus Zingst.
9. Robert Pietz aus Crummenhagen.
10. Fritz von Reiche aus Arneberg.
11. Johannes Schmidt aus Grimmen.
12. Friedrich Zimanowsky aus Alewe.
13. Eduard Strammwitz aus Boditedt.
14. Kaspar von Wedell aus Tesßin.
15. Friedrich Westphal aus Stralsund.

Ober-Secunda.
1. Alfred Bahlrüß aus Barth.
2. Max Engel aus Stralsund.
3. Emil Engelbrecht
4. Emil Bischkow aus
5. Eberhard Bischlow
6. Erich Grüber aus Bergen.
7. Wilhelm Hanow aus Stralsund.
8. Carl Heß aus Ralswiek.
9. Franz Holzerland aus Barth.
10. Heinrich Horn aus Stralsund.
11. Ernst Jenßen aus Leiz.
12. Gustav Krehmke aus Stralsund.
13. Wilhelm Maaß
14. Georg Mie
15. Fritz Möller aus Bergen.
16. Adolf von Mühlenfels aus Stralsund.
17. Hermann Mührer
18. Wilhelm Ulrich
19. Carl Rüterbusch
20. Otto Sagner
*21. Gustav Salomon aus Regenwalde.
22. Carl Schmit aus Stralsund.
23. August Wagner aus Zingst.

Unter-Secunda.
1. Wilhelm Arndt aus Stralsund.
2. Friedrich Ascher aus Nielitz.
3. Carl Bartens aus Stralsund.
4. Emil Beulendorff aus Bolzin.
5. Carl Boldt aus Stralsund.
7. Franz Busse aus Stralsund.
8. Hermann Talm
9. Erich Tanckwardt
10. Richard Tarfschlag aus Altejahr.
11. Albert Tenzmann aus Stralsund.
12. Robert Tibbelt aus Züssow.
13. Paul Edert aus Stralsund.
14. Richard Follenthal aus Ludenwalde.
15. Carl Geld aus Stralsund.
16. Heinrich Grahl
17. Gustav Gronlund aus Drosedow.
18. August Haase aus Stralsund.
19. Felix Heinzelmann
20. Carl Henning aus
21. Hans Holsten aus Langenbanshagen.
22. Max Holten
23. Albert von Homeyer aus Stralsund.
24. Wilhelm Kopp
25. Otto Kose
26. Otto Knaal aus Altefahre.
27. Franz von Köhler aus Lebelin.
28. Reimar von Koppelow aus Schwerin.
29. Walter Kosbahn aus Stralsund.
30. Max Kreplin aus Altefahre.
31. Eduard Krüger aus Stralsund.
32. Johannes Krüger
33. Otto Lebel
34. Paul Loewig
35. Johannes Lude
36. Hermann Melms aus Loblevitz.
37. Adolf Neumann aus Stralsund.
38. Max Rahnke aus Pleidow.
39. Alwin Ploetz aus Gützow.
40. Otto Pohle aus Carlshof.
41. Wilhelm Zdiebe aus Wolgast.
42. Heinrich Schmidt aus Stralsund.
*43. Wilhelm Schmud
44. Wilhelm Schmurr
45. Hermann Schroeder
46. Hermann Schnemann
47. August Schütz aus
48. August Schwerin aus Unmans.
49. Gustav Spalding aus Ganschvitz.
50. Hein Stahnke aus Rees.
51. Otto Stolt aus Bergen.
52. Hermann Tönnies aus Stralsund.
53. Carl Wahl
54. Franz Wertheim
55. Gustav Wietl
56. Franz von Woedike.

Ober-Tertia.
1. Franz Ahrens aus Stralsund.
2. Ernst Anders aus Radow.
3. Max Barble aus Prerow.
4. Paul Blandow aus Stralsund.
5. Henning von Brüsewitz
6. Wilhelm Danzig aus
7. Ernst Torjer aus Cnapendorf.
8. Hugo Ebert aus Stralsund.
9. August Frand
10. Friedrich Geis aus Prerow.
11. Hermann Grünwald aus Stralsund.
12. Albert Haedge
13. Erich Hannemann
14. Helmuth Heinzelmann
15. Philipp Hill aus Java.
16. Carl Hindrichs aus Stralsund.
16. Gustav Kahl aus London.
19. Max Kindt aus Stralsund.
20. Max Kriger aus Sieben-Pollenthin.
21. Robert Maaß aus Stralsund.
22. Gottlieb Mahnke aus Jausebuhr.
23. Georg May aus Zingst.
24. Nicolaus Maurer aus Stralsund.
25. Georg Michels
26. Paul Noß
27. Alfred Müller aus Barth.
28. Friedrich v. Normann a. Stralsund.
29. Hermann Pauels aus
30. Hans Pietsch
31. Ulrich Pogue aus Semlow.
32. Hermann Maßow aus Stralsund.
33. Gustav Röhl aus Angerode.
34. Carl Stahl
35. Carl Röhl aus Gingst.
36. Paul Rosenland aus Grimmen.
37. Wilhelm von Schedeu
38. Albert Schmidt aus Niepars.
39. Hans Spieker aus Stralsund.
40. Carl Stahl
41. Otto Stiegler aus Redenhagen.
42. Hermann Stuth aus Alten-Pleen.
43. Max Teenow aus Stralsund.
44. Max Westphal
45. Albert Wilde aus Betmulenhagen.
46. Georg Will aus Stralsund.
47. Hugo Witthaus

Unter-Tertia.
1. Felix von Beringe aus Stralsund.
2. Franz Borchart
3. Ernst Borgwardt aus Sagard.
4. Ernst Bon aus Polsoth.
5. Gustav Brandt aus Grimmen.
6. Gustav Braun aus Seemühl.
*7. Ferdinand Brootmann aus Santel.
8. Wilhelm Ticl aus Wolgast.
9. Erich Diefelmann a. Crummenhagen.
10. Heinrich Tirels aus Stralsund.
11. Johannes Evers
12. Eduard Ewert
13. Hugo Findt
14. Richard Gahlbed
15. Reinhold Grai aus Rubitz.
16. Alexander Harder aus Stralsund.
17. Hermann Heinzelmann
18. Otto Henning aus Wittenhagen.
19. Alexander Hindrichs aus Stralsund.
20. Max Hoth
21. Heinrich Merdow aus Altenhagen.
22. August Knorte aus Belgien.
23. Joachim Kraeft aus Barth.
24. Alfred Kruger aus Campe.
25. Magnus Kunz aus Stralsund.
26. Ulrich Kurth
27. Adolf Loewermann aus Mellnitz.
28. Wilhelm Lange aus Stoltenhagen.
29. Otto Leorenez aus Stralsund.
30. Hermann Lönnies
31. Albert Mau
32. Otto Maurer
33. Rudolf Mecklenburg
†34. Max Meinke aus
35. Axel Miebrodt
36. Ludwig Möller aus Seedorf.

38. Wilhelm Müller aus Stralsund.
39. Max Penh
40. Franz Pohle aus Carlshof.
41. Alfred Radwitz aus Stralsund.
42. Rudolf Regewitz „
43. Hermann Richter aus Neuendorf.
44. Otto Rüting aus Clausdorf.
45. Otto Schroeder aus Stralsund.
46. Hans Schümann „
47. Gustav Schütt „
48. Hans Unruh aus Horst.
49. Ernst Vieth aus Stralsund.
50. Hans Waterstradt „
51. Rudolf Welluer aus „
52. Max Wilhelm „
*53. Wilhelm Wolter „
54. Otto Ziemßen „

Quarta A.

1. Max Ackermann aus Stralsund.
2. Robert Behm aus Schaprode.
3. Friedrich Broeder aus Grimmen.
4. Paul Tienert aus Stralsund.
5. Heinrich Funk „
6. Carl Hagemann „
7. Malte Hahn „
8. Hugo Hempel „
9. Friedrich Henning aus Wüstenhagen.
10. Ernst Heverick aus Stralsund.
11. Paul Holsten aus Steinhagen.
12. Hans von Homeyer aus Stralsund.
13. Albert Kähler „
14. Otto Kircher „
15. Max Köppner „
16. Walter Kurth „
17. August Lau aus Groß-Kubitz.
18. Erich Michaelis aus Stralsund.
19. Arthur Michels aus Rosenthal.
20. Richard Mierendorff aus Stralsund.
21. Carl Müller aus Gotwidlinow.
22. Paul Müller aus Barth.
23. Anton Papatschy aus Stralsund.
24. Max Parow aus Zingst.
25. Gustav Peters aus Stralsund.
26. Fritz Peters aus Bergen.
27. Albert Pohl aus Stralsund.
28. Paul Schmurr aus „
29. Malte Sonnenburg aus Poserit.
30. Richard Steinbring aus Stralsund.
31. Joachim Stuhr „
32. Paul Ullrich „
33. Hans Wagner „
34. Hans Wewergang „
35. Johann Wonwode „
36. Heinrich Zapfe „

Quarta B.

1. Otto Abshagen aus Biedamitz.
2. Emil Brandt aus Lüberohagen.
3. Ludwig Burmeister aus Grimmen.
4. Hermann Conradt aus Stralsund.
5. Hermann Dabis „
6. Albert Fauli „
7. Max Helm „
8. Otto Hempel „
9. Wilhelm v. d. Heyden „
10. Siegfried Heynken aus Kroepelin.
11. Ernst Hindrichs aus Stralsund.
12. Paul Hirsch „
13. Reinhard Hübner aus Polthaus.
14. Carl Jden aus Stralsund.
15. Paul Kruse „

17. Julius Moses aus Stralsund.
18. Wilhelm Oesterreich aus Gobbin.
19. Robert Peters aus Bergen.
20. Carl Rabe aus Stralsund.
21. Carl Rickmann „
22. Hermann Rose „
23. Paul Schilling aus Arcona.
24. Wilhelm Schirrmeister aus Pulbus.
25. Waldemar Schmidt aus Stralsund.
26. Carl Schreiber „
27. Hermann Schroeder „
28. Paul Senfert „
29. Franz Vieth „
30. Hans von Wakenitz aus Rappenhagen.
31. Gustav Zarnke aus Stralsund.

Quinta A.

1. Otto Baier aus Rapwitz.
2. Otto Beng aus Stralsund.
3. August Büring „
4. Robert Busse „
5. Robert Buzel „
6. Carl Danzig „
7. Hermann Tittmer „
8. Carl Dörnberger aus Tönsberg.
9. Otto Eggert aus Stralsund.
10. Carl Ewert „
11. Wilhelm Funk „
12. Otto Haider aus Hohenwarth.
13. Rudolf von Homeyer aus Stralsund.
14. Carl Knaak „
15. Wilhelm Kraemer „
16. Ernst Lüden aus Obernothhafen.
17. Otto Reißener aus Stralsund.
18. Carl Otto aus Alt-Jarrendorf.
19. Carl Pens aus Stralsund.
20. Wilhelm Peters „
21. Erich Pierik aus Crummenhagen.
22. Carl Radlach aus Stralsund.
23. Hans Reinde „
24. Carl Reßipti „
25. Ernst Schaumkel, Klein-Kordeshagen.
26. Carl Schmidt aus Stralsund.
27. August Schulte aus Matzendorf.
28. Wilhelm Schütz aus Barth.
29. Otto Staroh aus Stralsund.
30. Carl Stein „
31. Ernst Wasow „

Quinta B.

1. Max Alwert aus Stralsund.
2. Carl Bathke aus Prerow.
3. Franz Beug aus Stralsund.
4. Wilhelm Bolle „
5. Georg Dabis „
6. Carl Dettmann „
7. Otto Tienert „
8. Carl Tillow „
9. Carl Elöver aus Wilhelmshafen.
10. Carl Gold aus Stralsund.
11. Friedrich Groenlund aus Trosedow.
12. Ernst Hannemann aus Stralsund.
13. Gustav von Harder aus Kransdorf.
14. Carl Henning aus Wüstenhagen.
15. Gustav Henning „
16. Gottfried Mecklenburg aus Stralsund.
17. Oscar Michaelis „
18. Ernst Minplaff „
19. Friedrich Müller „
20. Julius Rüting aus Soltendorf.
21. Johannes Rüting „
22. Hermann Schlicht aus Stralsund.

24. Carl Schlüng aus Niepars.
25. Max Schmidt aus Stralsund.
26. Otto Schulz „
27. Franz Streich „
28. Heinrich v. Wakenitz aus Rappenhagen.
29. Ernst Weber aus Stralsund.
30. Hans Wolter „
31. Max Zarnke „

Sexta A.

1. Heinrich Appelhans aus Stralsund.
2. Richard Baumhammer „
3. Carl Below „
4. Otto Benz „
5. Ernst Bev „
6. Otto Beyer aus Vieregge.
7. Max Tüder aus Stralsund.
8. Hans Ewert „
9. Hermann Francke aus Crummenhagen.
10. Richard Göße aus Stralsund.
11. Eduard Günther „
12. Ferdinand Hagemann „
13. Heinrich Hahn „
14. August Hannemann „
15. Walte Kagelmacher aus Altenkirchen.
16. Heinrich Kaehler aus Stralsund.
17. Willy Krüger „
18. Erich Kurth „
19. Max Melahn „
20. Paul Mehmel „
21. Hans Mohr „
22. Albert Mohr aus Stahlbrode.
23. Max Neumann aus Stralsund.
24. Carl Oesterreich aus Niepars.
25. Fritz Oesterreich a. Hildebrandshagen.
26. Otto Oswald aus Stralsund.
27. Emil Pens „
28. Arthur Radlach „
29. Otto Raep „
30. Max Schmalsfeldt „
31. Ehrenfried Schütte „
32. Albert Schütte aus Seehof.
33. Hans Stubbe aus Stralsund.
34. Robert Studemann „
35. Paul Töpfer „
36. Carl Wierd aus Ummanz.
37. Otto Wiek aus Stralsund.
38. Walte Zander „
39. Richard Zeed aus Rambin.

Sexta B.

1. Hermann Albrecht aus Stralsund.
2. Max Nönnig aus Voigdehagen.
3. Max Benkemann aus Stralsund.
4. Paul Conradt „
5. Paul Dettmann „
6. Hermann Eckert „
7. Otto Felgenhauer „
8. Ernst Hacke „
9. Max Joseph aus Barth.
10. Carl Kliesow aus Thießow.
11. Julius Land aus Ummanz.
12. Friedrich Möller aus Stralsund.
13. Max Peters aus Steinhagen.
14. Alexander Schönberg aus Stralsund.
15. Max Schönberg „
16. Paul Schütz „
17. Otto Schwabe „
18. Walte Schwabe „
19. Ernst Weidemann aus Schaprode.
20. Wilhelm Wendt aus Stralsund.
21. Max Wittband „

Ueber rhythmische Malerei in Ovid's Metamorphosen.
(Fortsetzung.)

Cap. IV. Von der Wortstellung.

§. 1. Zu den Mitteln der rhythmischen Malerei gehört ferner die **Wortstellung**; auch sie trägt an ihrem Theile dazu bei, daß der darzustellende Gegenstand durch die rhythmische Bewegung des Verses möglichst lebendig und anschaulich nachgeahmt wird. Wir haben es hier zwar mit der poetischen Wortstellung zu thun, doch müssen wir zunächst einen Blick auf die prosaische werfen, weil jene im Grunde mit dieser eins ist und sich nur durch weiter unten zu bezeichnende Eigenthümlichkeiten von ihr unterscheidet. In der prosaischen Wortstellung herrscht ein dreifaches Gesetz: das logische, rhetorische und rhythmische. Das erste schreibt vor, wie die Worte dem besondern Charakter der lateinischen Sprache gemäß auf einander folgen müssen, um die größtmöglichste Deutlichkeit und Correctheit der Rede zu befördern; die einzelnen Regeln hierüber finden sich in jeder vollständigen lateinischen Grammatik angegeben. Das andre Gesetz giebt die Vorschriften, wie durch gewisse Abweichungen von jenem die Worte und Satzglieder, welche für den darzustellenden Gedanken die wichtigsten sind, eine solche Stellung erhalten, daß auf ihnen der meiste Nachdruck ruht. Das dritte Gesetz endlich lehrt, wie die Worte zu stellen sind, damit ein dem Gedanken angemessener und fließender Rhythmus und dadurch zugleich Wohlklang der Rede erzeugt werde. Hierüber hat Cicero[*]) und nach seinem Vorgange Quintilian ins Einzelne gehende Anweisungen gegeben; doch beziehen sich dieselben nur auf den rednerischen Numerus, welcher zwar gleichwie der poetische in einer bestimmten Abwechslung langer und kurzer Silben besteht, dennoch aber nicht an so strenge Gesetze gebunden ist, wie der letztere.[**])

Die Poesie nun benutzt bei der Wortfügung die Mittel, welche die prosaische Rede anwendet, um den Ausdruck dem Gedanken adäquat zu gestalten, so weit sie ihrem besondern Charakter nicht widersprechen; sie hat aber außerdem noch andere, welche ihr durch das Metrum geboten werden. Dieses hat je nach seiner besondern Art verschiedene Stellen, welche die wichtigsten sind, und an sie bringt der Dichter die Worte, welche ebenfalls wegen ihrer Wichtigkeit für den ganzen Gedanken besondern Nachdruck empfangen sollen. (M. vgl. Goßrau, Lat. Sprachl. S. 622.) Außerdem dienen solche Hauptstellen dazu, die Beziehung zusammengehöriger Begriffe auf einander anzudeuten, sowie speciell im Hexameter und Pentameter die beiden Vershälften eng mit einander zu verschlingen. Die Höhe der formellen Kunst des Dichters ist gerade daran besonders zu

---

[*]) Cic. Or. 50, §. 168. De oratore III, 43, §. 171. — Quintil. Inst. IX. 4.

[**]) Cic. De Or. III, 44, 175. Orator autem sic illigat sententiam verbis, ut eam numero quodam complectatur, et adstricto et soluto. Nam cum vinxit modis et forma, relaxat et liberat immutatione ordinis, ut verba neque alligata sint quasi certa aliqua lege versus, neque ita soluta, ut vagentur.

ermessen, ob er im Stande ist, den Anforderungen, welche das Metrum stellt, zu genügen, dabei aber zugleich die Mittel, welche dasselbe zur Belebung des Ausdrucks gewährt, im vollsten Maße zu benutzen und den Zwecken der ganzen Darstellung dienstbar zu machen.

Da Ovid der größte Meister in dieser Art des Versbaues ist, so treten bei näherer Betrachtung auch hinsichtlich der Wortstellung zum Zwecke rhythmischer (und zugleich lautlicher) Malerei eine Menge Schönheiten in seinen Werken zu Tage.

§. 2. Es ist natürlich, daß die gewöhnliche Wortfolge, deren Hauptzweck Verständlichkeit und Deutlichkeit ist, dem Dichter für seine besondere Ausdrucksweise überhaupt wenig Mittel an die Hand giebt am wenigsten aber speciell für rhythmische Malerei. Denn zu diesem Zwecke will der Poet, wie Lessing im Laokoon S. 122 sagt, „nicht bloß verständlich werden; seine Vorstellungen sollen nicht bloß klar und deutlich sein, — hiermit begnügt sich der Prosaist — sondern er will die Ideen, die er in uns erweckt, so lebhaft machen daß wir in der Geschwindigkeit die wahren sinnlichen Eindrücke ihrer Gegenstände zu empfinden glauben und in diesem Augenblick der Täuschung uns der Mittel, die er dazu anwendet, seiner Worte, bewußt zu sein aufhören." Solche Wirkung hervorzubringen, liegt aber der logischen Wortfolge in der Regel sehr fern.

§. 3. Anders steht es schon mit den Abweichungen von ihr, wie sie das rhetorische Gesetz verlangt. Während im Deutschen die Bedeutsamkeit eines Wortes durch nachdrucksvollere Betonung angezeigt wird, geschieht es im Lateinischen durch die Abweichung von der gewöhnlichen Wortstellung. Der Redner stellt seine Worte dahin, wo sie ihm am besten zu passen scheinen, um seiner Rede Kraft und Schönheit zu verleihen, gleichwie der Baumeister unbehauenen Steinen den Platz anweist, an dem sie sich am festesten in das Gebäude einfügen und trotz ihrer Unregelmäßigkeit die schöne Form des Ganzen herstellen helfen. Es werden daher auch mancherlei Abweichungen in der Wortfolge, wie sie der rednerischen Sprache eigenthümlich sind, aus dieser von dem Dichter entlehnt, um dem Ausdrucke Lebendigkeit und Anschaulichkeit zu verschaffen. Dahin gehört*)

1. die Umstellung, vermöge welcher ein Wort entweder wegen seiner Wichtigkeit für den Gedanken, oder zur Bezeichnung von Gleichheit oder Gegensatz durch besondern Nachdruck hervorgehoben werden soll, und zwar geht abweichend von der gewöhnlichen Wortfolge voran:

a) das Prädikat dem Subjecte:

I, 78. *Natus* homo est. 146. *Imminet* exitio vir coniugis. XIII, 785. *Senserunt* toti pastoria sibila montes, *Senserunt* undae. I, 452. *Primus amor* Phoebi Daphne Peneia. 440. *Terror eras.* III, 349. *Vana* diu visa est vox auguris. II, 161. Sed *iere* pondus erat. II, 107. *Aureus* axis erat, temo aureus, *aurea* summae Curvatura rotae. XIV, 651. *Miles* erat gladio, *piscator* arundine sumpta.

b) das attributive Adjectiv dem Substantivum:

II, 203. — nulloque inhibente per auras *Ignotae* regionis eunt. I, 436. Edidit *innumeras* species. VI, 174. *maximus* Atlas est avus. 351. ad *publica* munera vani. 331. Non hac, o iuvenis, *montanum* numen in ara est. Illa suam vocat hanc —

c) das Possessivum dem Substantivum:

I, 463. — 'figat *tuus* omnia, Phoebe, Te *meus* arcus' ait. 465. Tanto minor est *tua* gloria nostra. — Dagegen steht das Demonstrativum bisweilen hinter seinem Nomen, wodurch beide in gleicher Weise hervorgehoben werden: I, 768. 'Per *iubar hoc*' inquit. 772. sitque oculis *lux ista* novissima nostris.

d) das regierte Nomen dem regierenden:

I, 354. *Terrarum*, quascunque vident occasus et ortus, Nos duo turba sumus, III, 581. *morisque novi* cur sacra frequentes. IV, 55. *iuvenum* pulcherrimus alter, Altera — praelata puellis. 60. Tempore crevit amor. *taedae* quoque iure coissent.

---

*) Hinsichtlich der Anordnung der einzelnen Abweichungen von der gewöhnlichen Wortfolge schließe ich mich hier der Grammatik von G. T. A. Krüger an. S. S. 929.

c) das Verbum oder Adjectivum dem auf dasselbe bezogenen Objecte:

IV, 151. *Persequar* extinctum. VII, 748. *orabam* veniam et peccasse fatebar. 753. *Dat* mihi praeterea — canem munus. — *Dat* simul et iaculum. — I, 479. *Impatiens* expersque viri. XIII, 935. Res *similis* fictae: sed quid mihi fingere prodest? cf. VI, 622.

Die angeführten Fälle betreffen sämmtlich die Umstellung unmittelbar auf einander bezogener Worte: es können aber auch Worte, die gemeinschaftlich auf ein anderes bezogen werden, ihre Stelle mit einander vertauschen, um dadurch mehr hervorzutreten, z. B. Subject und Object; Object und adverbiale Bestimmung u. dgl.

VI, 234. Frena dabat: *dantem* non evitabile telum Consequitur. V, 587. Invenio *sine vertice* aquas, sine murmure euntes. VI, 298. quam *toto corpore* mater, tota veste tegens —.

2. **Die Verschiebung.** Diese Abweichung von der gewöhnlichen Wortfolge, welche darin besteht, daß ein bedeutsames Wort erst gegen das Ende eines Satzes oder einer Periode auftritt, hat in prosaischer Rede häufig den Zweck, daß die dem betreffenden Worte nachfolgenden Bestimmungen desto leichter auf dasselbe bezogen werden können. Für den Dichter tritt dieser Zweck mehr in den Hintergrund, da er mit Hülfe der durch das Metrum gegebenen Hauptstellen auch auf ferner stehende Satzglieder nachfolgende Bestimmungen zu beziehen vermag, wie z. B. I. 452. *Primus amor* Phoebi Daphne Peneia, *quem* non Fors ignara dedit. Bei ihm hat die Verschiebung eines Wortes vielmehr den Zweck, daß entweder das letztere, oder die ihm vorangehenden Bestimmungen, oder beide zugleich dadurch bedeutenden Nachdruck erhalten. Außerdem kann der Dichter auch dadurch bezwecken, die Aufmerksamkeit des Hörers oder Lesers auf das zuletzt folgende, für den ganzen Gedanken wichtigste Wort zu spannen und dadurch einen besondern malerischen Effect zu erzielen. Folgende Beispiele werden diese Absichten erkennen lassen:

a) hinsichtlich der Verschiebung des Subjectes.

III, 729. Non citius frondes autumni frigore tactas
Jamque male haerentes alta rapit arbore *ventus*,
Quam sunt membra viri manibus direpta nefandis.

IV, 105. Serius egressus vestigia vidit in alto
Pulvere certa ferae, totoque expalluit ore
Pyramus.

IV, 447. Sustinet ire illuc caelesti sede relicta,
Tantum odiis iraeque dabat, *Saturnia Juno.* cf. VI, 180—191. —

I, 101. Ipsa quoque inmunis rastroque intacta nec ullis
Saucia vomeribus per se dabat omnia tellus.

II, 138. Neu te dexterior tortum declinet ad Anguem
Neve sinisterior pressam rota ducat ad Aram.

Das Subject ist hier nach der Figur ἀπὸ κοινοῦ für das zweite Satzglied aufgespart, und die ihm voraufgehenden Bestimmungen sind außer der Stellung zugleich durch den Gegensatz hervorgehoben.

II, 165. Sic onere assueto vacuus dat in aera saltus
Succutiturque alte similisque est currus inani. —

IV, 96. *Audacem* faciebat *amor.*

XII, 316. In tanto fremitu cunctis sine fine iacebat
Sopitus venis et inexperrectus *Aphidas.* —

III, 710. Hic oculis illum cernentem sacra profanis
Prima videt, prima est insano concita cursu,
Prima suum misso violavit Penthea thyrso
Mater.

XIII, 441. Hic subito, quantus cum vivoret esse solebat,
Exit humo late rupta, similisque minanti
Temporis illius vultum referebat Achilles. cf. XII, 592. XIII, 500. 502.

b) Auch die Bestimmungen des Prädikates können, um dadurch mehr Nachdruck zu erhalten, dem letztern nachfolgen.

VI, 300. 'De multis minimam posco' clamavit '*et unam*'.
I, 182. Non ego pro mundi regno magis anxius illa
Tempestate fui, qua centum quisque parabat
Inicere anguipedum *captivo bracchia caelo*.
VI, 697. Idem ego cum subii *convexa foramina terrae*
Subposuique ferox *imis mea terga cavernis*,
Sollicito *manes totumque tremoribus orbem*.

Hierher gehört auch der Fall, wenn eine Prädikatsbestimmung sich zwischen das Partizip und Hilfsverbum einschiebt, um durch diese Stellung besondern Nachdruck zu bekommen oder auch das Partizip hervorzuheben. VI, 293. duplicataque *vulnere caeco* est. V, 570. ut sol, qui tectus *aquosis Nubibus ante* fuit. VIII, 238. testataque gaudia cantu est. VIII, 352. *ictus* ab illo est, Sed sine vulnere, aper. cf. X, 60. 63.

c) Auch das Subject nimmt manchmal diese Stelle ein, oder steht überhaupt zwischen Prädikat und Hilfsverbum, was mit dem oben bei der Umstellung angeführten ersten Falle übereinkommt (S. 2.). VI, 258. *Altera* per iugulum pennis tenus acta *sagitta* est (hier ist noch außerdem die Beziehung des Subjects auf das Anfangswort von Wichtigkeit). — III, 620. praedae tam caeca *cupido* est. VI, 215. poenae mora *longa querella* est; — oder es steht zwischen Object und Prädikat, wodurch es selbst sowie auch das Object oft stark hervortritt, z. B. I, 489. votoque tuo *tua forma* repugnat. 491. suaque illum *oracula* fallunt. I, 625. Centum luminibus cinctum caput *Argus* habebat.

3. **Die Auseinanderstellung.** Sie besteht darin, daß zwei dem Sinne nach eng zusammengehörige Worte, von denen jedes für sich bedeutsam ist, durch andre getrennt werden, die hierdurch mehr in den Hintergrund treten und jene um so mehr hervorheben. Sind die trennenden Worte Bestimmungen eines der beiden in enger Beziehung zu einander stehenden, so ist eine solche Stellung weniger auffallend, weil eins der letztern mit dem eingeschobenen Satzgliede gleichsam zu einem Begriffe zusammenschmilzt: daher sind Auseinanderstellungen dieser Art auch selbst in gewöhnlicher Prosa nichts Seltenes. Stehen die eingeschobenen Worte aber nicht in dem Verhältniß der Unterordnung zu den getrennten, so entsteht eine eigentliche Figur der Wortstellung, die oft im rednerischen Stile angewandt und von Quintilian*) Hyperbaton genannt wird. Er führt ein Beispiel aus Cicero pro Cluentio an: „Animadverti, iudices, omnem accusatoris orationem in duas *divisam* esse partes" und bemerkt dazu: „nam *in duas partes divisam esse* rectum erat, sed durum et incomptum". Von den Dichtern wird diese Figur sehr häufig angewandt, oft auf eine so verwickelte und kunstvolle Weise, daß der Redner dem Dichter hierin nicht mehr zu folgen vermag. Es kommt nämlich dem letztern hierbei zu gute, daß das Metrum ihm gewisse Stellen an die Hand giebt, die durch ihre Beziehung auf einander auch bei noch so künstlicher Wortversetzung die Deutlichkeit des Ausdrucks nicht vermissen lassen. Doch davon weiter unten bei der Wortstellung nach rhythmischem Gesetze. Hier wollen wir zunächst die Fälle anführen, in denen O. auch ohne jenes Hülfsmittel der rednerischen Ausdrucksweise analog die Auseinanderstellung angewandt hat. Dieselbe kann nämlich stattfinden

---

*) VIII, 6, 62. '*Ὑπέρβατον* quoque, id est verbi transgressionem, quoniam frequenter ratio comparationis et decor poscit, non inmerito inter virtutes habemus. Fit enim frequentissime aspera et dura et dissoluta et hians oratio, si ad necessitatem ordinis sui verba redigantur et, ut quodque oritur, ita proximis, etiamsi vinciri non potest, alligetur. Differenda igitur quaedam et praesumenda etc.

— 5 —

a) bei einander untergeordneten Satzgliedern und zwar zunächst bei Abjectiv und Substantiv: VI, 181. *Immensae* spectantur *opes*. XV, 378. *Posterior* partes superat *mensura* priores. III, 677. In *spatium* resilire manus *breve* vidit; — bei einem abjectivischen Pronomen und einem Substantivum; VI, 197. fingite demi *Huic* aliquid *populo* — VII, 692. *hoc* utinam caruissem *munere* semper. III, 654. *Quo* merui poenam *facto?* — bei einem Substantivum und dem davon abhängigen Genitiv: VI, 709. Nec prius *aerii cursus* subpressit habenas, Quam *Ciconum* tenuit *populos* et moenia raptor; — bei Subject und Prädikat in einer Participial- oder Infinitiv-Construction: II, 817. Hinc ego me non sum nisi *te* motura *repulso*. XI, 46. *positis* te *frondibus* arbos Tonsa comam luxit. XV, 311. *Admotis* Athamanas *aquis* accendere lignum narratur. — XI, 47. lacrimis quoque *flumina* dicunt *Increvisse* suis. XV, 259. *Nil* equidem *durare* diu sub imagine eadem Crediderim; — endlich bei einem Adverbium in Verbindung mit einem Abjectivum, einem Verbum oder einem andern Adverbium: I, 52. qui *quanto* est pondere terrae Pondus aquae *levius*, tanto est onerosior igni. I, 57. His quoque *non passim* mundi fabricator *habendum* Aera permisit. I, 182 *Non* ego pro mundi regno *magis* anxius illa Tempestate fui.

b) bei nebengeordneten Satzgliedern, die durch ihnen gemeinschaftlich zugehörige Worte getrennt werden: VI, 300. 'De multis minimam posco' clamavit 'et unam'. VI, 711. Illic et gelidi *coniunx* Actaea tyranni Et *genetrix* facta est. 716. Inplumes *Calaisque* puer *Zetesque* fuerunt. XII, 623. Non minor Atrides, non *bello* maior et aevo. — solis *Telamone* creato *Laërteque* fuit tantae fiducia laudis. VII, 612. indefletaeque vagantur *Natarum matrumque* animae, *iuvenumque semumque*.

Zuweilen werden auch zusammengesetzte Wörter durch andere dazwischen tretende getrennt; z. B. XV, 4. non ille *satis* cognosse Sabinas Gentis *habet* ritus. VII, 584. Quo se *cumque* acies oculorum flexerat. cf. I, 64. XII, 497.

4. Die Zusammenstellung. Worte, die in denselben oder in unmittelbar auf einander folgenden Sätzen gleiche, verwandte oder entgegengesetzte Begriffe bezeichnen, werden oft nebeneinander gestellt, um dadurch desto mehr hervorgehoben zu werden; doch darf dies nicht mit zwei ganz gleichen Formen geschehen:

VIII, 483. mors morte pianda est. 825. *dentemque in dente* fatigat. IX, 44. Cum *pede pes* iunctus — Et *digitos digitis* et *frontem fronte* premebam. VIII, 724. et qui *coluere, coluntur*. IV, 108. '*una duos*' inquit 'nox perdet amantes'. III, 464. flammas *moveoque feroque*.

Von je zwei mit einander verbundenen Begriffen, die sich entsprechen, treten in der Regel zwei entsprechende des Nachdrucks wegen zusammen, während sie von den beiden andern eingeschlossen werden. (Eine Art des Chiasmus.)

IV, 71. hinc Thisbe, Pyramus illinc. II, 407. dat terrae gramina, frondes Arboribus. IV, 7. Serta coma, manibus frondentes sumere thyrsos. VII, 19. aliudque cupido, mens aliud suadet. III, 580. ede tuum nomen nomenque parentum. VI, 267. Fama mali populique dolor lacrimaeque suorum. I, 642. Naides ignorant, ignorat et Inachus ipse. I, 474. Protinus alter amat, fugit altera nomen amantis. XV, 28. Numen abire iubet, prohibent discedere leges. —

§. 4. Während die eben bezeichneten Abweichungen von der gewöhnlichen Wortfolge den Zweck haben, einzelnen Begriffen wegen ihrer Wichtigkeit für den darzustellenden Gedanken besonderen Nachdruck zu verleihen, lehrt das rhythmische Gesetz die Worte so ordnen, daß durch ihre den Gesetzen der Schönheit entsprechende Folge Wohlbewegung und zugleich Wohlklang erzeugt werde. Der rednerische Numerus, über den, wie bereits oben S. 1. bemerkt worden, Cicero und Quintilian eingehende Vorschriften gegeben haben, ist aber anderer Art, als der poetische Rhythmus. Er beruht zwar auch auf der Abwechselung langer und kurzer Silben, doch richtet er sich nicht, wie Quintilian sagt, gleich dem Rhythmus in der Poesie nach dem Tactschlag des Fingers, sondern nach der Beschaffenheit des auszudrückenden Gedankens. Besonders an den Ausgängen und auch zu Anfange stellten die Redner die Worte so, daß ein dem Ohre gefälliger Rhythmus erzeugt wurde; daher war das rhythmische Gesetz oft von wesentlichem Einfluß auf die oben angeführten Abweichungen von der logischen Wortfolge.

Anders stand es mit dem Dichter: hatte er ein gewisses Metrum gewählt, so war ihm nicht, wie dem Redner, gestattet, die Worte so zu setzen und auch wohl mit einander zu vertauschen, daß dadurch ein dem jedesmaligen Inhalte am besten entsprechender Rhythmus hervorgebracht wurde, sondern sein Rhythmus war ein fest bestimmter, unveränderlicher. Trotz dieser Gebundenheit war es ihm aber doch möglich, den Ausdruck dem Inhalt entsprechend zu gestalten, und gerade das Versmaß gewährte ihm die Mittel dazu. Es bot gewisse Hauptstellen; an diese setzte der Dichter die Worte, die entweder wegen ihrer Wichtigkeit für den Gedanken oder wegen ihrer engen Beziehung auf einander besonders hervorgehoben werden sollten. So bewirkte es das Versmaß, daß der Dichter in der Freiheit der Wortstellung viel weiter gehen konnte, als der Redner.

Jene Hauptstellen nun sind je nach den Versmaßen verschieden; im Hexameter sind es Anfang, Cäsur, Schluß, durch welche nicht bloß die auf sie treffenden Worte nachdrucksvoll hervorgehoben, sondern auch unter Anwendung mannichfacher rhetorischer Figuren auf einander bezogen werden. Außerdem entsprechen sich auch die Anfänge der beiden Tripodien, so wie Anfang und Ende der letzten Tripodie; ferner die Anfänge, Cäsuren und Schlüsse unmittelbar auf einander folgender Verse, und die gleichen (2., 4. und 6. Fuß) und ungleichen (1., 3. und 5. Fuß) Stellen des Hexameters. Dabei kommen endlich noch die verschiedenen Arten der Cäsuren in Betracht. Es würde zu weit führen, wollte ich sämmtliche Fälle, in denen das Versmaß auf die Wortstellung von Einfluß ist, durch Beispiele aus den Metamorphosen belegen, obgleich jeder dieser Fälle dazu beitragen kann, den Ausdruck malerisch zu gestalten. Daher mag es genügen, daß ich die wichtigsten näher bezeichne.

Den meisten Nachdruck erhalten also zuvörderst die Worte, welche im Anfange des Hexameters stehen; denn auf dem ersten Fuße ruht der Hauptictus der ersten tripodischen Reihe. Deßhalb nehmen vor Allem solche Worte diese Stelle ein, welche durch ganz besonders starke Betonung einen malerischen Effect hervorbringen sollen; z. B. II, 311. *Intonat* et dextra libratum fulmen ab aura *Misit* in aurigam pariterque animasque rotisque *Expulit*. — *Consternantur* oqui — II, 144. *Poscimur*. X, 443. *Vicimus!*

Dazu kommt noch die Hervorhebung solcher Worte durch Anwendung rhetorischer Figuren, z. B. des Hyperbaton: II, 150. Obstantes scindunt nebulas. I, 165. Horrifer invasit boreas. Man stelle in den letzten beiden Versanfängen die Worte so, daß z. B. das Verbum beginnt, und also das Hyperbaton wegfällt, so wird man inne werden, welche bedeutende Kraft das letztere dem Anfangsworte verleiht. Von andern Redefiguren weiter unten. — Ferner wird das erste Wort im Verse auch durch inhaltliche Beziehungen, z. B. Vergleichungen, Gegensätze u. s. w. hervorgehoben; daher stehen im Anfange häufig Comparative, Superlative, überhaupt Worte, die eine Qualität oder Quantität bezeichnen:

VI, 195. *Maior* sum quam cui — I, 76. *Sanctius* his animal. XI, 708. *Plura* dolor prohibet. I, 311. *Maxima* pars unda rapitur. I, 28. *Proximus* est aer illi. I, 512. *Cui* placeas, inquiro tamen. 700. *Talia* verba refert. II, 461. *Una* moras quaerit. XV, 165. *Omnia* mutantur. XI, 609. *Nulla* domo lota. 606. *Innumeracque* herbae. — Gegensatz: III, 561. *Penthea* terrebit — II, 368. Qui tibi materno quamvis a sanguine iunctus *Mente* tamen, Phaeton, propior fuit.

Ueber die Schlußworte, welche die nächst wichtige Stelle im Verse einnehmen, ist im Allgemeinen dasselbe zu bemerken, wie über die Anfangsworte: durch besondern Nachdruck zeichnen sich auch am Schlusse die Qualitäts- und Quantitätsbegriffe aus; besonders häufig kommt illo und unus vor. Stark tritt der Schluß hervor und dient oft zur Schilderung einer gewaltsamen Bewegung oder Thätigkeit, wenn er durch ein mehrsilbiges Wort, dessen letzte Silbe vor est elidirt ist, gebildet wird, z. B. II, 461. dubitanti vestis adempta est. X, 57. et protinus illa relapsa est. 63. revolutaque rursus eodem est; ferner im Ausrufe: II, 520. quam vasta potentia nostra est! VIII, 731. maris incola, Proteu. cf. XIII, 210. oder wenn das letzte Wort dem Sinne nach zum folgenden Verse gehört: V, 444. *natam* Solis ab occasu solis quaerebat ad ortus. Von der Verschiebung des Subjectes ans Ende, damit dadurch die Aufmerksamkeit um so mehr gespannt werde, und es mit um so größerem Nachdrucke auftrete, ist oben S. 3. gehandelt worden; aber auch andere Satzglieder werden in gleicher Weise für den Schluß aufgespart, so z. B. die Ergänzung des Prädikates: XIII, 596. primisque sub annis Occidit a forti — sic vos voluistis — Achille. Ebenso ist von der malerischen Wirkung einsilbiger Schlußworte, denen ein mehrsilbiges Wort vorangeht, bereits oben Cap. II. die Rede gewesen. Manchmal nimmt ein Wort in sehr charakteristischer Weise für den Inhalt die letzte Stelle ein, so z. B. in der Erzählung von Narcissus und Echo das letztere Wort sechsmal: III, 358. 380. 387. 493. 500. 507. Andere stehen am Ende eines Verses und zugleich eines größeren Abschnittes, um das schließliche Ergebniß einer erzählten Verwandlung zu bezeichnen: so ist das Schlußwort der Erzählung von der Verwandlung der Lycischen Bauern in Frösche: *ranae* (VI, 381.); und gleich darauf in der Erzählung von der Verwandlung des Marsyas in einen Fluß ist das letzte Wort: *amnis* (VI, 400.)

Demnächst stehen an den wichtigsten Stellen des Verses die Worte vor und nach der Cäsur; denn, wie im vorjährigen Programme S. 17. näher nachgewiesen ist, werden die ersteren, außer bei Anwendung der weiblichen Hauptcäsur und wenn sie, wie gewöhnlich, mehrsilbig sind, durch den Widerstreit des Wort- und Versaccents hervorgehoben; die letztern aber bekommen ebenfalls, weil sie einen neuen rhythmischen Abschnitt beginnen, einen verstärkten Ictus. Man vergleiche folgendes Beispiel, in welchem außer den Anfangs- und Schlußworten ganz besonders die Worte vor und nach der Cäsur hervortreten:

I, 5. Ante mare et terras | et quod tegit omnia, caelum
Unus erat toto ‖ naturae vultus in orbe,
Quem dixere Chaos; ‖ rudis indigestaque moles
Nec quicquam | nisi pondus iners ‖ congestaque eodem
Non bene iunctarum ‖ discordia semina rerum.

Hier kommt freilich im 2. und 5. Verse noch hinzu, daß durch die Beziehung des Wortes vor der Cäsur auf das Schlußwort der Nachdruck beider verstärkt wird; auf derartige Beziehungen wollen wir jetzt näher eingehen.

Es entsprechen sich also in demselben Verse:

a) Anfang und Schluß. Die an diesen Stellen stehenden Worte sind, wie auch in den folgenden Fällen, entweder einander untergeordnet und dann häufig, namentlich im attributiven Verhältnisse, durch Auseinanderstellung getrennt; oder beigeordnet; oder gehören auch verschiedenen Sätzen an. In letzterm Falle drücken sie entweder Gleichheit des Begriffes, was häufig durch Wiederholung desselben Wortes bezeichnet wird, oder einen Gegensatz aus, womit sich bisweilen chiastische Stellung verbindet.

III, 442. '*Ecquis*, io silvae, crudelius' inquit '*amavit*?'
XIII, 827. *Sunt*, fetura minor, tepidis in ovilibus *agni*;
Sunt quoque, par aetas, aliis in ovilibus *haedi*.
III, 557. *Quem* quidem ego actutum, modo vos absistite, *cogam*.
I, 663. *Aeternum* nostros luctus extendit in *aevum*.
VIII, 395. *Invita* tamen hunc perimet mea dextra *Diana*. —
I, 332. *Extantem* atque humeros innato murice *tectum*.
VII, 219. — *Currus* adest. Aderat demissus ab aethero *currus*.
XIII, 861. *Acin* amas, praefersque meis amplexibus *Acin*? cf. V, 586. XI, 706.
XV, 28. *Numen* abire iubet: prohibent discedere *leges*.
I, 329. *Et caelo* terras ostendit et aethera *terris*.
XII, 404. *Multae* illum petiere sua de gente, sed *una* — cf. II, 723.
IX, 42. *Digredimur* paulum, rursusque ad bella *coimus*. —

b) Anfang und Cäsur. Hier kommen dieselben Verhältnisse vor, wie bei a), wobei die Verschiedenheit der Cäsur keinen Unterschied bewirkt. Zunächst entspricht sich das Anfangswort und das Wort vor der Cäsur:

XIII, 340. *Fortis* ubi est *Aiax?* X, 441. '*Par*' ait 'est *Myrrhae*'. XIII, 353. nec tu — *Solus* eras, tibi turba *comes*. I, 190. *Cuncta* prius *temptata*. 260. *Poena* placet *diversa*. — Bisweilen wird die Anaphora in diesen Stellen angewandt: III, 711. *Prima videt, prima est insano concita cursu.* cf. VIII, 150.

dann die Anfänge der durch die Cäsur getrennten Versteile:

I, 82. *Quam satus Iapeto | mixtam* fluvialibus undis — VIII, 695. *Tantum* aberant summo,| *quantum* semel ire sagitta — cf. IX, 681. I, 19. *Frigida* pugnabant calidis, | *humentia* siccis. III, 382. *Voce* 'veni!' | *magna* clamat. II, 33. '*Quae*'que 'visae tibi causa? | *quid* hac' ait 'arce petisti?' auch mit Wiederholung derselben Worte an diesen Stellen:

IV, 583. '*Accede,* o coniunx, | *accede,* miserrima,' dixit. V, 445. *Solis* ab occasu | *solis* quaerebat ad ortus. I, 770. III, 507. 465. XIV, 387. Gegensatz: XIII, 386. *Invictum*que virum | *vincit* dolor.

c) Cäsur und Cäsur.

Es entspricht sich zunächst der Schluß der ersten und der Anfang der zweiten Vershälfte: XIII, 356. Ipse quoque haec *peteret.* | *peteret* moderatior Aiax. IV, 170. Cepit amor *Solem* : | *Solis* referemus amores. XI, 109. Ilice detraxit *virgam:* | *virga* aurea facta est. Tollit humo *saxum:* | *saxum* quoque palluit auro. cf. IV, 153. VII, 68. XIII, 490. XV, 183.

das Wort vor der Trithemimeres und vor der Hephthemimeres:

III, 450. *Exigua* prohibemur *aqua.* cf. 505. VIII, 166. 167. XIV, 255. Mille *lupi* mixtaeque *lupis* ursaeque leaeque. I, 515. Quem *fugias,* ideoque *fugis;*

ebenso das Wort nach jeder dieser beiden Cäsuren:

IV, 164. Vota tamen | *tetigere* deos, | *tetigere* parentes. XIV, 240. Coniciunt, | *mergunt*que viros, | *mergunt*que carinas.

d) Cäsur und Schluß.

Hier ist das Gewöhnlichste, daß das Wort vor der Penthem. in attributivem Verhältnisse zu dem Schlußworte steht, in welchem Falle gewöhnlich die Figur des Hyperbaton angewandt wird; in höchst malerischer Weise in folgendem Verse:

III, 441. Ad *circumstantes* | tendens sua bracchia *silvas.*

Andere Beispiele:

VIII, 730. Sunt, quibus in *plures* | ius est transisse *figuras.* I, 83. Finxit in *effigiem* | moderantum cuncta *deorum.*

Doch kommen auch andere Satzverhältnisse als das attributive vor. Hinsichtlich des Inhalts stehen diese beiden Worte entweder im Verhältnisse der Gleichheit oder des Gegensatzes; im erstern Falle wird bisweilen dasselbe Wort wiederholt:

XIII, 389. — quique cruore Saepe Phrygum *maduit,* | domini nunc caede *madebit,* Ne quisquam *Aiacem* | possit superare nisi *Aiax.* VIII, 732. Nam modo te *iuvenem,* | modo te videre *leonem* — XIV, 386. Tum bis ad *occasus,* | bis se convertit ad *ortus.* cf. I, 45. *dextra — sinistra.* IX, 24. *falsus — verus.*

Dasselbe gilt von dem Worte vor der Hephthemimeres:

XIV, 286. claudor hara. | solumque *suis* | caruisse *figura* — XIII, 607. Et primo | similis *volucri,* | mox vera *volucris.* I, 505. Nympha, mane! | *sic agna lupum,* | *sic cerva leonem* —

so wie von denjenigen nach der Cäsur und ihrem Verhältnisse zum Schlußworte:

XIII, 452. Ducitur ad tumulum, | *diroque* fit hostia *busto.* cf. III, 649. IV, 591. X, 95. I, 514. Horridus observo. | *nescis,* temeraria, *nescis.* XIV, 649. Falce data | *frondator* erat | vitisque *putator.* XII, 431. Phaeocomes, | *hominemque* simul | protectus *equumque.*

e) die gleichen so wie die ungleichen Stellen und zwar entweder je zwei, oder mehrere.

1. und 3. Fuß: I, 181. *Talibus* inde *modis.* 597. '*Ne fuge me!*' *fugiebat* enim. 190. *Cuncta* prius *temptabat.*

1. und 5. Fuß: I, 216. *Maenala* transieram latebris *horrenda* ferarum.

3. und 5. Fuß: I, 186. — Corpore et ex *una* pendebat *origine* bellum. cf. IV, 131. VI, 235. — Consequitur, *summaque* tremens *cervice* sagitta.
2. und 4. Fuß: XIII, 364. Tu *pugnare* potes: *pugnandi* tempora mecum Eligit Atrides. cf. IV, 117. VIII, 735. Saepe *lapis* poteras, *arbor* quoque saepe videri.
2. und 6. Fuß: IV, 360. Et nunc *hac* iuveni, nunc circumfunditur *illac.* VII, 767. Illa *levi* velox superabat retia *saltu.*
4. und 6. Fuß: VII, 663. — Est data, nox somnis. iubar *aureus* extulerat *sol.*

Sind es mehrere Stellen, so können auf zwei sich entsprechende zwei andere sich ebenfalls entsprechende Stellen folgen, z. B.:

VI, 197.   fingite demi
        Huic aliquid *populo natorum* posse *meorum.* 1. und 3. F.; 4. und 6. F.

oder zwei einander folgenden Stellen entsprechen zwei andere in gleicher oder in umgekehrter Ordnung auf einander folgende:

I, 100. *Mollia securae* peragebant *otia gentes.* cf. I, 4. 529. 1. u. 5. F.; Cäsur u. Schluß.
XV, 375. *Semina* limus habet *virides generantia ranas.* 1. u. 5. F.; 4. u. 6. F.
XIII, 97. Atque *Aiax armis,* non *Aiaci arma* petuntur. cf. XI, 695. 2. u. 4. F.; 3. u. 5. F.
VI, 280. Pascere, *crudelis, nostro, Latona, dolore.* cf. VI, 254. 3. u. 5. F.; 4. u. 6. F.
I, 112. *Flavaque* de *viridi* stillabant *ilice* mella. Anfang und Schluß; 3. u. 5. F.

Die Kühnheit in der Anwendung des Hyperbaton in diesen Versen ist dem Dichter wegen der Symmetrie der bezeichneten Stellen erlaubt.

Auch entsprechen sich die Anfänge der Vershälften und ebenso die Schlüsse derselben:

IX, 292. *Septem* ego per *noctes,* totidem cruciata *diebus.*

oder die Schlüsse der drei Abschnitte, welche durch Anwendung der Trithemimeres und Hephthemimeres entstehen:

XIII, 180. Arma *peto:* vivo *dederam,* post fata *reposco.*

dann die Anfänge zweier Abschnitte und drei andere Stellen (2., 4. u. 6. F.):

III, 465. Quid faciam? *roger,* anne *rogem?* quid deinde *rogabo?*

ferner Anfang und Schluß der ersten Vershälfte dem Schlusse und Anfange der zweiten:

XIII, 730. Scylla latus *dextrum, laevum* inrequieta *Charybdis.*

oder endlich die drei ersten Stellen entsprechen in umgekehrter Ordnung der Reihe nach (chiastisch) den drei letzten:

XV, 28. *Numen abire* iubet: **prohibent** *discedere leges.* u. s. w.

In ähnlicher Weise wie in demselben Verse können sich auch die angegebenen Hauptstellen in auf einander folgenden Versen entsprechen; die einzelnen Fälle will ich der Kürze wegen nur durch Beispiele bezeichnen:

I, 1.   *In nova* fert animus mutatas dicere formas
        Corpora.
III, 451. *Nam quotiens* liquidis porreximus oscula lymphis,
        Hic totiens ad me resupino nititur ore.
XIII, 520. *Felicem* Priamum post diruta Pergama dici?
        Felix morte sua est. cf. 502. 503. II, 28. 29. VI, 430. 431.
I, 470. *Quod facit,* hamatum est et cuspide fulget acuta:
        Quod fugat, obtusum est —

(Auch in nicht unmittelbar auf einander folgenden Versen entsprechen sich die Anfänge; so I, 651 und 653: 'Me miserum!') —

I, 139. *Quasque* recondiderat Stygiisque admoverat umbris,
Effodiuntur *opes*. —

I, 101. *Ipsa* quoque immunis rastroque intacta nec ullis
Saucia vomeribus per se dabat omnia *tellus*.

I, 341. *Omnibus* audita est telluris et aequoris undis,
Et quibus est undis audita, coercuit *omnes*. XV, 864. 865.

I, 197. *Cum mihi*, qui fulmen, qui vos habeoque regoque,
Struxerit insidias notus feritate *Lycaon*. — cf. IX, 50, 51. 618, 619. —

III, 238. — sonumque Etsi non *hominis*, quem non tamen edere possit
Cervus, habet.

I, 32. Sic ubi *dispositam* quisquis fuit ille deorum,
Congeriem secuit. cf. X, 21. IX, 285. VIII, 49. talis — Qualis. —

XIV, 845. Nec mora, *Romuleos* cum virgine Thaumantea
Ingreditur *colles*.

II, 138. Neu te *dexterior* tortum decliuet ad Anguem,
Neve *sinisterior* pressam rota ducat ad Aram. —

III, 459. Cum risi, arrides: *lacrimas* quoque saepe notavi
Me lacrimante *tuas*.

I, 517. Iuppiter est genitor. *per me* quod eritque fuitque
Estque, patet: *per me* concordant carmina nervis. —

I, 40. Quae, diversa locis, *partim* sorbentur ab ipsa,
In mare perveniunt *partim*, | —

V, 646. Triptolemo: | *partimque* rudi | data semina iussa
Spargere humo, *partim* —

X, 81. Sive fidem dederat. *multas* tamen ardor habebat
Iungere se vati: *multae* doluere repulsae. — cf. XIV, 194. 195. XV, 72. 73. —

I, 635. Illa etiam supplex *Argo* cum bracchia vellet
Tendere, non habuit quae bracchia tenderet *Argo*.

IV, 55. Gegenſatz: *iuvenum* — *puellis*. —

VIII, 695. Tantum aberant summo, quantum semel ire *sagitta*
Missa potest. cf. IV, 55. *alter* — *Altera*.

V, 415. Non potes invitae Cereris gener esse: *roganda*,
Non rapienda fuit. quodsi componere *magnis*
Parva mihi fas est — —

VII, 49. — perque *Pelasgas* Servatrix *urbes* | — cf. I, 436. IX, 295. IX, 712. — facies, quam sive *puellae*, Sive dares *puero*. | —

IV, 57. Contiguas tenuere domos, ubi dicitur *altam*
Coctilibus muris cinxisse Semiramis *urbem*. cf. XIII. 499. 500.

Charakteriſtiſch für den Inhalt iſt

IX, 569. Et pavidum blandita 'fer has, fidissime, *nostro*' —
Dixit, et adiecit longo post tempore *'fratri.'* —

cf. XI, 428. 429. II, 136. 137. VII, 466. 467. I, 687. 688. XI, 442. 443. II, 138. 139. —

Auch in zwei nicht unmittelbar auf einander folgenden Verſen entſpricht zuweilen der Schluß dem Schluſſe und zwar unter Anwendung beſſelben Wortes: XIII, 500. 502. *Achilles*. —

Aus allen dieſen Beiſpielen geht hervor, wie die durch das Versmaß bedingte Wortfolge dazu beiträgt, den dichteriſchen Ausdruck nicht bloß klar und überſichtlich zu machen, ſondern denſelben auch den Geſetzen der Schönheit gemäß nachdrucksvoll und lebendig, anſchaulich und maleriſch zu geſtalten. —

Cap. V. Stellung und Verhältniß der Sätze zu den Versen.

§. 1. Wie die Stellung der Worte, so ist auch die Stellung und das Verhältniß der Sätze und größern Satzglieder zu den Versen und Verstheilen von großer Bedeutung für die rhythmische Malerei. Beide, Vers und Satz, obwohl darin übereinstimmend, daß sie Abschnitte des Gedichts sind und zum Ausdruck von Gedanken dienen, haben doch als solche einen wesentlich verschiedenen Charakter. Während der Vers eine rhythmische Reihe von einer bestimmten Anzahl von Tacten ist und daher eine genau vorgeschriebene Länge hat, ist der Satz als Ausdruck eines selbstständigen Gedankens seinem Umfange nach lediglich durch den Inhalt bestimmt. Vers und Satz werden daher hinsichtlich ihrer Länge häufig mit einander collidiren. Da jedoch der Vers der Metamorphosen, der heroische Hexameter, von ziemlich bedeutendem Umfange ist, so hat O. in den bei weitem meisten Fällen darnach gestrebt, den Versschluß wenn nicht mit dem Schlusse eines Satzes, so doch mit einem Abschnitte desselben zusammenfallen zu lassen; den Uebergang des Gedankens dagegen von einem Verse in den andern hat er dazu benutzt, Abwechselung und Mannichfaltigkeit in die Darstellung zu bringen.

Ebenso wie dem Umfange nach sind Vers und Satz auch hinsichtlich ihrer Theile von verschiedener Natur. Während der Vers (Hexameter) nach einer bestimmten Anzahl Tacte eines Einschnittes (Cäsur) bedarf, um dadurch übersichtlich zu werden, zerfällt der Satz, je nachdem er einen zusammengesetztern oder einfacheren Bau hat, in eine größere oder geringere Anzahl von Gliedern, wie sie die Darstellung des Gedankens von selbst ergiebt, oder wie sie der Dichter für angemessen erachtet; zwischen ihnen tritt stets je nach ihrer Wichtigkeit eine längere oder kürzere Sinnpause ein, die auch für den Rhythmus des Verses nicht ohne Bedeutung bleiben kann. Auch zwischen diesen Abschnitten des Gedankens und den Einschnitten des Verses hat O. nicht durchweg Collision erstrebt, vielmehr läßt er die erstern häufig mit der Hauptcäsur zusammenfallen, und wo dies nicht geschieht, müssen sie oft, wie wir dies bereits oben bei der Betrachtung der Cäsuren und Diäresen gesehen haben, dazu dienen, den Nebencäsuren besondere Kraft zu verleihen, wenn die besondere Beschaffenheit des Gedankens eine solche Unterbrechung des Rhythmus erfordert.

Nehmen wir also bei der Betrachtung des Verhältnisses und der Stellung der Sätze zum Verse im Einzelnen den Hexameter, der seinem ganzen Bau und Umfange nach „immer sich selbst gleich ist", als feststehendes Maß an, so haben wir drei Fälle zu unterscheiden, nämlich: 1) Satz und Vers sind einander ihrem Umfange nach gleich; 2) der Satz ist kürzer, 3) der Satz ist länger als der Vers.

§. 2. Wenn Vers und Satz gleichen Umfang haben, so kann der Satz, mag er einfach oder zusammengesetzt (in letzterm Falle Satzverbindung oder Satzgefüge) sein, den Hexameter entweder vollständig ausfüllen, oder er kann innerhalb desselben beginnen und in dem folgenden Verse enden. In dem ersten Falle wird sich der Charakter des Hexameters am reinsten ausprägen, da seine Bewegung durch keine Gedankenpausen gehemmt wird, und Anfang und Schluß sich am kräftigsten abheben. Wegen der gleichen Zeitdauer der Arsis und Thesis hat der daktylische Hexameter eine gleichmäßige und ruhige Bewegung: daher ist er, wenn der Satz mit ihm zusammenfällt, am meisten zum Ausdrucke des Ernsten und Ruhigen, Kräftigen und Würdigen geeignet, wie sich dies auch aus den folgenden Beispielen ergeben wird. Wo dagegen unruhige und lebhafte Zustände und Thätigkeiten geschildert werden sollen, da wird die Bewegung des Verses entweder durch Abschnitte des Gedankens unterbrochen, oder der Gedanke setzt sich von einem Hexameter in den andern fort. Obwohl es daher als der einfachste Fall erscheint, daß Satz und Vers sich decken, so kommt derselbe im Ganzen genommen doch nicht eben häufig vor, da die poetische Darstellung überwiegend eine bewegte und lebendige ist. Noch viel seltener kommt es vor, daß mehrere mit dem Gedanken zugleich abschließende Hexameter auf einander folgen: es würde dadurch der Ausdruck zu monoton werden, und die einzelnen Sätze würden zu abgerissen neben einander stehen. In manchen Fällen kann eine solche Ausdrucksweise freilich dem Inhalt entsprechend sein, so z. B. in der Erzählung von der leidenschaftlich erregten Byblis, die von einem Gedanken schnell und ohne Vermittlung zum andern überspringt, um ihre verbrecherische Liebe zu beschönigen:

2*

IX, 505. Et tamen arbitrium quaerit res ista duorum.
Finge placere mihi, scelus esse videbitur illi.
At non Aeolidae thalamos timuere sororum.
IX, 626. Denique iam nequeo nil commisisse nefandum.
Et scripsi et petii: temerata est nostra voluntas.
Ut nihil adiciam, non possum innoxia dici.
Quod superest, multum est in vota, in crimina parvum.

In andern Fällen läßt sich unschwer schon aus dem Inhalt erkennen, daß die Aufeinanderfolge mehrerer solcher Hexameter nur durch Interpolation bewirkt worden ist, so: II, 611. 824. III, 415. IV, 92. VII, 569. 576. XIV, 723. —

Nach dem Obigen werden also die Verse, welche von einem Satze ausgefüllt werden, in ruhiger Beschreibung, Schilderung und Erzählung vorkommen:

I, 477. Vitta coercebat positos sine lege capillos. VII, 800. Mutua cura duos et amor socialis habebat. I, 259. Tela reponuntur manibus fabricata Cyclopum. I, 481. Saepe pater dixit 'generum mihi, filia, debes.' Saepe pater dixit 'debes mihi, nata, nepotes.' IX, 522. Dextra tenet ferrum, vacuam tenet altera ceram.

Daher auch bei Zeitangaben, Einleitungen und Ueberleitungen:

III, 50. Fecerat exiguas iam sol altissimus umbras. II, 344. Luna quater iunctis implerat cornibus orbem. XI, 234. Myrtea silva subest, bicoloribus obsita bacis. XV, 178. VII. 149. Pervigilem superest herbis sopire draconem.

sowie beim Abschluß von Beschreibungen, Aufzählungen, Erzählungen, Redeabschnitten und Reden, Anreden und Befehlen:

VI, 101. Circuit extremas oleis pacalibus oras. Is modus est, operisque sua facit arbore finem. XII, 460. — Antimachumque Elymumque securiferumque Pyracten. Vulnera non memini, numerum nomenque notavi. — I, 747. Nunc dea linigera colitur celeberrima turba. II, 610. Hactenus, et pariter vitam cum sanguine fudit. V, 332. — XIII, 295. 'Postulat, ut capiat, quae non intelligit, arma'. — IV, 703. 'Ut mea sit servata mea virtute, paciscor'. VI, 548. 'Audiat haec aether, et si deus ullus in illo est'. Feierlicher Abschluß einer Rede. cf. XV, 640. — II, 149. 'Quae tutus spectes, sine me dare lumina terris!' cf. II, 701. — III, 153. 'Sistite opus praesens, nodosaque tollite lina!' Iussa viri faciunt intermittuntque laborem. —

Wegen der Unterbrechung, welche zwischen den einzelnen Hexametern durch die Einnpause eintritt, schildern solche Verse auch etwas plötzlich Eintretendes: — IX, 571. Cum daret, elapsae manibus cecidere tabellae. — Ferner, wie wir es oben bei den Beispielen aus der Erzählung von der Byblis gesehen haben, Schwanken und Ueberlegung; zuweilen enthalten sie auch zweifelnde Fragen und kurze Ausrufe:

X, 616. Quid, quod inest virtus et mens interrita leti? Quid, quod ab aequorea numeratur origine quartus? X, 630. Aut, quoniam es demens, utinam velocior esses! At quam virgineus puerili vultus in ore est! A! miser Hippomene, nollem tibi visa fuissem! cf. II, 447. VII, 522. XIV, 197. —

Dadurch aber, daß Anfang und Schluß in diesen Versen ganz besonders hervortreten, sind sie geeignet, etwas Nachdrückliches und Eindringliches zu bezeichnen, z. B. kurze, eindringliche, auch unwillige Rede, kurze Gegensätze, kräftige That.

VII, 335. In manibus vestris vita est aetasque parentis. II, 388. Quilibet alter agat portantes lumina currus! — IX, 547. Tu servare potes, tu perdere solus amantem. cf. IX, 749. XIII, 363. XV, 110. — XIII, 286. Sunt mihi, quae valeant in talia pondera, vires. Est animus certe vestros sensurus honores. XIII, 299. 300. — VII, 619. Ille notam fulgore dedit tonitruque secundo. —

Beginnt der dem Umfange nach einem Hexameter gleiche Satz innerhalb desselben, so geschieht es am häufigsten nach der Penthemimeres, so daß er dann von dieser bis zur Penthemimeres des folgenden

Verſes reicht. In der Regel trifft in dieſem Falle mit dem Ende des erſten Verſes ein Satzabſchnitt zuſammen, wie dies in dem folgenden Beiſpiele zweimal nach einander vorkommt:

II, 294. circumspice utrumque,
  Fumat uterque polus. quos si vitiaverit ignis,
  Atria vestra ruent.

Der Grund dieſer Stellung iſt wohl darin zu ſuchen, daß nicht bloß diejenigen Worte des Satzes, welche den erſten Vers ſchließen und den folgenden beginnen, ſondern auch die Anfangs- und Schlußworte des Satzes in der Cäſur einen erhöhten Nachdruck erhalten; ſo taedae und patres in dem folgenden Beiſpiele:

IV, 60. *taedae* quoque iure coissent:
  Sed veterum *patres*. cf. IV, 329. 488. VI, 618. VII, 24. 120. etc.

Daher eignet ſich dieſe Stellung vorzüglich zur Hervorhebung von Contraſten, ſowie von Ausrufen und Fragen:

VII, 20. video meliora proboque, Deteriora sequor. cf. 37. 431. 697. VIII, 77. XII, 442. XIV, 613. V, 527. ut desint cetera, quantum est Esse Iovis fratrem! V, 371. cur non matrisque tuumque Imperium profers? XV, 308. 468. —

Die folgende Vershälfte füllt O. gewöhnlich mit einem eigenen Satze aus, damit dann Vers- und Satzanfang wieder zuſammenfallen können. cf. VIII, 78.

Auch von andern Cäſuren heben ſolche Verſe an, z. B. von der Trithemimeres, ſo wie auch von der Hephthemimeres und von der erſten Diäreſe:

VIII, 138. — properare iuvat, divulsaque remis Unda sonat. cf. XI, 559. 688. — IX, 791. — date munera templis, Nec timida gaudete fide! cf. X, 561. — X, 378. — erigitur, laqueoque innectere fauces Destinat. —

§. 3. Iſt der Satz kürzer als der Hexameter, ſo enthält der letztere entweder einen für ſich beſtehenden Satz, der mit oder in dem Verſe beginnt; oder mehrere ſolcher Sätze, von denen der erſte ebenfalls mit oder in dem Verſe anfängt, und der letzte mit oder in dem Verſe abſchließt; oder auch keinen abgeſchloſſenen Satz ganz, ſondern derſelbe beginnt oder endet nur in dem Hexameter und iſt zum Theil in dem angrenzenden Verſe enthalten.

Beginnt der eine ſelbſtſtändige Satz mit dem Hexameter zugleich, ſo bildet der Gedanke des folgenden Satzes einen Uebergang in den nachfolgenden Vers, worüber weiter unten Näheres geſagt werden wird. Der eine vollſtändige Satz, welcher kürzer iſt, als der Hexameter, kann an allen außer den ſpäter zu bezeichnenden Stellen innerhalb des letztern vom Ende des erſten bis zum Ende des fünften Fußes abſchließen und zwar nur innerhalb dieſer Grenzen, weil weder ein- noch zweiſilbige Worte irgendwo in den Metamorphoſen einen für ſich beſtehenden Satz bilden, ſondern ſtets durch Conjunctionen oder durch den Sinn mit einem größeren Satzganzen verbunden ſind. In dieſer Weiſe kommt z. B. das Wort Dixit an zwanzigmal zu Anfang des Verſes vor; andere Beiſpiele ſind: Sensit (XIII, 916.), Perstat (XIV, 568) etc. Die Sätze, welche mit der erſten Diäreſe abſchließen, ſind nicht ſehr häufig; ſie dienen gewöhnlich zur Bekräftigung des Vorausgegangenen, oder zur Einleitung für das Folgende (XI, 710. Mane erat.) und treten wegen ihrer Stellung zu Anfange des Verſes und wegen ihrer Kürze ganz beſonders hervor. Am öfteſten bildet auf dieſe Art das Wort Dixerat einen eigenen Satz. Ferner ſtehen ſo: Iusserat. (I, 281.), Hoc placet. (IV. 53.), Mors placet. (X, 378.) Auch kurze Ausrufe gewinnen einen beſondern Nachdruck in dieſer Stellung: VII, 649. Egredere!

Gleiches gilt von den Sätzen, welche bis zur Trithemimeres reichen; auch ſie treten durch Kürze und Stellung beſonders markig hervor und unterbrechen die Versbewegung oft in höchſt charakteriſtiſcher Weiſe; z. B. II, 169. Ipse pavet. 187. Quid faciat? VII, 643. Somnus abit. XI, 289. Et flebat. XI, 731. Insilit huc. — Mit beſonderm Nachdrucke: I, 720. Arge, iaces. III, 322. Illa negat. IV, 225. Paruerant. V, 298. Ales erat. Bisweilen erhält auch das Folgende durch dieſe Unterbrechung eine um ſo ſtärkere Betonung:

II, 214. Parva queror. magnae pereunt cum moenibus urbes, — VII, 743. Illa nihil. tacito tantummodo victa pudoro — XI, 688. Umbra fuit. sedet umbra tamen manifesta —

Mit dem zweiten Trochäus schließt in den Metamorphosen kein selbstständiger Satz ab, der mit demselben Hexameter beginnt; ebenso wenig mit der zweiten Diärese. Am häufigsten dagegen schließt ein solcher Satz mit der Penthemimeres, was in dem ganzen Gedichte ungefähr 70 mal der Fall ist. Wegen ihres geringen Umfanges kommen diese Sätze bei kurzen Schilderungen vor, oder dienen zu Ueberleitungen oder zum Abschluß des Voraufgehenden; namentlich zu letzterm Zwecke werden sie sehr häufig verwandt:

XII, 242. Vina dabant animos. — V, 344. Illa canenda mihi est. VII, 520. Ordine nunc repetam. — I, 566. Finierat Paean.

Weil sie aber mit dem Anfange des Verses beginnen und mit der Hauptcäsur schließen, so stellen sie oft einen Gedanken auf eine sehr nachdrucksvolle Weise dar; sie enthalten ferner entweder einen Gegensatz des Folgenden oder Voraufgehenden, oder eine Frage, einen Ausruf, einen Wunsch, oder bezeichnen Entschlossenheit, Drohung, innere Erregung:

I, 517. Juppiter est genitor. XIII, 855. Hunc tibi do socerum. — I, 630. *Luce sinit pasci.* cum sol telluro sub alta est, Claudit — VIII, 879. Quid moror externis? X, 400. Quid rear alterius? III, 454. Quisquis es, huc exi! X, 633. Vivere dignus eras! VII, 37. Di meliora velint! — VI, 288. Illa malo est audax. IX, 515. Coget amor, potero. — II, 474. Haud inpune feres. VIII, 497. Haud equidem patiar. — XII, 18. Obstipuere omnes. VIII, 279. Tangit et ira deos.

Mit der weiblichen Cäsur im 3. Fuße schließt nur in zwei Versen der Satz ab:

VI, 572. Quid faciat Philomela? IX, 500. Sunt superis sua iura. — und zwar wird in dem ersten Beispiele, entsprechend der Bedeutung der weiblichen Hauptcäsur, die Rathlosigkeit der Philomele, in dem zweiten die Unschlüssigkeit der Byblis ausgedrückt.

Mit der dritten Diärese enden keine Sätze dieser Art; nicht selten dagegen mit der Hephthemimeres. In diesem Falle ist an Manches zu erinnern, was oben Cap. II. über die malerische Bedeutung dieser Hauptcäsur gesagt wurde. Da diese Sätze schon über die Hälfte des Hexameters hinausgehen und diejenigen an Umfang übertreffen, welche mit der Penthemimeres schließen, so bezeichnen sie auch nur in einigen Fällen gleiche Verhältnisse mit den letztern; so z. B. dienen sie wie jene zur Ueberleitung und zum Abschlusse gewisser Abschnitte oder zum Ausdrucke von etwas Großem und Gewaltigem:

II, 5. Materiam superabat opus. nam Mulciber illic — XII, 532. Credita res auctore suo est. IV, 657. Quantus erat, mons factus Atlas. —

in andern Fällen dagegen drücken sie innere Hemmung aus, Bedenken und Reue, Ernst, Traurigkeit und Schrecken.

VII, 19. Sed gravat invitam nova vis. VIII, 492. Deficiunt ad coepta manus. II, 49. Paenituit iurasse patrem. VIII, 483. Ulciscor facioque nefas. XIII, 525. Non haec est fortuna domus. XI, 50. Membra iacent diversa locis.

Wie aus den Beispielen hervorgeht, ist hier die Hephthemimeres von der Trithemimeres unterstützt; durch Sätze dieser Art wird auch bisweilen ein Contrast bezeichnet: X, 607. Nec virtus citra genus est. XIV, 595. Quaeque petis, pro quoque petis. Geht dagegen eine Cäsur im 3. Fuße voraus, so wird das auf diese Folgende besonders hervorgehoben: VIII, 92. Praemia nulla peto, nisi te. XIII, 173. Quod Thebae cecidere, meum est.

Noch ist zu bemerken, daß durch diese Sätze wie auch durch die weiter gegen das Ende des Verses hin schließenden gleichmäßig fortlaufende Bewegung ausgedrückt wird, z. B. XV, 697. Inpulerat levis aura ratem. Wegen der verschiedenen Länge läßt O. bisweilen Sätze, die mit der Penthemimeres schließen, mit dieser Art abwechseln.

I, 511. Curre, fugamque inhibe. moderatius insequar ipse.
Cui placeas, inquiro tamen.

VI, 29. Quae fugiamus, habet. seris venit usus ab annis.
Consilium ne sperne meum.
VIII, 491. Ei mihi! quo rapior? fratres ignoscite matri!
Deficiunt ad coepta manus. meruisse fatemur
Illum, cur pereat. mortis mihi displicet auctor.

Mit dem 4. Trochäus schließen diese Sätze nicht ab, wohl aber mit der bukolischen Cäsur. In Uebereinstimmung mit dem, was oben über die Bedeutung dieser Diärese bemerkt worden ist, bezeichnen sie wegen ihrer Länge einen dauernden Zustand, Ausdauer, Prahlen, Entschlossenheit, können aber auch, wie die vorigen Sätze, als Einleitung oder zum Abschlusse dienen und Erfolg oder Nichterfolg so wie auch einen Gegensatz bezeichnen.

XV, 165. Omnia mutantur, nihil interit. III, 349. Vana diu visa est vox auguris. V, 626. Quid mihi tunc animi miserae fuit? XII, 226. Femineo clamore sonat domus. (Dauernder gewaltsamer Zustand.) VI, 40. Consilii satis est in me mihi. — VI, 197. Excessere metum mea iam bona. VIII, 76. Et cur ulla foret me fortior? XIII, 388. 'Hoc' ait 'utendum est in me mihi'. — V, 300. Miranti sic orsa deae dea. — VI, 301. Dumque rogat, pro qua rogat, occidit. IV, 790. Ante expectatum tacuit tamen. — VI, 483. Vincitur anubarum genitor prece. VIII, 352. Qua potuit, precibus deus annuit. — XI, 449. Non tamen idcirco causam probat. —

Es sind hierauf noch die Sätze zu erwähnen, welche bis zum 5. Trochäus und bis zur 5. Diärese reichen, denn mit der 5. Arsis schließt kein Satz ab. Die ersten beiden Arten bezeichnen im Wesentlichen dasselbe, was oben über die Verstheile vor dieser Nebencäsur und Diärese bemerkt worden, nämlich weite Ausdehnung und gleichmäßig fortlaufende Thätigkeit: IV, 436. Pallor hiemsque tenent late loca senta. I, 678. Voce nova captus custos Iunonius; oder plötzliche Unterbrechung einer gewaltsamen Thätigkeit, die gewöhnlich dem Folgenden gegenübergestellt wird: I, 283. Ipse tridento suo terram percussit. | at illa — II, 582. Reicere ex humeris vestem molibar. | at illa — cf. IX, 495.

oder wenn der Satz schon vor der Cäsur durch eine Sinnpause unterbrochen wird, Bedenken, Zaudern, Schrecken u. dgl.

VI, 634. Cui sis nupta, vide, Pandione nata! X, 676. An peteret, virgo visa est dubitare. IV, 598. Quisquis adest — aderant comites — terretur.

Beginnt der eine selbstständige Satz, welcher kürzer ist als der Hexameter und mit diesem zugleich schließt, in dem Verse, so kann dies an allen Stellen innerhalb des 1. Trochäus und der bukolischen Cäsur geschehen. Es würde zu weit führen, alle diese Arten von Sätzen nach ihrer besondern Bedeutung für den malerischen Ausdruck auszuführen, ich werde daher nur wenige Beispiele für die einzelnen Arten beibringen und, wo es nöthig ist, kurze Bemerkungen hinzufügen.

Als durchgängiger Unterschied zwischen diesen Sätzen und denen der vorigen Art ist der hinzustellen, daß in ihnen die Anfangsworte viel stärkern Nachdruck erhalten, als er diesen Worten sonst meistens nach ihrer Stellung im Verse zu Theil werden würde. So gleich in dem ersten Beispiel, in welchem, was sehr selten vorkommt, der Satz nach dem 1. Trochäus beginnt: VI, 613. — Possit. in omne nefas ego me, germana, paravi. cf. III, 713.

Diejenigen Sätze, welche nach der 1. Diärese anfangen, enthalten vornehmlich einen Ausruf, in welchem wieder das Anfangswort einen sehr starken Ton erhält:

IV, 144. — Nominat. *exaudi*, vultusque attolle iacentes! VI, 283. — Efferor. *exulta*, victrixque inimica triumpha*. VII, 693. — *hoc utinam* caruissem munere semper! IX, 122. — *exaudi*, nec res intercipe nostras.

andere enthalten einen erklärenden Zusatz: XIV, 234. — in urbem Venimus. *Antiphates* terra regnabat in illa. cf. V, 259. VI, 359. VIII, 73. XIII, 664; oder, wie die Sätze der vorigen Art, eine Einleitung oder einen Abschluß. cf. VII, 803. —

Die Anfangsworte der nach der Trithemimeres beginnenden Sätze erhalten einen um so stärkern Ton, da sie schon ohnehin durch ihre Stellung vor der Hauptcäsur hervorgehoben werden, besonders wenn sie sich auf das Schlußwort des Hexameters beziehen. Sätze dieser Art sind daher vor allen geeignet, ein oder mehrere Worte stark hervortreten zu lassen, so wie eine Gleich- oder Entgegenstellung von Begriffen auszudrücken: I, 357. — *terrent* etiamnunc nubila mentem. cf. IX, 241. VIII, 349. — *auctor* teli Pagaseus Iason. XIII, 487. — *dominum* matri vix repperit Hector. XI, 662. — *falso* tibi me promittere noli. XIV, 815. — *rata* sit verborum summa tuorum. VII, 219. Currus adest. *aderat* demissus ab aethere *currus*. VIII, 139. — *mecum* simul a! mea terra recedit. cf. IX, 81. — II, 99. — *poenam*, Phaethon, pro *munere* poscis. VI, 635. — *scelus* est *pietas* in coniuge Tereo. X, 709. — sed stat *monitis* contraria *virtus*. V, 297. — *hominemque* putat Iove nata locutum. *Ales* erat. cf. XII, 506. —

Gleiche Tendenz mit diesen Sätzen müssen diejenigen haben, welche nach dem 2. Trochäus beginnen, weil auch ihr Anfangswort seine Stelle vor der Hauptcäsur hat; doch kommt in den Metamorphosen wohl nur ein solches Beispiel vor, nämlich I, 215. — minor fuit ipsa infamia vero.

Ebenso beginnt in ihnen auch nur ein Satz nach der 2. Diärese, der zugleich mit dem Hexameter schließt, nämlich: X, 590. — tamen ille decorem Miratur magis. et cursus facit ille decorem. (Nach Merkel's Ausg. 1875.)

Die nach der Penthemimeres beginnenden Sätze dieser Art kommen gegen 80mal in unserm Gedichte vor, nicht selten, wie schon bemerkt ist, nach einem Satze, der einem Hexameter an Umfang gleich ist und nach der Penthemimeres des vorausgehenden Verses beginnt; so VI, 28. — non omnia grandior aetas, Quae fugiamus habet. seris renit usus ab annis. Sie haben im Allgemeinen denselben Character wie die mit dem Hexameter beginnenden und vor der Penthemimeres schließenden Sätze, weshalb wir hier nicht näher auf sie eingehen wollen.

Nach der trochäischen Cäsur des 3. Fußes kommen solche Sätze nur in zwei Versen vor, nämlich:
VI, 572. Quid faciat Philomela? *fugam custodia claudit.*
VII, 839. — Nescio quos audisse. *'veni' tamen 'optima' dixi.*

Von Sätzen, die nach der dritten Diärese beginnen, giebt es, wie von denen nach der zweiten, in den Metamorphosen nur einen einzigen, nämlich VIII, 851. — haec Neptunus habebat; derselbe fügt dem Vorangehenden eine Erklärung hinzu.

Die Sätze nach der Hephthemimeres enthalten wegen ihres geringen Umfanges kurze Zurufe oder Ausrufe, sowie auch kurze Zusätze; dasselbe gilt von denen, welche nach dem 4. Trochäus und nach der bukolischen Cäsur beginnen.

XIV, 595. 'cape, nata, quod optas.' X, 565. fuge coniugis usum. IV, 550. res dicta secuta est. — VIII, 561. et usus utroque est. (Ausgabe von Merkel. 1875.) — VIII, 186. ibimus illac. X, 281. visa tepere est. IV, 132. haeret, an haec sit.

Das letzte Beispiel ist besonders malerisch durch die Sinnpause nach haeret und durch die drei einsilbigen Worte am Schlusse.

Von solchen Sätzen, die in dem Verse beginnen und schließen, giebt es nur wenige. Sie enthalten, wie die folgenden Beispiele zeigen, entweder einen kurzen Abschluß einer Anrede, oder einen Zusatz zu derselben, eine kurze Frage, einen Zuruf, oder bilden, wenn sie vor der Penthemimeres beginnen, zu Gegenüberstellungen:

IV, 228. 'Mundi oculus. *mihi, crede, places*.' pavet illa, metuque — V, 379. 'Iunge deam patruo.' *dixit Venus.* ille pharetram — XIII, 341. — *cur hic metuis?* — VII, 47. — *quin tuta times!* — IV, 614. — Paenitet. *inposita iam caelo est alter.* at alter — XI, 638. — *Verba. sed hic solos homines imitatur.* at alter —

Sind mehrere Sätze in einem Verse enthalten, so beträgt ihre Anzahl gewöhnlich zwei, selten drei. Hinsichtlich der Stellung der Sätze zum Hexameter können hier 4 Fälle stattfinden:

a) Der erste Satz beginnt mit dem Hexameter, und der letzte schließt mit demselben. In diesem Falle sind es fast immer nur zwei Sätze, die den Vers ausfüllen. Selten kommt es vor, daß der erste Satz nur bis zur 1. Diärese reicht: alsdann dienen die beiden Sätze zum Abschluß des Vorangehenden oder zur Ueberleitung auf das Folgende:

III, 406. Dixerat. assensit precibus Rhamnusia iustis.
V, 533. Dixerat. at Cereri certum est oducere natam.

Ebenfalls nicht häufig schließt der erste Satz mit der Trithemimeres. Besonders charakteristisch ist alsdann die Kürze des ersten Satzes, und auch der zweite zerfällt bisweilen noch in zwei Glieder. Hier kommt auch der Fall vor, daß ein Vers drei abgeschlossene Sätze enthält. Sätze dieser Art dienen dazu, eine unruhige Situation und erregte Stimmung zu schildern; denn je lebhafter die Empfindung ist, desto kürzer sind die Sätze, in welchen sie sich ausspricht. Sie kommen daher hauptsächlich bei Wünschen und aufgeregten Fragen vor:

II, 133. Hac sit iter. manifesta rotae vestigia cernes. (Worte des um das Leben seines Sohnes Phaeton besorgten Phoebus.) IX, 497. Di melius! — di nempe suas habuere sorores. III, 204. Quid faciat? repetatne domum et regalia tecta? cf. XIII, 517. III, 465. Quid faciam? roger, anne rogem? quid deinde rogabo?

Am häufigsten ist der Fall, daß sich der erste Satz bis zur Penthemimeres erstreckt. Sätze dieser Art enthalten eine Gleich- oder Gegenüberstellung, besonders in Form von Fragen oder Ausrufen; oder der eine steht zum andern in dem Verhältniß von Grund und Folge:

I, 292. Omnia pontus erant. deerant quoquoe litora ponto. III, 433. Quod petis, est nusquam. quod amas, avertere. perdes. III, 427. Idque mihi satis est? haec una potentia nostra est? II, 520. O, ego, quantum egi! quam vasta potentia nostra est! II, 56. Sors tua mortalis. non est mortalis quod optas. IX, 147. Conquerar, an sileam? repetam Calydona, moremne? Excedam tectis? an, si nihil amplius, obstem? — II, 747. Herso causa viae. faveas oramus amanti. VIII, 491. Ei mihi! quo rapior? fratres ignoscite matri! II, 53. Dissuadere licet. non est tua tuta voluntas.

Auch bis zur Hephthemimeres reicht der erste Satz, wo dann besonders der zweite kürzere die Bewegung des Verses lebhaft macht und meist eine Frage oder einen Ausruf enthält:

XIII, 516. Inferias hosti peperi. quo ferrea resto?
XIV, 721. Vincis enim moriorque libens. age, ferrea, gaude.

b) Der erste Satz beginnt mit dem Hexameter, und der letzte schließt in demselben. Diese Sätze sind meist noch kürzer als die eben angeführten, weil sie den Hexameter nicht ganz ausfüllen. Sie bezeichnen kurze, entschlossene Rede, aufgeregte Fragen, Zurufe und Ausrufe:

II, 785. 'Sic opus est. Aglauros ea est.' haud plura locuta — IX, 616. Vincetur. Repetendus erit. VIII, 506. Et cupio et nequeo. Quid agam? IV, 592. Cadme, quid hoc? ubi pes? I, 597. Ne fuge me! fugiebat enim. III, 268. Concipit! id deerat! XI, 659. An mea mutata est facies nece? respice! (Anrede des Traumbildes an die Alcyone, besonders charakteristisch durch die verschiedene Länge der beiden Sätze und den daktylischen Ausgang beider.)

c) Der erste Satz beginnt in dem Hexameter, und der letzte schließt mit demselben. Dieser Fall ist sehr selten und kommt nur bei kurzen Fragen und Ausrufen vor:

IX, 514. — poterisne loqui? poterisne fateri?
XI, 676. — quo te rapis? ibimus una!

d) Beide Sätze sind von dem Hexameter eingeschlossen. So kommen nur kurze Fragesätze und Ausrufe vor, die von einem verbum dicendi abhängig sind:

X, 320. Et secum 'quo mente feror?' quid molior?' inquit. cf. XV, 677. —

Schließlich sind noch die Sätze in Betracht zu ziehen, welche zwar kürzer sind als der Hexameter, die aber doch bis in den folgenden Vers hineinreichen. In ihnen sind die Schluß- und Anfangsworte der Verse, weil sie an den Hauptstellen stehen, gewöhnlich am stärksten betont; außerdem ist der Uebergang des Gedankens in den folgenden Vers und die darnach eintretende Pause für die rhythmische Bewegung von besonderer Bedeutung. Wir wollen die Beispiele zu den verschiedenen Arten dieser Sätze nach der Anfangsstelle geordnet anführen, die nie vor die Penthemimeres fällt, und einige kurze Bemerkungen hinzufügen. Die Sätze können also reichen:

a) von der Penthemimeres bis zur folgenden 1. Diärese. In diesem Falle ist besonders das Schlußwort des Satzes, welches in der Regel ein Daktylus ist, charakteristisch, da es im Anfange des folgenden Verses kräftig hervortönt und durch die Sinnpause, welche es begleitet, stark von dem übrigen Theile des Verses getrennt wird.

VII, 692. hoc me cum coniuge cara *Perdidit*. VIII, 611. factum mirabile cunctos *Moverat*. V, 258. volui mirabile factum *Cernere*. II, 51. utinam promissa liceret *Non dare!* XIV, 679. neque enim sibi notior ille est *Quam mihi*.

b) von der Penthemimeres bis zur folgenden Trithemimeres. Auch hier treten die Anfangsworte vor letzterer ganz besonders volltönend hervor, doch kann auch das Anfangswort des Satzes oder das Schlußwort des ersten Hexameters sowie beide zugleich den Hauptton haben. Sätze dieser Art kommen ziemlich häufig vor.

VII, 110. tamen illis Aesone natus *Obrius it*. XIII, 340. ubi sunt ingentia magni *Verba viri?* VIII, 660. mensam succincta tremensque *Ponit anus*. (Die Unterbrechung der Versbewegung durch den Abschnitt des Gedankens ist in diesem Verse besonders malerisch.) cf. VII, 46. 346. 704. XII, 66. — XII, 76. decimum dilatus in annum Hector erat. VII, 794. 'iaculo quod crimen *in ipso est?*' Phocus ait. XI, 697. multum fuit utile *tecum* Ire mihi. —

c) von der Hephthemimeres bis zur 1. Diärese: X, 409. nec sentiet umquam Hoc pater. —

d) von der Hephthemimeres bis zur Trithemimeres: VI, 620. quid possit, ab illo Admonita est. VII, 47. uccingere et omnem Pello moram! X, 672. pars ultima cursus Restabat. (Hier ist neben dem Abschnitt des Sinnes auch der molossische Wortfuß charakteristisch.)

e) von der Hephthemimeres bis zur Penthemimeres. Dies sind die längsten Sätze dieser Art und nicht eben selten; sie sind besonders geeignet zum Ausdruck von Gegensätzen:

V, 520. quod rapta, feremus, Dummodo reddat eam. VII, 19. aliudque cupido, Mens aliud suadet.

f) von der bukolischen Cäsur bis zur Trithemimeres. In diesen kurzen Sätzen hat jedes Wort seiner Stellung wegen einen starken Ton:

II, 92. aspice vultus Ecce meos.

g) von der bukolischen Cäsur bis zur Penthemimeres. Auch die Worte dieser Sätze haben starken Nachdruck und bezeichnen daher entschlossene und kühne Reden und Thaten:

VIII, 76. ire per ignes Et gladios ausim. XIII, 386. arripit ensem, Et 'meus hic certe est.'

h) von der bukolischen Cäsur bis zur Hephthemimeres: VIII, 133. ecquid ad aures Perveniunt mea dicta tuas? (Hier ist die Ueberschreitung der gewöhnlichen Cäsur für den Gedanken charakteristisch.)

i) vom 5. Trochäus bis zur 1. Diärese. XI, 740. at ille Senserat. Besonders kräftig, weil bloß aus Versschluß und Versanfang bestehend.

k) von der 5. Diärese bis zur Penthemimeres: XIV, 678. pro quo Me quoque pignus habe.

l) von der 5. Diärese bis zur Hephthemimeres: IX, 790. nam quae Femina nuper eras, puer es.

§. 4. Ist der Satz länger als der Hexameter, so kann dies den äußerlichen Zweck haben, daß die rhythmische Bewegung durch den Versübergang belebt und Einförmigkeit derselben dadurch vermieden werde, daß also nicht zu oft nach einander der Abschluß des Gedankens und des Verses zusammenfalle. In der Regel wird sich jedoch der Dichter bei der Verlängerung des Satzes über den Vers hinaus von dem innern Zwecke leiten lassen, daß dadurch der Gedanke sowohl der Form als dem Inhalte nach den entsprechendsten und vollkommensten Ausdruck finde. Nicht liebt es aber die Poesie, wie die Prosa im rednerischen und historischen

Stile*), lange und verwickelte Perioden zu bilden, viele Sätze durch Conjunctionen und Relativa einander untergeordnet, Participial-Constructionen unter sie zu mischen und sie durch künstliche Stellungen unter einander zu verflechten. Es kommt dies zu sehr auf das Verstandesmäßige und Reflectirende hinaus; die wahre Poesie aber ist ein freier Erguß des Innern, unter dem Vorwalten der Phantasie und dem Zurücktreten grübelnder Reflexion und sondernder Thätigkeit des Verstandes. Um ruhige Gedanken und Empfindungen auszudrücken, bedarf sie keiner langen Perioden; hat sie aber Aufregung, Leidenschaftlichkeit u. dgl. zu schildern, so kann zwar der ganze Gedankencomplex ein umfangreicher sein; allein die einzelnen Theile reihen sich meistens im Verhältniß der Beiordnung so einfach an einander an, daß auch der Bau des Ganzen dadurch ein sehr einfacher und übersichtlicher wird. Zwar ist die Wortstellung oft weit verwickelter, als dies in Prosa gestattet ist, namentlich bei Satzverschränkungen (M. vgl. VIII, 376. 405. 754.); allein durch Anwendung gewisser rhetorischer und grammatischer Figuren, wie Anaphora, Polysyndeton u. a., durch Verwendung von Hauptsätzen statt der Nebensätze, durch die sich entsprechenden Stellen, welche das Versmaß gewährt, wird auch in dieser Beziehung der poetischen Darstellung Deutlichkeit und Uebersichtlichkeit gewahrt.

 Als gewöhnliches Maß für den Umfang einer oratorischen Periode setzt Cicero die Länge von vier Hexametern fest, aus dem praktischen Grunde nämlich, weil ein Satzganzes von diesem Umfange in einem Athemzuge vorgetragen werden könne. Beim Vortrage von Versen jedoch ist durch die rhythmische Pause am Ende jedes derselben, durch die lose Zusammenfügung der Sätze und durch das häufige Zusammenfallen des Endes der Satzglieder oder Satztheile mit den Einschnitten oder Abschlüssen der Verse dafür gesorgt, daß auch längere Satzganze ohne Zwang und Ueberanstrengung der Stimme auf richtige Weise zu Gehör kommen können. Wir finden daher auch an vielen Stellen der Metamorphosen weit längere Perioden, so z. B. gleich im ersten Buche eine solche, die neun Hexameter umfaßt, von v. 78—86. In andern Fällen, in welchen der Satzbau noch einfacher, indem die Verbindung der einzelnen Theile noch gleichförmiger ist, wie bei Aufzählungen, findet man Satzganze von sehr bedeutendem Umfange. So im dritten Buche vom 209. bis zum 225. Verse, wo die Namen und Eigenschaften der Jagdhunde aufgezählt werden, welche den in einen Hirsch verwandelten Actaeon verfolgen; im zehnten Buche vom 90. bis zum 105. Verse**), wo die verschiedenen Arten der Bäume und sonstigen Gewächse genannt werden, welche dem die Saiten rührenden Orpheus Schatten gewähren, und im dreizehnten Buche, wo der für die Nymphe Galatea entbrannte Polyphem sein unförmiges Liebeslied mit einer Fluth von Vergleichen und schmückenden Beiwörtern beginnt, die sich unaufhaltsam vom 789. bis zum 807. Verse ergießt. — Freilich gehören mehrere Stellen dieser Art, abgesehen von der letzten, in welcher die Länge der Periode für den Inhalt charakteristisch ist, nicht zu den vorzüglichern bei Ovid, weil er in ihnen die Fülle der ihm zuströmenden Anschauungen nicht auf das rechte Maß beschränkt und bisweilen ein gewisses Prunken mit Gelehrsamkeit nicht unterdrücken kann.

 Für die rhythmische Malerei kommt es weniger auf den Umfang der Sätze an, als vielmehr auf die Stellung derselben sowie ihrer Glieder zu den Versen und deren Theilen.

 Was zunächst den Anfang der Sätze betrifft, so sind bereits oben bei Besprechung derjenigen Sätze, welche kürzer sind als der Hexameter, die Stellen bezeichnet worden, auf welche derselbe fallen kann. Da der

---

*) Als Ziel des ersteren stellt Cicero hin, daß er vollendete Perioden habe, wenn auch der Abwechselung wegen der Vortrag bisweilen in kleinere Glieder zu zerstückeln sei. De Orat. III, 49, 190. Et efficiendum est illud modo vobis, ne fluat oratio, ne vagetur, ne insistat interius, ne excurrat longius; ut membris distinguatur, ut concessiones habeat absolutas. Neque semper utendum est perpetuitate et quasi conversione verborum, sed saepe carpenda membris minutioribus oratio est, quae tamen ipsa membra sunt numeris vincienda. — Von dem historischen Stile aber sagt Quintilian, daß er Abrundung und zusammenhängendes Gewebe verlange: Instit IX, 4, 129. Historia non tam finitos numeros quam orbem quendam contextumque desiderat. Namque omnia eius membra conexa sunt, quoniam lubrica est ac fluit, et hominus, qui manibus invicem apprehensis gradum firmant, continent et continentur.

**) In der Merkelschen Ausgabe findet sich zwar am Ende des 98. Verses ein Punkt, doch ist das Satzganze an dieser Stelle noch nicht beendet, sondern im folgenden V. tritt nur statt des ersten Prädikats non afuit das gleichbedeutende venistis ein.

Einfluß, welchen der verschiedene Anfang des Satzes auf die rhythmische Bewegung des Verses ausübt, hier im Wesentlichen derselbe ist wie dort, so würde es nur zu Wiederholungen führen, wollten wir die einzelnen Fälle noch einmal durchgehn. Hinzuzufügen ist nur, daß diese Sätze auch, wie jene, nach dem 5. Trochäus so wie nach der 5. Diärese beginnen können: in ersterm Falle wird dann sehr häufig ein Gegensatz bezeichnet; in letzterm aber besteht der Satzanfang gewöhnlich aus zwei einsilbigen Worten, die zugleich als Versende ebenso wie die Worte nach dem 5. Trochäus sehr starke Betonung haben.

XI, 638. *at alter* Fit fera, fit volucris, — IX, 312. *levata est* Argolis Alcmene, — cf. IV, 496. V, 200. VIII, 872. — IX, 280. *cum sic* Incipit Alcmene: — I, 678. *at tu;* Quisquis es, — III, 281. *multi* Nomine divorum —

Demnächst ist die Stellung zu berücksichtigen, welche die Schlüsse der Sätze und Satzglieder zum Schlusse der Verse und Verstheile einnehmen. In dieser Beziehung haben wir zwei Fälle zu unterscheiden: Die Schlüsse fallen entweder zusammen, oder sie collidiren mit einander.

Die erste Stellung kommt bei ruhigen Beschreibungen, Schilderungen und Erzählungen vor und ist für die rhythmische Malerei an und für sich von keiner Bedeutung. Man vergl. folgende Stellen: II, 1—4. I, 72—75. VII, 767. 768. 674—678. etc.

Ganz anders steht es mit dem zweiten Falle: durch jene Collision trifft die Betonung auf andere Versstellen als gewöhnlich; der Gang der im Wesentlichen gleichgebauten Hexameter gewinnt Abwechslung, die rhythmische Bewegung der Verse Mannichfaltigkeit und Leben. Wir wollen hier der Kürze wegen nicht die einzelnen Stellen des Verses aufzählen, an welchen der Satz schließen kann, sondern nur im Allgemeinen die für die rhythmische Malerei wichtigsten Momente hervorheben.

a) Die in nachfolgende Verse übergehenden Schlußworte von Sätzen oder Satztheilen erhalten sehr starke Betonung, besonders wenn mit dem Uebergange Verschiebung oder Auseinanderstellung verbunden ist.

VII, 294. Viderat ex alto tanti miracula monstri — *Liber.* IV, 375. — faciesque inducitur illis — *Una.* VIII, 340. Sternitur incursu nemus, et propulsa fragorem — *Silva dat.*

b) Besonders lebhaft und plötzlich ist die Unterbrechung des Rhythmus, wenn sie noch vor der Hauptcäsur eintritt, also nach dem 1. Trochäus, nach der 1. Diärese oder der Trithemimeres; namentlich wird durch einen daktylischen Uebergang etwas Gewaltsames bezeichnet:

VIII, 338. Hinc aper excitus medios violentus in hostes *Fertur,* — VIII, 343. Ille ruit spargitque canes, ut quisque furenti *Obstat* — cf. VI, 612. IV, 175. — at illi Et mens, et quod opus fabrilis dextra tenebat *Excidit.* cf. IV, 369. IX, 78. Inicit. 128. Traicit. 212. Aspicit. 765. Aestuat. XI, 239. Occupat. 240. Vim parat. 325. Inpulit. — V, 34. Ut stetit illa toro, stratis tum denique Perseus *Exiluit.* II, 1567. Me petiit? III, 123. Marte cadunt. 671. Sive timor. IV, 729. Ore vomit. V, 204. Ense ferit. VIII, 288. Spuma fluit.

c) Reicht der Uebergang über die Penthemimeres hinaus, so wird dadurch weite Ausdehnung, fortlaufende Bewegung und fortgesetzte Thätigkeit bis zu einem bestimmten Ziele u. dgl. bezeichnet.

IV, 457. Viscera praebebat Tityos lanianda, novemque
Iugeribus distentus erat.

VIII, 165. — Et nunc ad fontes, nunc ad mare versus apertum
Incertas exercet aquas: ita Daedalus implet
Innumeras errore vias.

XI, 338. veloxque cupidine leti Vertice Parnasi potitur.

d) Soll Aufregung und Ungestüm, Schreckliches und Gewaltiges gemalt werden, so sind oft mehrere Verse nach einander durch Gedankenübergänge verbunden; auch läuft bisweilen ein einziger Satz ohne Unterbrechung des Sinnes durch mehrere Hexameter hindurch:

I, 182. 'Non ego pro mundi regno magis anxius illa
Tempestate fui, qua centum quisque parabat
Inicere anguipedum captivo bracchia caelo.'

II, 340. Nec minus Heliades lugent et, inania morti
Munera, dant lacrimas, et caesae pectora palmis
Non auditurum miseras Phaetonta querellas
Nocte dieque vocant.
XII, 515. cum colla feroces
Ad freta convertunt, arrectisque auribus horrent
Quadrupedes, monstrique metu turbantur, et altis
Praecipitant currum scopulis. cf. II, 202—205.
XII, 238. Sanguinis ille globos pariter cerebrumque merumque
Vulnere et ore vomens madida resupinus arena
Calcitrat.
II, 311. Intonat et dextra libratum fulmen ab aure
Misit in aurigam pariterque animaque rotisque
Expulit —
IX, 271. Quem pater omnipotens inter cava nubila raptum
Quadriiugo curru radiantibus intulit astris. —

Hier ſind auch die ſogen. versus hypermetri zu erwähnen, die meiſtens bei Aufzählungen vorkommen, und in denen das überzählige que ebenfalls zur Verbindung der Verſe und zur Belebung des Rhythmus dient:

IV, 11. Turaque dant, Bacchumque vocant Bromiumque Lyaeumque
Ignigenamque satumque iterum solumque bimatrem.
cf. IV, 780. VI, 507.

e) Je nach der Beſchaffenheit des Inhalts findet aber auch in demſelben Satze ſowohl Coincidenz der Satztheile mit den Verseinſchnitten und Abſchlüſſen als Uebergang ſtatt:

II, 353. Dumque ea mirantur, complectitur inguina cortex,
Perque gradus uterum pectusque humerosque manusque
Ambit, et exstabant tantum ora vocantia matrem.
VI, 370. iuvat esse sub undis,
Et modo tota cava submergere membra palude,
Nunc proferre caput; summo modo gurgite nare,
Saepe super ripam stagni consistere, saepe
In gelidos resiliro lacus.

In dieſem Beiſpiele iſt ſowohl der Umfang der einzelnen Satztheile als auch ihre Stellung zum Verſe äußerſt maleriſch. Außerdem vergleiche man, was im Programm 1871 S. 29 über Lautmalerei zu dieſer Stelle bemerkt worden iſt.

f) Trotz des Gedankenüberganges tritt doch am Ende jedes Verſes eine rhythmiſche Pauſe ein, die um ſo merklicher iſt, als ſie zwiſchen zwei ſtark betonten Worten ſtattfindet. Daher benutzt Ovid dieſe Stellung des Satzes zum Verſe oft, um Ausdehnung in Raum und Zeit zu malen:

II, 587. — mox acta per auras Evehor. 743. 'ego sum, qui iussa per auras Verba patris porto. 603. flexumque a cornibus arcum Tendit. I, 702. Donec arenosi placidam Ladonis ad amnem Venerit. XI, 467. ubi terra recessit Longius. I, 568. Est nemus Haemoniae, praerupta quod undique claudit Silva. X, 48. umbras erat illa recentes Inter.

I, 682. Sedit Atlantiades, et cuntem multa loquendo
Detinuit sermone diem, iunctisque canendo
Vincere arundinibus servantia lumina temptat.
II, 726. Obstipuit forma Iove natus, et aethere pendens
Non secus exarsit, quam cum Balearica plumbum
Funda iacit. cf. II, 574. 619. 649. —

Aus dieser Darstellung ergiebt sich zur Genüge, daß Ovid ein Meister war in der Kunst, den Ausdruck hinsichtlich der rhythmischen Bewegung so wie auch des Klanges malerisch zu gestalten. Doch nicht bloß Ovid, fast alle klassischen Dichter des Alterthums, römische wie griechische, richteten hierauf ihr Augenmerk. Ein volles Verständniß derselben kann daher nur dann erreicht werden, wenn beim Lesen und Erklären ihrer Werke auch auf diese Seite ihrer Kunst gebührende Rücksicht genommen wird. In manchen erklärenden Ausgaben finden sich freilich auch Bemerkungen dieser Art, doch sind dieselben meist so vereinzelt und ohne Zusammenhang unter einander, daß durch sie von der Kunst der Dichter in der nachahmenden Darstellung kein genügendes Bild gewonnen wird. Es wäre zu wünschen, daß es von Werken so formgewandter Dichter wie Ovid erklärende Ausgaben gäbe, die jene Kunst ganz besonders berücksichtigten; der Nutzen solcher Ausgaben würde kein geringer sein. — Sollte die obige Abhandlung so wie die vom Jahre 1871 über Lautmalerei dazu Anregung geben und dadurch so wie auch durch das Material, welches sie bietet, ein tieferes und völligeres Verständniß nicht bloß Ovid's, sondern der römischen Klassiker überhaupt, befördern helfen, so wäre ihr Zweck erreicht. —

Dr. Lübke.